Ba
Allianz

Amsterdam

VERLAG KARL BAEDEKER

Die wichtigsten Sehenswürdigkeiten

** Top-Sehenswürdigkeiten – auf keinen Fall versäumen!

Bartolottihuis an der Herengracht ▶ S. 75

Zwischen März und Mai verwandelt sich der Keukenhof in ein Blütenmeer ▶ S. 88

* Herausragende Sehenswürdigkeiten – möglichst besuchen!

Beleuchtet am schönsten: Magere Brug ▶ S. 93

Inhalt

Natur, Kultur Geschichte

Seite 12 – 43

Im Jordaan ▶ S. 17

Sehenswürdigkeiten von A bis Z

Seite 44 – 143

Idylle im Zentrum: Begijnhof ▶ S. 63

Keizersgracht: ▶ S. 83

Grachtenhäuser am Singel ▶ S. 130

Oude Kerk ▶ S. 103

Praktische Informationen von A bis Z

Seite 144 – 208

Albert Cuypmarkt ▶ S. 105

Im Vergnügungsviertel Walletjes ▶ S. 178

Leidseplein ▸ S. 92

Montelbaanstoren ▸ S. 96

Grachten

Fahrräder

Mehr als eine halbe Million gibt es in der Grachtenstadt.

"Venedig des Nordens" umschrieb einst der Italiener Ludoviso Guicciardini die Stadt Amsterdam. Das war 1567. Und noch immer fällt vielen dieser Vergleich ein, wenn von Amsterdam die Rede ist. Amsterdam ist in erster Linie eine Stadt am Wasser. Eine Stadt mit Grachten – mit mehr Kanälen als die Lagunenstadt Venedig und mit noch mehr Brücken als die Seine-Metropole Paris. Doch Amsterdam ist noch viel mehr. Eine Stadt, in der man Geschichte nachempfinden kann. Eine Stadt, in der Kunst und Kultur großgeschrieben werden. Eine Stadt mit Exotik. Eine Stadt der Kontraste, eine Stadt der Toleranz.

In den Grachten spiegeln sich die prachtvoll verzierten Fassaden der alten Patrizierhäuser und die grünen Ulmen und Linden am Ufer. Hier bekommt man einen ersten, unvergesslichen Eindruck von Amsterdam – ohne viel Hektik, Hast und Hetze: Bei einem "Gläschen" oder einer Tasse Kaffee auf einer der vielen Caféterrassen, bei einem gemütlichen Bummel durch die größte Pfahlbausiedlung der Welt oder bei einer Bootsrundfahrt durch den historischen Grachtengürtel. Besonders malerisch zeigt sich Amsterdam nachts, wenn Grachten, Brücken und Patrizierhäuser von Abertausenden Lämpchen erhellt werden.

Dam

hier schlägt das Herz der Stadt

Idylle

an der Keizersgracht

Hausboot

Lebensraum für Individualisten

und mehr ...

Lebhaft und rege geht es abseits des Wassers zu – auf den Straßen zuweilen gar chaotisch. Auf den Plätzen tummeln sich, zwischen Einheimischen und Touristen Straßenmusikanten, Jongleure und Pantomimen, leider aber auch Drogenhändler und Taschendiebe. In den Geschäftsvierteln, auf Märkten und in den "winkels", teilweise winzigen Lädchen, fühlen sich Shoppingfreaks in ihrem Element, in den zahlreichen Museen und Galerien wandeln Kunstliebhaber nicht nur in den Fußstapfen von Rembrandt und van Gogh, und in den über 850 Cafés, Kneipen, Diskotheken, Bars und Restaurants, in denen Spezialitäten aus aller Herren Länder aufgetischt werden, findet ein jeder etwas nach seinem Geschmack.

Tulpen

aus Amsterdam

Wo ein Besucher sich auch aufhält, eins wird ihm nicht entgehen: einerseits die Gegensätze und Schwierigkeiten einer modernen, wenn auch kleinen Metropole, andererseits die "kunterbunte" Vielfalt ihrer Bewohner. Die Niederlande sind ein tolerantes Land, Amsterdam aber, das "kosmopolitsche Dorf", wie es von den Einheimischen häufig liebevoll genannt wird, ist noch toleranter.

Amsterdam sollte man nicht nur anschauen, man sollte es erleben – viel Spaß dabei!

Giebelhäuser

Ca. 7000 stehen in Amsterdam unter Denkmalschutz.

Natur, Kultur, Geschichte

Zahlen und Fakten

Wappen der Stadt Amsterdam

Allgemeines

Hauptstadt der Niederlande

Amsterdam ist Hauptstadt des Königreichs der Niederlande, jedoch nicht Sitz der Regierung und nur zeitweise Residenz der niederländischen Königin. Regierungszentrum und ständiger Sitz des Königshauses ist Den Haag. In kultureller Hinsicht ist Amsterdam unumstrittener Mittelpunkt der Niederlande.

Amsterdam

Hauptstadt der Niederlande

Lage: 52°50' nördliche Breite
4°53' östliche Länge

Fläche: 207 km²

Einwohnerzahl: 727 000
1,27 Mio. (Großraum)

Geografische Lage

Amsterdam liegt in den nordwestlichen Niederlanden, in der Provinz Nordholland, oberhalb des Deltas von Rhein und Maas. Die Amstel, die die Stadt von Süden nach Norden durchfließt, mündet hier in das IJ, eine durch Schleusen abgetrennte Bucht vom IJsselmeer.

◂ **Prachtvolle Hausfassaden an stimmungsvollen Grachten – Amsterdam lohnt zu jeder Jahreszeit einen Besuch. Am schönsten aber zeigt sich die Grachtenmetropole im Frühjahr.**

Vom Turm der Beurs van Berlage bietet sich ein schöner Blick auf die Innenstadt, auf den stets belebten Damrak.

Lage (Fortsetzung)

Ebenso wie der überwiegende Teil der Niederlande liegt auch das Stadtgebiet von Amsterdam größtenteils unterhalb des Meeresspiegels.

Klima

Da Amsterdam zur gemäßigt maritimen Klimazone gehört, ist mit relativ niedrigen Sommertemperaturen (Durchschnittswerte im Juli/August nur bei 17 °C) und mit milden Wintern zu rechnen. Die Niederschläge verteilen sich nahezu gleichmäßig über das ganze Jahr.

Fläche und Einwohner

Amsterdam, mit einer Fläche von 207 km² (davon 20 km² Wasserfläche) und rund 727 000 Einwohnern, ist im Vergleich zu anderen europäischen Großstädten eine kleine Metropole. Doch ist Amsterdam ein wichtiger Teil einer größeren Stadtregion. Schon mit den Randgemeinden Amstelveen, Diemen, Haarlemmermeer, Haarlemmerliede en Spaarnwoude, Landsmeer, Oostzaan, Ouder-Amstel, Uithoorn, Weesp und Zaandam bildet Amsterdam eine Agglomeration von fast 1,3 Mio. Einwohnern (Groß-Amsterdam).

Randstad Holland

Zudem ist Amsterdam wichtiger Teil der so genannten Randstad Holland, einer aus 94 Städten und Gemeinden bestehenden Agglomeration, die die niederländischen Provinzen Nordholland, Südholland und Utrecht umfasst. Ihre Ost-West-Ausdehnung beträgt rund 70 km, ihre Nord-Süd-Ausdehnung 60 km. Auf der Fläche von 3800 km² leben über vier Millionen Menschen.
Die Randstad Holland gliedert sich in einen Nordflügel (der u.a. neben Amsterdam Haarlem, Zandvoort, Wormermeer, Zaandam,

Allgemeines (Fortsetzung)

Aalsmeer, Amstelveen, Weesp, Naarden, Busum, Laren, Hilversum, Amersfort, Soest, Zeist, Maarssen, Vleuten-De-Meern und Utrecht umfasst) und einen Südflügel (u.a. mit Den Haag, Katwijk, Wassenaar, Leiderdoorp, Leiden, Leidschendam, Voorschoten, Voorburg, Rijswijk, Delft, Rozenburg, Vlaardingen, Schiedam, Krimpenaan den IJssel, Ridderker, Papendrecht, Dordrecht und Gorinchem). Im nördlichen Teil der Randstad leben ungefähr 2 Mio. Menschen. Dieser Raum wurde von der Nationalregierung zur "Netzwerkstadt" erklärt. Durch die hier zusammengeballten Industrieansiedlungen, den Hafen, Handels- und Verwaltungsfunktionen bildet dieser Raum den wirtschaftlichen Schwerpunkt der Niederlande und weist weiterhin das höchste Wirtschaftswachstum des Landes auf. Nicht zuletzt im Hinblick auf das kulturelle Angebot ist es ein ausgesprochen attraktiver Lebensraum.

Bevölkerung

Ethnisch gemischte Bevölkerung

Amsterdam spiegelt mit seinen rund 727 000 Einwohnern die Bevölkerungsstruktur der Niederlande wider. Von den in ihren Ländern politisch oder religiös Verfolgten, die in den Niederlanden Zuflucht suchten, nahm ein Großteil in Amsterdam seinen Wohnsitz. Zudem sind die Niederlande und damit auch Amsterdam ein beliebtes Ziel für ausländische Arbeitnehmer sowie für Bewohner der früheren niederländischen Kolonien, die glauben, im Mutterland bessere Arbeits- und Lebensbedingungen vorzufinden. Insgesamt 145 Nationalitäten leben in Amsterdam zusammen.

Amsterdam ist eine "junge" Stadt

Auffallend im Stadtbild ist die relativ hohe Anzahl jüngerer Menschen. Diese Bevölkerungsstruktur ist in engem Zusammenhang mit dem Suburbanisierungsprozess seit den 1960er-Jahren zu sehen. Ab dieser Zeit verließen, bedingt auch durch die Wohlstandsentwicklung und Motorisierung, viele Familien niederländischer Herkunft und Personen mit relativ hohem Einkommen die Kernstadt Amsterdam und zogen in die Vororte. Der damit einhergehende Bevölkerungsverlust innerhalb der Stadtgrenzen von Amsterdam wurde nun einerseits durch die Zuwanderung aus dem Ausland ausgeglichen, andererseits aber auch durch den Zuzug junger und "jüngerer" Menschen kompensiert, so dass die Stadt heute von 25- bis 45-Jährigen dominiert wird. Im Gegensatz zu vielen anderen niederländischen Städten "ergraut" Amsterdam also keineswegs. Attraktiv für den jüngeren Bevölkerungsteil sind die vielen kulturellen und akademischen Einrichtungen sowie der Unterhaltungssektor – Bereiche, die die Kernstadt von Amsterdam zu einem alternativen Zentrum werden lassen, in dem sich vorwiegend Künstler, Intellektuelle, Studenten und "young urban professionals" wohl fühlen.

Wohnungssituation

Ausgehend von der Bevölkerungsstruktur ergeben sich in der Innenstadt zwei Typen von Haushalten: Während bei den zugewanderten Ausländern Familienhaushalte mit Kindern dominieren, wohnen die Amsterdamer niederländischer Abstammung mehrheitlich allein oder zumindest kinderlos. Dank der zwar im Abbau begriffenen, aber immer noch wirksamen wohlfahrtsstaatlichen Politik der Niederlande auf nationaler und städtischer Ebene (Sozialleistungen, Wohngeld etc.) lassen sich in Amsterdam weder große Wohlstandsunterschiede noch eine Konzentration von Armut (4 % der Amsterdamer Bevölkerung gelten als arm) erkennen, weshalb sich die Metropole an der Amstel nach außen hin als tolerante und sozial friedliche Stadt zeigen kann.

Wohnungssituation (Fortsetzung)

Religion

Nach der Reformation im 16. Jh. entwickelten sich in Amsterdam neben der römisch-katholischen Kirche zahlreiche reformatorische Glaubenszusammenschlüsse wie z.B. die evangelisch-lutherische oder die Amsterdamer reformierte Kirche.
Die vielen Flüchtlinge, die hier Zuflucht suchten, sowie die Ausländer, die sich in Amsterdam niederließen, brachten jeweils ihren eigenen Glauben mit. So trifft man eine große Vielfalt "importierter" Religionen an: Es gibt eine englische episkopale Kirche und mehrere Synagogen sowie religiöse Bauten von Buddhisten, Hindus und Mohammedanern.

Im Szeneviertel Jordaan: Bei schönem Wetter spielt sich das Leben draußen ab, entlang der Grachten und auf den Hausbooten, die oft erstaunlich komfortabel sind.

Verwaltung

Die Stadt, die sich in 30 Bezirke (Wijken) gliedert, wird von einem Gemeinderat (36 Mitglieder und neun Dezernenten) unter Vorsitz des Bürgermeisters verwaltet. Die Ratsmitglieder, die aus ihrer Mitte die Dezernenten bestimmen, werden vom Volk für eine Periode von vier Jahren gewählt. Der Bürgermeister wird von der "Krone" (Königin und Ministerrat) für die Dauer von sechs Jahren ernannt. Sitz des Gemeinderats ist das Rathaus (Stadhuis), das mit der Oper "Het Muziektheater" ein Doppelgebäude (Stopera) an der Amstel bildet.

Wirtschaft

Handel

Als Hauptstadt der Niederlande und zweitgrößter Hafen des Landes spielt Amsterdam von jeher eine bedeutende Rolle als Hafen- und Handelsstadt; im 17. Jh. war es die größte Handelsstadt der Welt. Heute sind hier etwa 16 000 Handelshäuser ansässig, etwa 8% des nationalen Im- und Exports werden über Amsterdam abgewickelt. Außerdem gilt es als größte niederländische Autohandelsstadt mit Zweigniederlassungen der meisten bekannten Autofirmen.
Zudem sind in Amsterdam zahlreiche Großbanken, Kredit- und Versicherungsanstalten konzentriert. Von internationaler Bedeutung ist die Effektenbörse, eine der ältesten der Welt. Neben der Niederländischen Bank haben noch 32 ausländische und 18 private Banken ihren Sitz in der "kleinen Weltstadt".

Tourismus

Amsterdam ist eine der bedeutendsten Touristenmetropolen in Europa. Mit 6,9 Mio. Gästen pro Jahr und einem jährlichen Umsatz von 4 Milliarden Mark zählt der Tourismus zu den Haupteinnahmequellen der Stadt. Die meisten der ausländischen Gäste kommen aus Großbritannien und Deutschland. Ihnen stehen in 300 Hotels knapp 30 000 Betten zur Verfügung.

Industrie

Neben Hafen und Handel erwächst die wirtschaftliche Bedeutung Amsterdams aus seiner Industriekonzentration. Die Stadt ist Mittelpunkt einer Industriezone, die sich von IJmuiden an der Nordseeküste bis Hilversum erstreckt.
Neue Schwerpunkte setzte die Nachkriegsentwicklung der Hafenindustrie. Waren vordem Schiffbau- und Schiffsreparaturindustrie (See- und Binnenschiffe) die traditionellen Industriezweige, so kam nun im westlichen Hafengebiet ein großer Komplex chemischer und petrochemischer Industrien hinzu (Erdölraffinerien). Gefördert wurde diese Entwicklung durch den Pipelineanschluss an Rotterdam. Mit seinen Industriebetrieben (insgesamt rund 15 000 Industrie- und Gewerbebetriebe), die sich u.a. in den neuen Industrievierteln westlich, südwestlich und südlich der Stadt etablierten, gilt Amsterdam als größte niederländische Industriestadt.
Neben der ständig expandierenden chemischen Industrie liefern Flugzeug- und Autoindustrie, Maschinenbau, elektrotechnische und feinmechanische Betriebe den größten Produktionsbeitrag. Außerdem ist Amsterdam Standort Holz verarbeitender Papier- und Lederwarenindustrie, von Seifensiedereien (sie gehören zu den ältesten Gewerben der Stadt) und der Filmindustrie. Schon seit langem ist Amsterdam zudem Zentrum der niederländischen Textilindustrie (v.a. im Mode- und Konfektionsgewerbe führend). Auch in der Lebensmittel- und Genussmittelindustrie (Schokoladenfabriken, Brauereien, Zigaretten) nimmt die Stadt einen wichtigen Platz ein. Eine Vielzahl grafischer Betriebe unterstreicht Amsterdams Bedeutung als Presse-, Verlags- und Buchhandelszentrum.

Diamanten

Stadt der Juwelen

Weltweite Bedeutung hat die Diamantindustrie, die 1586 von Antwerpener Diamantschleifern nach Amsterdam gebracht wurde. Heute gibt es in Amsterdam ein gutes Dutzend Diamantschleifereien (▶ Praktische Informationen, Diamantschleifereien) und über 60 diamantverarbeitende Betriebe. Eine der 19 Diamantenbörsen der Welt (vier davon in Antwerpen) hat in Amsterdam ihren Sitz. Seit jeher gelten die Produkte der Amsterdamer Diamantenschleifer als Garantie für hervorragende Arbeit, Qualität und Güte.

Diamanten (Fortsetzung)

Rohdiamanten

Die Diamanten gehören zu den wertvollsten Edelsteinen. Drei Eigenschaften zeichnen sie aus: Härte, kristalline Brillanz und Seltenheit. Entstanden sind diese kostbaren Steine vor Millionen von Jahren. Sie bestehen aus reinem Kohlenstoff, den der gewaltige Druck erstarrender Vulkangesteine damals kristallisierend zusammenpresste, und zwar so heftig, dass die Diamanten zum härtesten Mineral wurden, mit dem höchsten Härtegrad 10. Das heißt: Mit Diamanten kann man jedes andere Material ritzen, aber kein anderes Mineral kann Diamanten ritzen. Daher auch der Name "Diamant" (von griechisch "adamas" = "unbezwingbar"). Dass die Diamanten so begehrt, berühmt und wertvoll sind, verdanken sie aber ihrem strahlenden Glanz, der durch die starke Lichtbrechung in ihrer farblosen, wasserhellen Materie entsteht, sowie der Seltenheit ihrer Funde, besonders der größeren Exemplare (▶ Baedeker Special, S. 20).

Fundgebiete

Man findet Diamanten im Füllgestein vulkanischer Durchschlagstrichterröhren (Kimberlit; Abbau bis 2000 m Tiefe) sowie in Schwemmland und Flusssanden (Edelsteinseifen). Die wichtigsten Vorkommen auf der Erde befinden sich in Australien, Botswana, Russland, Kongo, Südafrika und Namibia.

Verwendungszwecke

Von den gewonnenen Rohdiamanten eignet sich etwa nur ein Fünftel zur Weiterverarbeitung als Schmuckdiamanten (Brillanten). Der Rest ist nur für Industriezwecke zu verwenden (u.a. in Erdbohrern, Steinsägen, Glasschneidern). Seit 1955 kann man unter extrem hohen Drucken und Temperaturen Industriediamanten auch synthetisch herstellen. Über 75% des Bedarfs an Industriediamanten werden heute künstlich erzeugt.

Wert

Der Wert eines Schmuckdiamanten wird nach vier Kriterien bewertet – den "vier C" (Anfangsbuchstaben ihrer englischen Bezeichnungen): carat (Gewicht), colour (Farbe), clarity (Reinheit) und cut (Schliff).

Gewicht

Das Gewicht eines Diamanten misst man in Karat ("ct"; 1 ct = 0,2 g). Das Wort "Karat" kommt ursprünglich aus dem Arabischen und bezeichnet den getrockneten Johannisbrotsamenkern, mit dem früher in Indien Diamanten und in Afrika Gold gewogen wurden. Auf dem Weg über das Niederländische ging es in die internationale Fachsprache der Juweliere ein. Dabei ist es aber nicht so, dass ein Stein von 1,0 ct doppelt so viel kostet wie ein Diamant von 0,5 ct, sondern vielleicht dreimal so viel, weil eben größere Diamanten seltener sind.

Farbe

Zweites Kriterium bei der Bewertung ist die Farbe des Diamanten. Die Skala reicht von "Hochfeines Weiß" u.a. über "Feines Weiß", "Weiß", "Getöntes Weiß" bis zum "Farbton" (z.B. gelblich) in insgesamt acht Stufen. Farblose Diamanten gelten als die kostbarsten.

Funkelnde Wunder

Amsterdam ist ohne seine Diamantindustrie unvorstellbar. In den Schleifereien der Grachtenmetropole erhielten weltberühmte Edelsteine ihre endgültige Fassung. So bewegend wie die Geschichte einzelner Diamanten ist die mehr als vierhundertjährige Geschichte des "hochkarätigen" Amsterdamer Wirtschaftszweigs.

Zwei der bekanntesten Diamanten der Welt erhielten in Amsterdam ihren letzten Schliff. Einer dieser Edelsteine ist der geschichtsträchtige "Kohinoor", der "Berg des Lichts". Der Diamant wechselte mehrmals den Besitzer. Erstmals wurde er 1304 erwähnt, als er sich im Besitz eines indischen Prinzen befand. Im frühen 16. Jh. nannte Babur (1483 – 1530), der Gründer der bis 1858 währenden Mogul-Dynastie in Indien, den Edelstein sein eigen, nachdem sein Widersacher Sultan Ibrahim im Kampf gefallen war. Im Jahr 1739 eroberte und plünderte Nadir Schah, der König von Persien, Delhi. Zu seinen Beutestücken gehörte auch der Kohinoor. 1851 – inzwischen im Besitz von Königin Victoria von England – wurde er auf der großen Ausstellung im Londoner Kristallpalast vorgeführt. In Amsterdam ließ Victoria den 186 Karat schweren Diamanten neu schleifen, wonach der Edelstein, der bei seiner Auffindung das sagenhafte Gewicht von 800 Karat gehabt hatte, nur noch 108,93 Karat wog. Heute schmückt der Kohinoor die Krone der englischen Königinmutter.

Größter Diamant

Auch den größten bisher gefundenen Rohdiamanten, den "Cullinan" (3106 Karat, was einem Gewicht von über einem Pfund entspricht), verarbeiteten Amsterdamer Diamantschleifer. König Edward VII. von England hatte ihn zu seinem 66. Geburtstag erhalten und die Amsterdamer Firma Asscher mit dem Schliff beauftragt. Nach monatelangen Vorstudien spaltete Joseph Asscher 1908 den Diamanten in 105 Teile (in 9 größere und 96 kleinere); der größte befindet sich jetzt im Zepter der Britischen Kronjuwelen. Bei der Zerlegung des Cullinan waren auch ein Arzt und zwei Krankenschwestern anwesend; tatsächlich war der Stress so groß, dass der berühmte Diamantschleifer einen Nervenzusammenbruch erlitt und drei Monate lang darniederlag.

Wechselvolle Geschichte

Die Diamantindustrie in Amsterdam entstand im 16. Jh., und zwar ab 1586, als Flüchtlinge – darunter zahlreiche Diamantschleifer aus Antwerpen – das heutige Belgien aus Glaubensgründen verließen und sich in den Niederlanden ansiedelten. Dort durften Juden keiner Gilde angehören – für Diamantarbeiter gab es keinen Gildenzwang, so war es nur verständlich, dass ein Großteil der Amsterdamer Juden in diesem Industriezweig beschäftigt war. 1748, als es mit dem Juwelenhandel bergab ging und nur noch etwa 600 Arbeitnehmer in diesem Gewerbe beschäftigt waren, versuchten die christlichen Diamantarbeiter die Edelsteinindustrie in einer Gilde zu organisieren. Sie hatten keinen Erfolg. Man fürchtete, dass dieser Wirtschaftszweig ohne die Juden nicht überleben würde.

Mit der Entdeckung der südamerikanischen (besonders der brasilianischen) Diamantschätze erfuhr die Branche bald wieder einen ungeahnten Aufschwung. Auch die seit 1869 in großer Zahl in Südafrika zu Tage geförderten Diamanten wurden größtenteils in Amsterdam bearbeitet. Die Stadt entwickelte sich zu einem der weltweit bedeutendsten Zentren von Schmuck- und Industriediamanten. In Amsterdam gab es nun so viel Arbeit, dass die Löhne der Diamantarbeiter astronomische Höhen erreichten. Allerdings dauerten die paradiesischen Zustände nicht einmal sechs Jahre, danach verfielen viele Schleifer und Arbeiter wieder in die altgewohnte Armut. Bei allem Auf und Ab des Juwelenhandels erlitt der weltweit ausgezeichnete Ruf der Amsterdamer Schmuck- und Industriediamantschleifer keinen Schaden, und 1936 fand in Amsterdam sogar die erste Diamantenausstellung der Welt statt. Einen Niedergang erlebte die Edelsteinindustrie während des Zweiten Weltkrieges: Zehntausende Amsterdamer Juden, darunter 2000 Diamantschleifer, wurden deportiert und kamen in den Konzentrationslagern um. Der Glanz der alten Diamantenmetropole schien für immer erloschen. Doch konnte sich Amsterdam nach dem Krieg bald wieder einen angesehenen Platz im internationalen Business mit den "funkelnden Wundern" erobern.

Der "Fluchdiamant"

"Diamanten bringen Glück", so sagt man, doch das scheint nicht immer zu gelten ... Der "Florentiner", der "Fluchdiamant", brachte Unheil! Nachdem der Stein im indischen Haiderabad aus einer Buddhastatue gestohlen worden war, gelangte er in den Besitz der Medici in Florenz – daher der Name! Nach dem Aussterben der Medici wurde Kaiserin Maria Theresia von Österreich die neue Besitzerin des "Florentiners". Sie schenkte ihn ihrer Tochter Marie Antoinette, die 1793 während der Französischen Revolution unter dem Fallbeil starb. Robespierre bemächtigte sich des Edelsteins und fiel ein Jahr später selbst der Guillotine zum Opfer. Napoleon brachte den Diamanten in den Habsburger Besitz zurück, als er ihn seinem Sohn aus der Ehe mit der Erzherzogin Marie Louise zum Geschenk machte. Doch dieser starb im jugendlichen Alter von 22 Jahren an der Schwindsucht. Die nächsten Besitzer ereilte kein natürlicher Tod: Kaiser Maximilian von Mexiko endete auf Anweisung seines Widersachers Benito Juárez vor einem Erschießungskommando; sein Neffe, Kronprinz Rudolf, beging 1889 mit seiner Geliebten in Mayerling Selbstmord; dessen Mutter, Kaiserin Elisabeth ("Sissy") wurde 1898 von einem Anarchisten ermordet; auch die Gattin des neuen Thronfolgers Franz Ferdinand trug den Diamanten bei sich, als beide 1914 in Sarajewo Opfer des Attentats wurden, das den Ersten Weltkrieg auslöste. Nach dem Ende des Hauses Habsburg (1918) gelangte der Diamant in verschiedene Hände. Einer der Besitzer war König Faruk von Ägypten, der 1952 ins Exil gehen musste.

Diamantschleifen ist Präzisionsarbeit. Den letzten Schliff, Facette für Facette, erhält der Stein auf einer sich mit 2500 Touren drehenden, mit Diamantgranulat beschichteten, gusseisernen Scheibe.

Wirtschaft (Fortsetzung)

Reinheit der Diamanten

Als drittes Bewertungsmerkmal fungiert die Reinheit des Diamanten. Man unterscheidet sieben internationale Abstufungen. Als höchste Reinheitsstufe gilt "lupenrein", d.h. auch bei zehnfacher Lupenvergrößerung kann man keine Einschlüsse finden. Diese Diamanten sind äußerst selten. Über u.a. "kleine Einschlüsse" geht es dann weiter bis zur letzten Abstufung mit "groben Einschlüssen", also mit bloßem Auge sofort erkennbar.

Schliff

Diese drei Bewertungskriterien sind naturbedingt. Das vierte und letzte Bewertungsmerkmal – der Schliff – ist dagegen von Menschenhand abhängig. Von den dargestellten Schliffarten ist der Brillantschliff der bekannteste und beliebteste. Deshalb werden geschliffene Schmuckdiamanten landläufig vereinfachend "Brillanten" genannt, die aber streng genommen nur die Diamanten im Brillantschliff sind, bei dem es sich um einen Vollschliff mit 58 Facetten handelt.

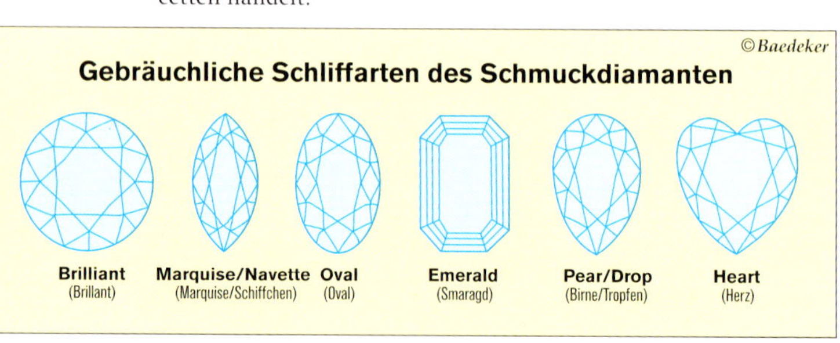

Auch die Schliffformen Marquise (Navette), Oval, Smaragd, Tropfen und Herz haben jeweils 58 Facetten. Darüber hinaus gibt es noch die Schliffarten Baguette (Einfachschliff mit 24 Facetten), Achtkant (mit 16 Facetten) und Carrö (Viereckschliff).
Facetten sind die beim Schleifen entstehenden Flächen, die in einem bestimmten Winkel zueinander angeordnet sind, damit eine optimale Lichtbrechung (Funkeln, Feuer) erreicht wird.

Verkehr

Hafen

Amsterdam ist eine bedeutende Hafen- und Handelsstadt ein. Der Hafen am Südufer des Nordseekanals hat sich in den letzten Jahrzehnten mit neuen Hafenanlagen und Industriegebieten über eine Fläche von 2725 ha ausgeweitet. Gemessen am Umschlag rangiert er weit hinter Rotterdam, doch wurde er nach dem Zweiten Weltkrieg aufgrund seiner geografischen Lage zwischen der Nordsee und dem hoch industrialisierten europäischen Hinterland zu einem wichtigen Umschlagplatz, zumal der 1952 eröffnete Amsterdam-Rhein-Kanal (mit einer der größten Binnenschleusen der Welt bei Tiel) dieses Hinterland in nächste Nähe rückte. Schon 1876 war mit der Eröffnung des Nordseekanals (270 m breit, 15 m tief und 15 km lang) ein Verbindungsweg zum Meer geschaffen worden, der aufgrund der Schleusen von IJmuiden (sie gehören zu den größten Seeschleusen der Welt) unabhängig von den Gezeiten befahrbar ist.

Hafen (Fortsetzung)

Seit dem 17. Jh. hatte der Hafen von Amsterdam die nationalen Verbindungen zu den überseeischen Kolonien wahrgenommen; in den Jahrzehnten nach dem Zweiten Weltkrieg entwickelte er sich zum Massen- und Industriehafen. Er ist mit einem Containerterminal und modernsten Umschlageinrichtungen ausgestattet und besitzt einen Tanklagerraum für Öle und Flüssigchemikalien mit einer Kapazität von über 1 Mio. t. Jährlich werden einige Tausend Schiffe abgefertigt. Die Umschlagwaren sind für das europäische Hinterland bestimmt, die Rohstoffe für die nationale und lokale Industrie. Vom Amsterdamer Hafen besteht Fährverkehr nach Großbritannien über Hoek van Holland sowie nach Göteborg (Schweden).

Flughafen

Der Amsterdamer Flughafen Schiphol (10 km südwestlich der Stadt) nimmt unter den europäischen Flughäfen eine führende Rolle ein. Im Passagierverkehr – jährlich werden ca. 35 Mio. Fluggäste abgefertigt – ist Schiphol der viertgrößte Flughafen Europas. Eine noch bedeutendere Rolle spielt er im Frachtverkehr. Er ist ein wichtiges Verteilerzentrum für hochwertige Verbrauchsgüter wie Elektronika, optische und medizinische Instrumente. Der jährliche Güterumschlag beträgt ca. 1,21 Mio. t, damit liegt Schiphol nach Frankfurt am Main und London (Heathrow) an dritter Stelle in Europa.

Eisenbahn

Durch den Anschluss an das internationale Eisenbahnnetz ist Amsterdam mit allen wichtigen Städten Europas verbunden. Täglich fahren rund 50 internationale Züge in den Hauptbahnhof von Amsterdam ein. Dabei steht der Güterverkehr gleichberechtigt neben dem Personenverkehr.

Öffentlicher Nahverkehr

Den öffentlichen Nahverkehr nehmen Busse, Straßenbahnen und vier Metrolinien wahr. Ferner existieren vier Fährverbindungen.

Straßennetz

Über ein gut ausgebautes Autobahn- und Schnellstraßensystem ist Amsterdam aus allen Richtungen schnell zu erreichen. Im Innenstadtgebiet sind infolge der Verkehrsüberlastung Staus jedoch an der Tagesordnung. Durch rigorose Parkvorschriften und hohe Parkgebühren versucht man, den Individualverkehr weitgehend aus dem Zentrum zu verbannen.

Fahrrad

Das wichtigste Transportmittel ist das Fahrrad (400 000 Fahrräder auf 727 000 Einwohner), wobei die Besitzverhältnisse nicht immer geklärt sind.

Stadtgeschichte

1270 Die Geschichte der Stadt Amsterdam beginnt mit der Errichtung eines Dammes, der die Amstelmündung von dem "IJ" genannten Zuiderzee-Arm trennen sollte. Dank dieses Schutzes konnte sich das hier befindliche unbedeutende Fischerdorf schnell entwickeln.

1275 Mit dem Zollprivileg des Grafen von Holland, Floris V., wird den Bewohnern des Fischerdorfes "Amstelledamme" freie Fahrt und freier Handel mit eigenen Waren in der Grafschaft Holland garantiert.

1300 Amsterdam erhält die Stadtrechte.

1317 Graf Willem III. von Holland übernimmt die Stadt von den Bischöfen von Utrecht.

1323 Die Stadt wird Zollstation für das aus Hamburg importierte Bier. Aus dem Bierhandel entwickelt sich ein intensiver Warenaustausch mit den Hansestädten.

1345 Durch das so genannte Hostienwunder wird Amsterdam zum Wallfahrtsort. Eine große Zahl von Pilgern besucht die 1347 in der Kalverstraat errichtete Kapelle. Als Kaiser Maximilian bei einer Wallfahrt 1489 von Krankheit geheilt wird, verleiht er der Stadt das Recht, die Kaiserkrone im Stadtwappen zu führen.

ab 1400 Die jährlich wechselnden vier Bürgermeister werden vom Alten Rat (aktive und ehemalige Schöffen und Bürgermeister) gewählt. Damit ist die Stadt gegenüber dem Landesherrn relativ unabhängig.

1421 Bei einem Brand wird Amsterdam fast vollständig zerstört.

1481 Amsterdam erhält eine steinerne Stadtmauer.

1535 Die Stadt wird von den Wirren der Reformation erfasst. Wiedertäufer laufen in religiöser Ekstase nackt über den Dam. Ihr Versuch, am 10. Mai das Rathaus zu besetzen, scheitert. Der habsburgische Landesherr Karl V. wird von den Stadtvätern zu Hilfe gerufen.

1538 Amsterdam ist inzwischen auf mehr als 30 000 Einwohner angewachsen.

1566 Während einer Hungerperiode werden Kirchen und Klöster von Anhängern der Reformation gestürmt. Philipp II. von Spanien wird Nachfolger Karls V.

Herzog Alba besetzt im Auftrag des spanischen Königs Philipp II. 1567
Amsterdam und lässt die Anhänger der Reformation blutig verfolgen.

Während eines Aufstandes der niederländischen Nordprovinzen 1568
bleibt Amsterdam prospanisch.

Wilhelm von Oranien wird Führer der Aufstandsbewegung gegen 1572
die Spanier.

Nach der Kapitulation der Stadt vor den Truppen Wilhelms von 1578
Oranien schließen sich die Amsterdamer dem niederländischen Freiheitskrieg gegen die Spanier an. Alle prospanischen Ratsherren, Geistlichen und Klosterbewohner werden aus der Stadt verwiesen (Alteratie). Es gibt eine neue, vor allem aus den emigrierten reformierten Kaufleuten bestehende Stadtverwaltung. In der Satisfactie van Amsterdam wird verfügt, dass niemand wegen seines Glaubens verfolgt werden dürfe.

Amsterdam entwickelt sich zu einer der wichtigsten Handelsmetro- ab 1578
polen der Welt, zu einem Zentrum für Wissenschaft und Kultur, zu einer Stadt mit blühendem Gewerbe und kosmopolitisch zusammengesetzter Bevölkerung. Verfolgte aus allen europäischen Ländern kommen in die Stadt.

Einer vornehmlich von Amsterdamer Kaufleuten ausgerüsteten 1595 – 1597
Flotte gelingt es, auf der Route um Afrika einen Seeweg nach Indien zu finden.

Gründung der Vereinigten Ostindischen Handelskompanie. Amster- 1602
damer Kaufleute zählen zu den bedeutendsten Aktieninhabern.

Gründung der Waren- und Effektenbörse. 1611

Im Verlauf der vierten Stadterweiterung wird der Drei-Grachten- 1613
Gürtel (Heren-, Keizers- und Prinsengracht) angelegt. Westlich dieses Gürtels entsteht der Jordaan, Amsterdams populärstes Viertel.

Die Stadt zählt 100 000 Einwohner. 1620

Das “Goldene Zeitalter” Amsterdams: Die Stadt entwickelt sich in 17. Jh.
diesem Jahrhundert zur bedeutendsten Handelsstadt der Welt; Mitte des 17. Jh.s hat sie bereits 200 000 Einwohner und ist damit nach London und Paris die drittgrößte Metropole Europas.

Seekrieg mit England. Amsterdam verliert seine Vorherrschaft zur 1780 – 1784
See.

Die Herrschaft der wenigen Amsterdamer Familien geht zu Ende. 1795
Die Prinzipien der Französischen Revolution werden verkündet. Nach der Besetzung der Niederlande durch französische Truppen kommt es zur Gründung der Batavischen Republik (26. Jan.).

Amsterdam wird zur Hauptstadt des Königreiches der Niederlande 1806
unter Louis Napoléon.

Das besetzte Amsterdam

Fast genau fünf Jahre lang war Amsterdam im Zweiten Weltkrieg von deutschen Truppen besetzt. Schon bald nach dem Einmarsch kam es auch hier zu Judenverfolgungen. Mit dem Februarstreik zeigten die Amsterdamer ihre Solidarität gegenüber den jüdischen Mitbürgern.

Es herrschte schon seit einigen Monaten Krieg in Europa, doch die meisten Niederländer waren immer noch fest davon überzeugt, nicht in die militärischen Auseinandersetzungen verwickelt zu werden; wie im Ersten Weltkrieg würde das Land, das seit dem 16. Jh. nur Frieden kannte, wohl seine Neutralität bewahren können. Auch Truppenaufmärsche der Wehrmacht an der deutsch-niederländischen Grenze am 9. Mai 1940 wurden nicht allzu ernst genommen. Ein naiver Glaube, wie sich herausstellte, denn tags darauf marschierten deutsche Soldaten mit Waffengewalt in die Niederlande ein. Auch Amsterdam blieb nicht von Bomben verschont. Schaden erlitten vor allem der Flughafen Schiphol und der Hafen. Auf das Stadtzentrum fiel nur eine Bombe, und zwar auf den Blauwburgwal, aber sie kostete 51 Menschen das Leben. Viele Juden flüchteten über den Kanal nach England, nicht wenige begingen Selbstmord. Am 15. Mai kapitulierte die niederländische Armee, am selben Tag besetzten deutsche Kampfverbände Amsterdam.

"Februarstreik"

Da die Niederländer nach der Rassenideologie der Nazis von germanischen Völkern abstammten, somit also als gleichwertig betrachtet wurden, sollte deren besetztes Land "mit fester und doch sehr weicher Hand" in das von Hitler propagierte "Neue Europa" integriert werden. Deshalb wurde zunächst peinlich darauf geachtet, im westlichen Nachbarland den Eindruck einer Besatzungsmacht zu vermeiden. Angesprochen auf das Schicksal der Juden hieß es sogar: "Für die Deutschen gibt es in den Niederlanden keine Judenfrage!" Doch das änderte sich schnell. Bereits im Herbst 1940 begannen die Schikanen gegen die jüdische Bevölkerung der Stadt. Zuerst wurden alle Beamten mosaischen Glaubens entlassen, dann terrorisierten Schlägertypen der niederländischen Nazipartei NSB jüdische Einwohner in deren Stadtvierteln und Geschäften. Das heute noch existierende Café Kroon z. B. wurde dabei dem Erdboden gleichgemacht. Viele Amsterdamer, auch Nichtjuden, begegneten dem Terror dieser Straßenschläger mit Gegengewalt. Als Schüler eines jüdischen Boxclubs am 11. Februar 1941 den Anführer einer NSB-Kampfabteilung so zusammenschlugen, dass dieser wenig später den Verletzungen erlag, ordneten die Deutschen als Vergeltungsmaßnahme die Festnahme von 425 jüdischen "Geiseln" an. Nun geschah etwas, das im Zweiten Weltkrieg (1939 – 1945) einzigartig war: Am 25. Februar gingen auf Initiative der längst verbotenen Kommunistischen Partei Hollands Tausende von Amsterdamern auf die Straße, um gegen die Judenverfolgung zu protestieren – dieser "Februarstreik" war der einzige Generalstreik in einem von den Nazis besetzten Gebiet. Bereits nach zwei Tagen wurde die Widerstandswelle von den deutschen Besatzern unterdrückt. Vier Streikende wurden erschossen, 22 zu Gefängnisstrafen verurteilt, die Stadt musste ein "Sühnegeld" von 15 Mio. Gulden an die Deutschen zahlen.

Die "Judenfrage"

"In Holland ging ja alles wie am Schnürchen", konstatierte zufrieden Adolf Eichmann, einer der Organisatoren der "Endlösung", gegen Ende des Krieges. Ohne die niederländische Polizei, stellte ein in Amsterdam stationierter deutscher Polizeichef fest, wären nicht einmal zehn Prozent der Juden verhaftet worden. Tatsächlich waren die Besatzer bei der Deportation von Juden in die KZs auf niederländische Kollaboration angewiesen. Viele Polizisten zeigten sich bei Verhaftungen sogar übereifrig, die Niederländische Eisenbahngesellschaft ließ sich für die Transporte gut bezahlen, Gemeindebeamte stempelten, ohne mit der Wimper zu zucken, ein "J" in die Personalausweise, schickten jüdische Arbeitslose in Arbeitslager etc. Widerstand gegen die Judenverfolgung war nur noch vereinzelt anzutreffen. Natürlich gab es auch Polizisten und andere Beamte, die bei der Judenverfolgung nicht mitmachten und Aufträge hintertrieben, z. B. Ausweise fälschten oder Verhöre frisierten. Nicht wenige Amsterdamer Bürger versteckten auf eigene Lebensgefahr Juden in ihren Wohnungen, wovon das "Tagebuch der Anne Frank" beredtes Zeugnis ablegt (▶ Baedeker Special, S. 60). Etliche taten das aus reiner Menschlichkeit, einige andere aber auch nur, um an das Geld der Verfolgten zu kommen. Von der niederländischen Exilregierung in London jedenfalls erhielten die niederländischen Juden absolut keine Unterstützung. Bis Kriegsende verließen rund 100 000 Juden in insgesamt 98 Deportationszügen ohne einen einzigen Zwischenfall das Land, d. h. aus den Niederlanden wurden verhältnismäßig mehr Juden deportiert als aus jedem anderen westeuropäischen Staat. Von den 80 000 Amsterdamer Juden waren nach dem Krieg nur noch 5000 am Leben.

Erinnerung an den Februarstreik: das Dock-Arbeiter-Denkmal vor der Portugiesischen Synagoge

Widerstand

Der Winter 1944 war für die Amsterdamer Bevölkerung furchtbar. Da infolge des alliierten Vormarsches die Zufuhr von Steinkohle ausblieb, konnten die Gas- und Elektrizitätswerke nicht mehr arbeiten. Alle Räder standen still. Straßenbahnen fuhren nicht mehr, Schulen wurden geschlossen, kaum ein Amsterdamer ging noch zur Arbeit. Die Besatzer transportierten indessen alles ab, was nicht niet- und nagelfest war: Busse, Züge, Maschinen, Fabrikbestände etc. Als es zu frieren begann, setzte unter der Bevölkerung eine schwere Hungersnot ein; der Schwarzhandel blühte, viele überlebten nur, weil sie sich von Rattenfleisch ernährten. In diesem Winter wagte der niederländische Widerstand kühnere Aktionen, worauf die Besatzungsmacht mit mehreren willkürlichen Exekutionen antwortete, bei denen Passanten zusehen mussten. Am 5. Mai 1945 kapitulierten die deutschen Truppen in den Niederlanden, womit die fast genau fünf Jahre währende Besatzungszeit endete.

1810	Die Niederlande werden zu Frankreich geschlagen. Die Kontinentalsperre, welche die Stadt von ihren traditionellen Märkten abschneidet, macht Amsterdams Stellung als Handelsmetropole endgültig zunichte.
1813	Nach der Niederlage Napoleons und der Vertreibung der Franzosen wird Amsterdam Hauptstadt des Königreichs der Niederlande, einer konstitutionellen Monarchie unter Wilhelm von Oranien-Nassau. Regierungssitz ist jedoch Den Haag.
1839	Bau einer Eisenbahnlinie zwischen Amsterdam und Haarlem.
1876	Mit dem Bau des Nordseekanals wird eine direkte Verbindung zum Meer geschaffen. Der Hafen erlebt eine neue Blütezeit.
1913	Die Sozialdemokraten erringen bei den Kommunalwahlen die Mehrheit im Stadtrat. Seit dieser Zeit ist Amsterdam eine Bastion des demokratischen Sozialismus.
1914 – 1918	Die Niederlande bleiben während des Ersten Weltkriegs neutral. Amsterdam wird in dieser Zeit von Krisen heimgesucht (Arbeitslosigkeit, Lebensmittelknappheit, Flüchtlingsstrom).
1920	Amsterdam zählt 647 000 Einwohner.
15. Mai 1940	Deutsche Truppen besetzen die Stadt. Beginn der Judendeportationen.
25. Febr. 1941	Mit dem von Arbeitern organisierten Februarstreik protestieren die Amsterdamer gegen die Verschleppung jüdischer Mitbürger.
5. Mai 1945	Kanadische Truppen befreien die Stadt. Obwohl der Widerstand gegen die deutsche Okkupation in Amsterdam besonders stark war, ist die jüdische Gemeinde am Ende des Krieges nahezu ausgelöscht (▶ Baedeker Special, S. 26).
1952	Eröffnung des Amsterdam-Rhein-Kanals.
1964 – 1966	Die “Provos”, die Wohlstand und bürgerliche Wertvorstellungen infrage stellen, treten in Erscheinung.
10. März 1966	Schwere Demonstrationen anlässlich der Hochzeit von Prinzessin Beatrix mit Claus von Amsberg führen später zur Entlassung des Bürgermeisters und des Polizeichefs.
1970	Die “Kabouter”' (Zwerge), Nachfolger der “Provos”, erringen fünf Sitze im Amsterdamer Gemeinderat.
1975	700-jähriges Bestehen Amsterdams; in der Nieuwmarktbuurt kommt es zu Zusammenstößen zwischen der Bevölkerung dieses Viertels und der Polizei. Die Bewohner versuchen, den Abriss von Wohnhäusern für den U-Bahn-Bau zu verhindern.
1979	In Amsterdam sind mehr als 60 000 Wohnungssuchende registriert. Leere Wohnungen werden von “Krakers” besetzt.

Königin Juliana dankt ab. Die neue Königin Beatrix leistet ihren 30. April 1980
Eid auf die Verfassung. Krönung von Königin Beatrix in der Nieuwe Kerk. Abseits der stark geschützten Bannmeile um Schloss und Kirche in Amsterdam kommt es zu blutigen Krawallen, die sich weniger gegen die Person der Königin richten als gegen die akute Wohnungsnot in Amsterdam.

Gesetz zur Registrierung von leer stehenden Wohnungen; Verbot 1981
von Hausbesetzungen.

Amsterdam feiert sein 400-jähriges Jubiläum als Diamantenstadt. 1986

Nach Athen und Florenz wird Amsterdam nach Beschluss des EG- 1987
Gipfels von 1983 für ein Jahr "Kulturhauptstadt Europas".

Das neue Rathaus von Amsterdam, das mit der Oper "Het Muziek- 1988
theater" ein Doppelgebäude (Stopera) bildet, kann bezogen werden.

Im Oktober sterben beim Absturz eines israelischen Frachtflug- 1992
zeugs auf den Stadtteil Bijlmermeer mehr als 200 Menschen.

In Amsterdam findet der EU-Gipfel statt, bei dem die Vertragsver- 1997
handlungen von Maastricht zur Europäischen Wirtschafts- und Währungsunion erweitert werden.

Amsterdam ist die erste europäische Stadt, die die alle vier Jahre 1998
wiederkehrenden "Gay Games" ausrichtet, eine Art Olympische Spiele für Schwule und Lesben.

Zur Feier seines 200-jährigen Bestehens zeigt das Rijksmuseum die 2000
bedeutendsten niederländischen Kunstwerke des 17. Jh.s in der Sonderausstellung "Der Glanz des Goldenen Jahrhunderts".
Amsterdams hochmodernes Stadion (Amsterdam Arena) ist einer der Austragungsorte für die Fußballeuropameisterschaft im Juni.

Berühmte Persönlichkeiten

Karel Appel (geb. 25. 4. 1921)

Karel Appel, ein gebürtiger Amsterdamer, gehört zu den international bekanntesten und meist diskutierten niederländischen Malern nach dem Zweiten Weltkrieg. Seinen ersten großen Auftrag erhielt er 1949, als er für das Amsterdamer Rathaus (Stadhuis) eine Wandmalerei mit dem Titel "Vragende Kinderen" (Fragende Kinder) anfertigte. Dieses Bild brachte die öffentliche Meinung derart in Aufruhr, dass das Werk zeitweise abgedeckt werden musste.

1950 ließ sich Karel Appel in Paris nieder und schloss sich der internationalen experimentellen Schule an. Er gehörte zu den Gründern der CoBrA-Gruppe (Copenhagen, Brüssel, Amsterdam), die sich aus heute international bekannten Künstlern (u.a. Corneille, Constant, Alechinsky, Asger Jorn und Lucebert) zusammensetzt.

In den 50er-Jahren nahm Karel Appel an vielen wichtigen Ausstellungen teil und erhielt internationale Auszeichnungen und Preise (u.a. den UNESCO-Preis 1954 auf der Biennale in Venedig, den Guggenheimpreis 1960).

Hendrik Petrus Berlage (21. 2. 1856 bis 12. 8. 1934)

Hendrik Petrus Berlage ist einer der bekanntesten niederländischen Architekten. Der aus Amsterdam stammende Berlage studierte in Zürich, arbeitete in Frankfurt am Main und unternahm Reisen nach Italien. Als selbstständiger Architekt fand er seinen individuellen, etwas strengen, nichts verhüllenden Baustil, der inner- und außerhalb der niederländischen Grenzen großen Einfluss hatte. Zu seinen berühmtesten Bauwerken gehören die Amsterdamer Börse (1898 – 1903), die nach ihm benannte Brücke über die Amstel und das Gemeindemuseum in Den Haag. Auch auf dem Gebiet der angewandten Kunst trat er durch Entwürfe von Stühlen und anderen Möbeln hervor.

Johannes Amos Comenius (28. 3. 1592 bis 15. 11. 1670)

Der aus der mährischen Slowakei gebürtige Comenius (eigentlich Jan Ámos Komenský) ist als ein früher Reformer auf dem Sektor des Bildungswesens in die Geschichte eingegangen. Sein Ziel war, jedem eine umfassende Allgemeinbildung zu ermöglichen. Diesen Bestrebungen dienten seine Schriften, die das gesamte Wissen der Zeit enzyklopädisch und anschaulich vermitteln sollten.

Sein berühmtestes Werk ist das erste europäische Schulbuch nach dem Prinzip des heutigen Anschauungsunterrichts ("Orbis sensualium pictus"), dessen früheste nachweisbare Ausgabe 1654 in

Nürnberg erschien. Jede Seite enthält einen in Holzschnitt abgebildeten Gegenstand; darunter folgt in einfachen Worten eine Erklärung in lateinischer und deutscher Sprache. Mit diesem Buch lernte noch Goethe lesen.
Comenius starb 1670 in Amsterdam (sein Grab in der Hauptkirche von Noorden).

Johannes Amos Comenius (Fortsetzung)

Anne Frank (2. 6. 1929 bis März 1945)

Anne Frank, ein jüdisches Mädchen deutscher Herkunft, wurde bekannt durch ihr in viele Sprachen übersetztes und verfilmtes Tagebuch (▶ Baedeker Special, S. 60).
Die jüdische Familie Frank flüchtete 1933 vor den Nationalsozialisten von Frankfurt am Main nach Amsterdam, wo sie während der deutschen Besetzung untertauchte. Über ihre Erlebnisse in dieser Zeit (12. Juni 1942 bis 1. August 1944) führte Anne Tagebuch, das endete, als die Familie entdeckt und nach Deutschland transportiert wurde. Anne, ihre Mutter und ihre Schwester wurden im Konzentrationslager Bergen-Belsen ermordet. Nur der Vater überlebte.

Alfred Henry Heineken (geb. 4. 11. 1923)

Für Alfred Heineken, der mit 19 Jahren, 1942, in den väterlichen Bierbrauereibetrieb in Amsterdam eingestiegen war, ist neben resoluter Qualitätskontrolle der Hauserzeugnisse Werbung immer Grundvoraussetzung für wirtschaftlichen Erfolg gewesen. Wenn Königin Beatrix und ihr Gemahl zu Gast auf seiner Jacht waren, durfte ein Fotoreporter nie fehlen. Wäre der Umsatz der Heineken-Holding im ersten Halbjahr 1983 nicht um satte 17% gestiegen, hätte sich "König Freddie" sicherlich den Vorwurf gefallen lassen müssen, seine Entführung am 9. November desselben Jahres, die nach der Zahlung eines Lösegeldes in Höhe von 30 Mio. DM drei Wochen später endete, sei ein geschickter Werbegag gewesen.
Alfred Henry Heineken, dem es vorwiegend zu verdanken ist, dass die Heineken-Holding zwei Drittel des niederländischen Biermarktes kontrolliert (u. a. auch die Brauereien Amstel, Mutzig und Star) und deren Produkt in über 170 Ländern vertrieben wird, entspricht ganz und gar dem Klischee des superreichen, kompromisslosen Wirtschaftsbosses. Als Vorstandsvorsitzender der Heineken N. V. ließ er sich in seine unternehmerischen Entscheidungen von niemandem hineinreden, auch nicht vom Aufsichtsrat; im Management duldete er "keine Karrierehunde, nur Schüler". Und dass er mit seiner Firma zum Milliardär geworden ist, zeigt er nur allzu gern (Villen in Sankt Moritz und an der Côte d'Azur, eine teure Jacht und Luxuslimousinen). Daran stört sich jedoch kaum einer. Schließlich steht sein Name für ein qualitätsvolles, von vielen hoch geschätztes Produkt, ist Heineken N. V. unter seiner Regie zum größten Bierexporteur der Welt aufgestiegen.
Beim Aufbau seines weltweiten Imperiums gelang es dem mehrfach ausgezeichneten Selfmademan, der 1989 sein Amt als Vorstandsvorsitzender niederlegte und in den Aufsichtsrat wechselte (er sitzt auch im Aufsichtsrat von Thyssen Bornemisza, der nieder-

Alfred Henry Heineken (Fortsetzung)

ländischen Tochter von British Petroleum, der Algemene Bank Nederland und der Steenkolen Handelsvereniging), jedoch nicht, in deutschen Landen Fuß zu fassen. Bis zur Aufhebung des Reinheitsgebots blieb dem Bierkönig im westlichen Nachbarland der Zutritt versagt. Seither versuchen die Heineken-Brauer auch hier ihren Gerstensaft an den Mann zu bringen – mit welchem Erfolg, bleibt abzuwarten.

Rembrandt (R. Harmensz van Rijn; 15. 7. 1606 bis 4. 10. 1669)

Rembrandt, berühmtester niederländischer Maler, zog – nach einer produktiven Schaffensperiode in Leiden – 1632 nach Amsterdam und heiratete 1634 die vornehme und reiche Saskia van Uijlenburgh. Im Jahre 1639 kaufte er ein Haus in der Jodenbreestraat, das heutige Rembrandthaus.

Im ersten Jahrzehnt seiner Amsterdamer Zeit wurde er der begehrteste Porträtist, fast zwei Drittel aller Auftragsbildnisse entstanden in dieser Zeit. Die Repräsentationswünsche seiner Auftraggeber erfüllte er, ohne auf Wesensdeutung zu verzichten. Neben seinen eindrucksvollen Porträts (u.a. des späteren Bürgermeisters Jan Six), seinen Gruppenbildnissen (die “Anatomie des Dr. Tulp”) und Selbstporträts (“Doppelbildnis mit Saskia”, der Maler als “verlorener Sohn”) stehen gleichrangig Bilder aus dem biblischen Themenkreis, später auch Landschaften. Als Rembrandt es zunehmend ablehnte, den Repräsentationswünschen seiner Auftraggeber seine künstlerischen Intentionen unterzuordnen, gingen die Aufträge zurück (sein Werk “Nachtwache” wurde von den Auftraggebern abgelehnt).

Nach dem Tod seiner Frau (1642) kam Rembrandt in persönliche und finanzielle Schwierigkeiten. 1656 wurden sein Haus und Besitz versteigert. Sein Sohn Titus und Hendrickje Stoffels, mit der der Künstler in Gemeinschaft lebte, betrieben ab 1660 einen Kunsthandel für Rembrandt, doch blieb dieser bis zu seinem Tode schuldenbelastet, in zunehmender künstlerischer und gesellschaftlicher Isolation (sein Wandbild für das neue Amsterdamer Rathaus “Die Verschwörung der Batayer unter Julius Civilis” wurde abgelehnt).

Als Rembrandt starb, wurde er außerhalb der Westerkerk begraben; erst später wurde sein Grab in das Innere der Kirche überführt.

Etliche von Rembrandts Gemälden (▶ Baedeker Special, S. 110), darunter die “Nachtwache”, sind im Rijksmuseum ausgestellt.

Baruch (Benedictus) de Spinoza (24. 11. 1632 bis 21. 2. 1677)

Baruch de Spinoza wurde in Amsterdam geboren. Der Einfluss des niederländischen Philosophen auf die Philosophie des Abendlandes, auch auf die deutschen Philosophen Fichte und Hegel, ist beträchtlich. Spinoza war Rationalist und leitete seine metaphysischen Anschauungen mittels mathematischer Beweisführung aus Definitionen und Axiomen ab. Dies stand im Gegensatz zu seiner biblisch-talmudischen Ausbildung in der jüdischen Gemeinde Amsterdams, die ihn 1656 mit dem Bannfluch belegte. 1673 lehnte er das Angebot einer Professur in Heidelberg ab.

Sein bekanntestes Werk, die "Ethik, nach geometrischer Methode dargestellt", entstand etwa 1662, erschien aber erst im Jahre 1677. Spinozas Wohnhaus in Den Haag, wo er 1677 starb, wurde 1927 als Spinoza-Institut eingerichtet.

Baruch de Spinoza (Fortsetzung)

Vincent van Gogh (30. 3. 1853 bis 29. 7. 1890)

"Ich bin doch zu irgendetwas gut, ich habe eine Daseinsberechtigung!", schrieb Vincent van Gogh voller Verzweiflung, aber auch, um sich selbst Mut zu machen, an seinen geliebten Bruder. Zeit seines Lebens plagten den Niederländer, dessen Bilder einmal Rekordpreise erzielen sollten, Minderwertigkeitskomplexe, verfolgte ihn die Angst, kläglich zu versagen.
Zunächst begann der im holländischen Dorf Groot-Zundert geborene Pastorensohn eine Ausbildung im Kunsthandel in Den Haag und London, die er jedoch abrupt beendete, als eine von ihm angebetete junge Londonerin seine Liebe nicht erwiderte. Er versuchte sich dann als Laienprediger, nahm ein Theologiestudium auf, scheiterte aber im Examen. Auch auf der Evangelistenschule hatte er kein Glück und wurde, als Irrer diffamiert, rausgeschmissen. Und wieder musste er in der Liebe eine Niederlage hinnehmen: Als er seiner Cousine seine Zuneigung gestand, kehrte diese fluchtartig in ihre Heimatstadt Amsterdam zurück; er reiste hinterher, wurde aber dort mit den Worten "Dein Beharren ist ekelhaft" schroff abgewiesen. Abermals verliebte er sich, als er, auf der Suche nach einem Modell – mittlerweile widmete er sich der Malerei –, eine Prostituierte namens Sien kennen lernte. Besessen von dem Wunsch, sie von der Straße zu holen, heiratete er diese, trennte sich jedoch von ihr, als sie ihr altes Gewerbe wieder aufnahm. Mit der Heirat eines Freudenmädchens verschlechterte sich das Verhältnis zu seinen Eltern, die ohnehin nie Verständnis für ihren Ältesten aufgebracht hatten ("Sie behandeln mich wie einen kläffenden Köter mit schmutzigen Pfoten"). Fortan signierte er, angewidert von der Familie, seine Bilder nur noch mit "Vincent".
Über Antwerpen und Paris gelangte der junge Künstler 1886 ins südfranzösische Arles. Hier schuf er seinen eigenen, völlig neuen Stil, mit dem er Landschafts- und Stadtbilder, Stillleben und Porträts in grellen, ausdrucksstarken Farben und mit grobem Pinselstrich malte. Seine Lieblingsfarbe wurde Gelb, das greifbar gewordene Licht. In Arles begannen sich seine Anfälle geistiger Umnachtungen zu mehren. Schizophrenie diagnostizierten manche Ärzte, andere sprachen von einer Sonderform der Epilepsie mit langen Absenzen. Van Gogh litt unter der Einsamkeit, Trost fand er nur im Bordell und bei seinem Bruder Theo, der ihm zeit seines Lebens finanziell unter die Arme griff. Ein Freund war auch der Maler Paul Gauguin. Doch als dieser ihm während eines Besuchs in Arles mitteilte, wegen eines Streits mit ihm früher als geplant abzureisen, schnitt sich van Gogh aus Verzweiflung und Selbsthass heimlich einen Großteil seines rechten Ohres ab. 1889 wurde der Künstler in die Irrenanstalt von Saint Rémy eingeliefert, wo er noch viele Meisterwerke schuf (von denen etliche heute im Amsterdamer Van Gogh Museum zu sehen sind). 1890 durfte er die Heilanstalt verlassen und zog nach Auvers bei Paris. "Ich passe einfach nicht ins Leben", stellte er nach einer erneuten unglücklichen Liebe fest. Am 27. Juli 1890 schoss er sich in einem Kornfeld in die Brust. "Hoffentlich habe ich es nicht verpatzt", ließ er seinen Hauswirt wissen. Er hatte nicht. Zwei Tage später erlag er seinen Verletzungen.

Joost van den Vondel (17. 11. 1587 bis 5. 2. 1679)

Der in Köln geborene Joost van den Vondel gilt als größter niederländischer Renaissancedichter. Sein vielseitiges Werk umfasst Spottgedichte, historische, vaterländische und kirchlich-religiöse Gedichte und 32 Dramen, deren bekannteste "Gijsbreght van Aemstel" (1637, deutsch 1867) und "Lucifer" (1654, deutsch 1919) sind. Er übersetzte die Psalmen, Ovid und Vergil ins Niederländische und beeinflusste mit seinen Arbeiten die deutschen Dichter Martin Opitz und Andreas Gryphius.

Van den Vondel, der sich lebhaft an den politischen und kirchlichen Streitigkeiten seiner Zeit beteiligt hatte und 1641 zum katholischen Glauben übergetreten war, starb 1679 (91-jährig) in Amsterdam. Der größte Park der Stadt ist nach ihm benannt.

Kunst und Kultur

Grachtenstadt

Grachtengürtel

Die älteste Ansiedlung umfasste das Gebiet zwischen dem heutigen Oude- und Nieuwezijds Voorburgwal (13. Jh.). Eine erste Stadterweiterung erfolgte gegen Ende des 15. Jh.s. Zu einem planmäßigen Ausbau Amsterdams kam es jedoch erst ab 1612 durch die Anlage des berühmten Grachtengürtels. Mit dem Singel als äußerer Begrenzung wurden die Heren-, Keizers- und Prinsengracht halbkreisförmig westlich des Stadtkerns angelegt. Schon 1657 erweiterte man den Grachtenring von der Leidsegracht bis zur Amstel. Schließlich wurden die drei Hauptkanäle als Nieuwe Heren-, Keizers- und Prinsengracht auch jenseits der Amstel fortgeführt. Die Verbindung zum Stadtzentrum stellten Radialgrachten und -straßen her, die nach außen in Plätzen endeten. Durch diese Anordnung wird die Stadt in etwa 90 Inseln untergliedert, die durch 1281 Brücken und Viadukte verbunden sind. (Einzige Ausnahme dieses Bebauungsplans: das Jordaanviertel im Nordwesten der Stadt.)

Funktion der Grachten

Zunächst als Verteidigungsgräben angelegt, spielten die Grachten sehr bald als Verkehrswege für den Warentransport von und zu den Handelshäusern der aufstrebenden Stadt eine wichtige Rolle. Daneben dienten die meist nur 2 m tiefen und 25 m breiten Kanäle als Kanalisationssystem. Links und rechts der Grachten zeigt sich eine geschlossene Bebauungsform.

Stadterweiterung

Um 1800 wohnten innerhalb dieses Grachtengürtels auf einer Fläche von etwa 800 ha rund 21 000 Menschen (heute ca. 35 000). Zwischen 1870 und 1900 verdoppelte sich die Einwohnerzahl von rund 255 000 auf rund 510 000, und das Stadtgebiet erweiterte sich von 800 ha auf 1700 ha. Der historische Grachtenring mit seinen 165 Kanälen wurde überschritten, und es entstanden die so genannten Volksbuurten (Arbeiterwohnviertel): De Pijp, Kinkerbuurt und Dapperbuurt.

Entwicklung nach dem Zweiten Weltkrieg

Nach dem Zweiten Weltkrieg wurde ein allgemeiner Bebauungsplan in Angriff genommen. Der Bau von Gartenstädten begann (ab 1951). Der Gesamtplan sah ein fingerförmiges Ausgreifen der Bebauungszonen mit dazwischen liegenden Grün- und Erholungszonen vor. Im westlichen Stadtgebiet entstanden um den Sloterplas (künstlicher See von 90 ha Fläche) die Gartenstädte Slotermeer, Geuzenveld, Slotervaart, Osdorp und Overtoomse Veld; im Süden die Gartenstadt Buitenveldert; im Norden Nieuwendam, Noord, Buikslotermeer und Buiksloterbanne (heute Bezirke Amsterdams).
Auf das Jahr 1975 geht ein Beschluss des Stadtrats zurück, die aufgegebenen Hafenanlagen im Osten Amsterdams einschließlich des

"Ungemein pittoresk"

Die Hauptsehenswürdigkeit Amsterdams ist zweifelsohne die grachtendurchzogene Innenstadt. Fast jedes der ca. 7000 unter Denkmalschutz stehenden Wohn- und Speicherhäuser in den Grachten weist eine technische Besonderheit oder eine künstlerische Feinheit auf. Kein Grachtenhaus gleicht dem anderen bis ins letzte Detail.

"Ich wollte, ich hätte ein Haus, das nur so breit ist wie Ihre Eingangstür", soll der Kutscher der Familie Trip einmal gesagt haben. Er bekam es – ein ganz schmales Grachtenhaus (Kloveniersburgwal 26) gegenüber dem herrschaftlichen Trippenhuis. Nur wenige Grachtenhäuser weisen so beachtliche Ausmaße auf, wie die Villa der Kanonenfabrikanten Trip am Kloveniersburgwal. Die meisten Grachtenhäuser (grachtenhuizen) sind recht schmal. Denn der Platz auf dem schwer bebaubaren Marschboden war kostbar und viel zu knapp, weshalb anfangs nur 8 m breite Grundstücke bebaut werden durften, was einem Einbau von drei Fassadenfenstern entsprach. Später erlaubte der städtische Magistrat auch den Bau größerer Häuser, in deren Fassade sogar fünf Fenster nebeneinander Platz hatten. Dennoch – ein Haus an den Grachten zu besitzen, hatte einen hohen Prestigewert, und immerhin konnten die auf Pfählen errichteten, in der Regel vierstöckigen Häuser bis zu 50 m in die Tiefe gebaut werden. Dahinter erstreckten sich mitunter noch bis zu 25 m lange Gärten. Die Hinterfassaden der Grachtenhäuser wurden übrigens ebenso aufwendig gestaltet wie die Hauptfassaden.

Gewusst wie!

Apropos Hauptfassaden! Viele Grachtenhäuser weisen an ihrer Vorderseite einen starken Neigungswinkel von bis zu 5 Grad auf, d. h. für den Betrachter, der vor solchen Häusern steht und hinaufblickt, verjüngen sich die Gebäude mit den leicht gekippten Wänden nicht

Besonders malerisch zeigt sich Amsterdam bei Dunkelheit, wenn Abertausende von Lämpchen Brücken und Grachtenhäuser erhellen.

nach oben, der obere Teil des Hauses erscheint also keineswegs schmaler als der untere Bereich. Ausschlaggebend für diese Bauweise waren praktische Erwägungen. In den Grachtenhäusern wurden oft Waren gelagert, meist im vierten Stock direkt unterm Giebel. Die geneigte Fassade verhinderte einerseits, dass Waren und andere Gegenstände, die über den an einem Takelbalken oberhalb des Speicherfensters befestigten Flaschenzug hinauf- bzw. herabgehievt wurden, die Hauswand beschädigten, und andererseits bot sie einen Wetterschutz für die unteren Etagen. Auch heute noch wird Mobiliar über solche Aufzugsbalken im Dachfirst an seinen Bestimmungsort transportiert.

Kunstvolle Giebel

Mit Ornamenten an den Hausfassaden gingen die Baumeister alles in allem recht sparsam um, dennoch gelangen ihnen vor allem im 17. Jh., der Blütezeit Amsterdams, prachtvolle Bürgerhäuser, die mit ihren in Rot- und Brauntönen gehaltenen Fassaden und vielfach weißen Fensterrahmungen der Stadt ein buntes Gepräge verleihen.
Am beeindruckendsten und individuellsten sind, architektonisch betrachtet, die kunstvollen Giebel, die jedes Haus anders erscheinen lassen und die als chronologische Erkennungsschlüssel herhalten können. Zwar unterscheidet man nur sechs Giebelhauptformen, doch sind diese in immer neuen Variationen einfallsreich verziert. Der vergleichsweise schmucklose Schnabelgiebel wurde hauptsächlich für einfache Lagerhäuser verwendet. Ende des 16. und Anfang des 17. Jh.s schmückte man Gebäude vorwiegend mit dem Treppengiebel. Der Halsgiebel (manchmal auch Flaschengiebel genannt) bildet den Übergang zum Glockengiebel, der Mitte des 17. Jh.s die beliebteste Giebelform wurde. Klassizistische Giebelvariationen kamen um 1770 auf. Vielfach wurde nun der Mittelteil des Giebels reich verziert oder aber ein flacher Fassadenabschluss (Leistengiebel) gewählt.
Die Gestaltung der Giebel war technisch bedingt natürlich der Bereich beim Bau der schmalen Grachtenhäuser, wo Baumeister am kreativsten tätig sein durften. So überrascht es wenig, dass kein Giebel in Amsterdam dem anderen im Detail gleicht, und jeder für sich ein kleines Kunstwerk ist.

Unvergleichlich

Die Grachtenbauweise hat schon immer viele Amsterdam-Besucher fasziniert. Der Journalist Friedrich von Hellwald: “Nur wenige Städte unseres Erdtheiles können sich an Originalität der Bauweise mit Amsterdam messen... Die Häuser längs der Kanäle sind ungemein pittoresk. Jedes Haus hat seine Individualität und weicht mindestens vom Nebenhaus ab. Es ist ein augenerquickender Anblick nach der Monotonie moderner Großstädte.” Diese Sätze, geschrieben 1875, haben auch im beginnenden 21. Jh. nicht an Gültigkeit verloren.

Grachtenstadt (Fortsetzung)

Java-Eilandes zu einem attraktiven Wohngebiet auszubauen. In den letzten beiden Jahrzehnten sind hier 8500 Wohnungen für 17 000 Menschen entstanden.

Architekturgeschichte

Durch den wirtschaftlichen Aufschwung, den Amsterdam bereits im 16. und 17. Jh. erlebte, kam der Profanbau hier schon früh zu Bedeutung. Nicht nur Kirchen, sondern auch Stadtbefestigungen, das Rathaus und vor allem die vielen Privathäuser aus dem 17. und 18. Jh. – keine andere Stadt in Europa ist daran so reich wie Amsterdam – prägen das Stadtbild.
Von den ersten Häusern, die nach der Errichtung des Dammes an der Amstelmündung im 13. und 14. Jh. entstanden, ist nichts erhalten. Verheerende Brände von 1421 und 1453 zerstörten die Holzhäuser. Als Konsequenz entschied man sich in der Folge zunehmend für Backstein als Baumaterial. Nur zwei Holzhäuser überdauerten bis heute die Zeiten. Eines davon ist das Gebäude Nr. 34 im Begijnhof (um 1475).

Gotik

Auch der erste Kirchenbau der Stadt, die Oude Kerk, entstand um 1300 zunächst aus Holz. Doch schon 1306 begann man mit der Errichtung einer steinernen Kirche, die um 1550 ihre heutige Größe erreicht hatte. Mit dem Bau der spätgotischen Nieuwe Kerk wurde zu Beginn des 15. Jh.s begonnen, fertig gestellt wurde sie erst 1490, da Feuersbrünste den Bau mehrmals in Mitleidenschaft zogen. Wegen des wenig tragfähigen Baugrunds haben beide Kirchen – ebenso wie viele andere in den Niederlanden – anstelle eines steinernen Gewölbes ein Holzgewölbe. Weitere Kennzeichen für die gotischen Kirchenbauten in den nördlichen Niederlanden sind die Backsteinbauweise (anstelle von Haustein), der Chorumgang, der an französische Sakralbauten erinnert, sowie die sparsamen Schmuckformen. Auch die Innenausstattung ist betont schlicht.

Renaissance

Einflüsse der Renaissance, die in den Niederlanden eine spezielle Ausprägung erhielt, wurden bereits in der ersten Hälfte des 16. Jh.s spürbar (z.B. Turm der Oude Kerk).
Bedeutendster Baumeister dieser Epoche war der in Utrecht geborene Hendrik de Keyser (1565 – 1621), der seit 1591 in Amsterdam tätig war. Nach seinen Plänen entstanden zwischen 1603 und 1611 als erstes protestantisches Gotteshaus der Stadt die Zuiderkerk und ab 1620 die Westerkerk. Während Zuiderkerk und Westerkerk noch zahlreiche gotische Bauelemente aufweisen, setzte der Architekt mit der Noorderkerk (1620 – 1623) neue Akzente im Sakralbau. Er schuf damit einen für spätere protestantische Kirchen typischen äußerst schlichten Zentralbau (ein griechisches Kreuz mit gleichlangen Armen).
Auch bei den Patrizierhäusern dominierte bis weit ins 17. Jh. hinein der Renaissancestil. Die Häuser entlang der Grachten erhielten in der Mehrzahl Treppengiebel, die allerdings immer wieder variiert und üppig verziert wurden. Die von Hendrik de Keyser entworfenen Grachtenhäuser weisen durch die Einführung von Säulen- bzw. Pilasterordnungen eine Annäherung an antike Architekturformen auf (u.a. Bartolottihuis).

Klassischer Stil

Abgelöst wurde die Epoche der Renaissance von einer Phase, die sich durch eine strengere Bauweise auszeichnete. In den zwanziger und dreißiger Jahren des 17. Jh.s hielt der Klassische Stil (bzw. Barocker Klassizismus, wie er auch genannt wird) Einzug in die Amsterdamer Architektur. Die Baumeister orientierten sich an den Vorbildern der griechisch-römischen Antike. Herausragendes Bauwerk dieser Zeit ist das von dem Haarlemer Architekten Jacob van Campen (1595 – 1657) entworfene Rathaus, der heutige Königliche Palast am Dam (1648 – 1665). Mit seiner schlichten und gemäßigten Variante des Barocken Klassizismus knüpfte van Campen an die Bauwerke des italienischen Architekten Andrea Palladio an.

Erwähnenswert sind neben van Campen vor allem Adriaan Dortsman (ca. 1625 – 1682), nach dessen Plänen zwischen 1668 und 1671 die Lutherkirche am Singel über rundem Grundriss entstand, und Philip Vingboons (1607 – 1678). Vingboons war auf dem Sektor der Wohnbauten der führende Architekt seiner Zeit. An Stelle der geschweiften bzw. abgetreppten Giebel führte er den Halsgiebel ein. Die Fassaden der von ihm entworfenen Grachtenhäuser werden vielfach durch Pilaster gegliedert, als Beispiele für die Bauten Vingboons können die Häuser Nr. 366 – 368 an der Herengracht gelten, in denen heute das Bibelmuseum untergebracht ist. Von dem Bruder Philip Vingboons, von Justus Vingboons, stammen die Entwürfe für das prächtige Trippenhuis (1662).

Im ausgehenden 17. Jh. und vor allem im 18. Jh. wurde der französische Einfluss in der holländischen Baukunst zunehmend spürbar. Gefördert wurde diese Entwicklung nicht zuletzt durch den Hugenotten Daniel Marot (ca. 1660 – 1752), der vor allem von 1705 bis 1717 in Amsterdam wirkte. Die von ihm entworfenen Grachtenhäuser zeigen ebenso wie die der Brüder Hans Jakob und Hendrik Husly üppige barocke Formen. Nach 1750 spielte der Cousin der erwähnten Brüder Husly, Jakob Otten Husly, eine wichtige Rolle unter den führenden Architekten der Stadt. Von ihm stammen u.a. die Entwürfe des für die Vereinigung “Felix Meritis” erbauten Hauses an der Keizersgracht (1788).

Historismus/ Neostile

In der ersten Hälfte des 19. Jh.s stagnierte die architektonische Entwicklung in Amsterdam. Ebenso wie im übrigen Europa verstärkten sich um die Jahrhundertmitte mit dem Niedergang des Klassischen Stils die so genannten Neostile.

Führender Architekt dieser Zeit war P. J. H. Cuypers (1827 – 1921). Zu seinen berühmtesten Bauten gehören das Rijksmuseum (1877 bis 1885) und der Hauptbahnhof (1881 – 1889). Beide Backsteinbauten zeigen deutliche Anklänge an die niederländische Renaissancearchitektur, haben aber auch gotische Bauelemente vorzuweisen. Im Gegensatz zu vielen anderen Bauten dieser Zeit, die häufig etwas Übertriebenes, mitunter etwas Überdimensionales haben, wirken die von Cuypers entworfenen Gebäude maßvoll.

Auch das Concertgebouw, 1882 – 1888 von A. van Gendt erbaut, vereint verschiedene Stilelemente. Während Tür- und Fensterrahmungen an die Renaissance erinnern, weist der von einem Dreiecksgiebel überragte Portikus auf den Klassizismus hin.

Beginn der Moderne

Das Bindeglied zwischen Historismus und Moderne stellt Hendrik Petrus Berlage (1856 – 1934) dar. Zwar verwendete Berlage für seine Bauten noch Formen der Romanik oder auch der Renaissance, die

Beginn der Moderne (Fortsetzung)

er aber derart souverän variierte, dass etwas Neues entstand. Mit seinen einfachen Bauentwürfen, der rationalen Konstruktion und dem funktionalen Einsatz des Materials ist er Vorläufer der Architektur des 20. Jh.s. Als bedeutendstes Werk Berlages gilt die Börse (Beurs van Berlage oder Koopmansbeurs; 1897 – 1903).

Beurs van Berlage

Jugendstil

Der Jugendstil fand nur in begrenztem Rahmen Eingang in die Amsterdamer Architektur. Das American Hotel am Leidseplein, zwischen 1898 und 1902 nach Entwürfen von W. Kromhout errichtet, vereint typische Jugendstilelemente (z.B. unterschiedlich gestaltete Fassadenwände und Fensteröffnungen verschiedener Art und Größe), erinnert aber auch an Berlages Börse. Typische Jugendstilbauten sind das ehemalige Gebäude einer Versicherungsgesellschaft an der Keizersgracht 174 – 176 (1905 von G. van Arkel) und das Lichtspielhaus Tuschinski (1918 – 1921 von H. L. de Jong).

Amsterdamer Schule

Als Amsterdamer Schule wird eine Architektengruppe bezeichnet, die im ersten und zweiten Jahrzehnt des 20. Jh.s Bauten schuf, die weitgehende Parallelen zum deutschen Expressionismus aufweisen. Hervorragendes Beispiel der plastischen und formenreichen Amsterdamer Schule ist das Schifffahrtshaus (Scheepvaarthuis; errichtet 1912 – 1916 und 1926 – 1928) an der Prins Hendrikkade. Architekt war Johann Melchior van der Mey (1878 – 1949), dem Michel de Klerk (1884 – 1923) und Piet Kramer (1881 – 1961) assistierten. Viele Dekorformen am Außen- und Innenbau sind Motiven der christlichen Seefahrt entnommen.

Bei späteren Bauten verwendeten Michel de Klerk, der als Kopf der Amsterdamer Schule galt, und seine Mitstreiter klarere Formen, doch blieb die Liebe zum fantasievollen Detail. Fast ausschließlich wurde Backstein als Baumaterial verwendet. Ihren Höhepunkt erreichte die Amsterdamer Schule in den zwanziger Jahren, ganze Stadtviertel entstanden nach den Vorstellungen dieser Architekten. Ihnen ging es darum, Wohnviertel für Arbeiter zu schaffen, in denen menschenwürdiges Leben möglich sein sollte (z.B. Hembrugstraat und Amsterdam-Zuid).

De Stijl

Neben der expressiven Amsterdamer Schule bestimmte die als “De Stijl” bezeichnete geometrisch-rationale Bauweise die niederländische Architektur des frühen zwanzigsten Jahrhunderts. Stahl, Beton und Glas waren die bevorzugten Baumaterialien für diese funktionale Architektur. Die Form des Bauwerks sollte den Erfordernissen der einzelnen Räume entsprechen. Während im übrigen Land zahlreiche bedeutende Bauten der De-Stijl-Bewegung entstanden, bevorzugte man in der niederländischen Hauptstadt vielfach die Architekten der Amsterdamer Schule.

Nachkriegszeit

Während des Zweiten Weltkriegs kam die Bautätigkeit in Amsterdam praktisch zum Erliegen. Nachdem nach Kriegsende zunächst die Zerstörungen beseitigt werden mussten, plante man in den sechziger Jahren neue ausgedehnte Wohnkomplexe. Beispiel hierfür ist der Stadtteil Bijlmermeer mit seinen 30 meist mehrere hundert Meter langen zehnstöckigen Blocks (14 000 Wohnungen). Die riesigen Hochhäuser zwischen ausgedehnten Grünflächen fanden jedoch nach Fertigstellung mehr Gegner als Befürworter.

Zeitgenössische Architektur

In den siebziger Jahren wandte man sich verstärkt der Sanierung von Altstadtvierteln zu. Neubauten wurden in Höhe und Material auf die bauliche Umgebung abgestimmt. Auch in den achtziger Jahren blieb man bei dem Grundsatz, die Lebensqualität im Stadtzentrum zu verbessern (z.B. Wohnhäuser rund um den Zuiderkerkhof). Bei neuen Wohnsiedlungen herrschte das Konzept vor: niedrige Häuser in individualistischen Stilarten an gewundenen Straßen. In den neunziger Jahren konzentrierte man sich auf die Gewinnung von neuem Wohnraum im ehemaligen Hafenbereich im Osten Amsterdams. Für die hier in den letzten Jahren entstandenen Wohnkomplexe konnten international bekannte Architekten gewonnen werden. So schuf der Berliner Architekt Hans Kollhoff einen riesigen Bau mit 300 Wohnungen und 20 Läden. Das mit Klinkern verkleidete "Piräus-Gebäude" wurde 1994 auf der ehemaligen Industrie- und Gewerbehafen-Insel der Königlich-Niederländischen Schifffahrtsgesellschaft fertig gestellt. Ein Gegengewicht dazu schafft seit 1999 Jan Neutelings Ij-Turm am Übergang der Halbinseln Sporenburg und Oostelijke Handelskade. Auffallend an dem 20-geschossigen Turm sind die horizontalen und vertikalen Fassadeneinschnitte. Viele weitere positive Beispiele für moderne Wohnbauten findet man auf den Halbinseln Sporenburg und Borneo. Hier brachen junge holländische Architekten die Monotonie der häufig gleichen Bauformen.

Auch für die in den letzten beiden Jahrzehnten in Amsterdam errichteten öffentlichen Gebäude wurden vielfach international renommierte Architekten verpflichtet. Eindrucksvolle Beispiele der zeitgenössischen Architektur sind das Doppelgebäude der Stopera, das Rathaus und Muziektheater unter einem Dach vereint, oder die 1987 fertig gestellte NMB-Bank. Aufsehen erregte 1997 der auffallende Bau des Italieners Renzo Piano, der das Zentrum für Wissenschaft und Technik (newMetropolis) beherbergt. Jüngste Bereicherung der Museumsbauten ist der Erweiterungsbau des Van Gogh Museums von dem Japaner Kisho Kurokawa (1999). Es ist ein eigenwillig elliptisch geformter Baukörper mit einem nicht betretbaren, von Wasser überfluteten Innenhof. Nächster Bau am Museumplein wird der Anbau des Stedelijk Museum sein. Die Pläne dafür stammen von dem Portugiesen Alvaro Siza.

newMetropolis

Kulturstadt Amsterdam

Allgemeines

Amsterdam ist das kulturelle Zentrum des Landes mit den wichtigsten Stätten für Bildung und Wissenschaft (u.a. die größte Universität des Landes und die Niederländische Akademie der Wissenschaften) ebenso wie für Lehre und Forschung. Hier findet man weltberühmte Museen, wie das Rijksmuseum mit einer großen Sammlung alter Meister, das Stedelijk Museum für moderne Kunst und das museumstechnisch und didaktisch vorbildlich eingerichtete Van Gogh Museum.

Auf dem Gebiet der Musik genießen das Concertgebouw Orkest und das Philharmonische Orkest internationalen Ruf; auch das Nederlands National Ballett und das Nederlands Dans Theater sind weit über die Grenzen hinaus bekannt. Im 1986 eingeweihten Muziektheater am Waterlooplein finden viel beachtete Opern- und Ballettaufführungen statt. 1640 Zuschauer haben hier Platz.

Das Concertgebouw ist gleichermaßen berühmt für seine einmalige Akustik und sein hervorragendes Orchester.

Festivals

Unter dem Begriff Amsterdam Arts Adventure sind die bedeutendsten Kulturereignisse des Sommers zusammengefasst. Nicht nur Theater und Konzertsäle auch Parks und Grachten sind Schauplätze ganz unterschiedlicher Veranstaltungen. Den Auftakt vom Amsterdam Arts Adventure bildet alljährlich das Holland Festival, dessen internationale Ballett-, Opern-, Musik-, Theater- und Folkloreaufführungen Besucher aus aller Welt anziehen. Allein im Concertgebouw steht dann jeden Tag ein Konzert der Spitzenklasse auf dem Programm. Darüber hinaus gibt es unzählige Veranstaltungen avantgardistischer Musik-, Tanz- und Theatergruppen.

Amsterdam ist reich an Akademien. Die wichtigsten sind die Akademie für Baukunst, die Reichsakademie der bildenden Künste, die Gerrit Rietveld Akademie (speziell für Industriedesign), die niederländische Filmakademie, die Akademie für Drama, die Akademie für Kleinkunst und die Sozialpädagogische Akademie.

Akademien

Einige bedeutende wissenschaftliche Gesellschaften haben ihren Sitz in Amsterdam, z.B. die Königliche Niederländische Akademie der Wissenschaften, die Königliche Gesellschaft zur Förderung der Baukunst, die Königlich Niederländische Geografische Gesellschaft.

Wissenschaftliche Gesellschaften

Die 1877 gegründete Universiteit van Amsterdam zählt heute rund 30 000 Studenten. Die Universität hat acht Fakultäten (unterteilt in einige Subfakultäten) und gehört mit ihren Instituten, Laboratorien und Seminaren zu den wichtigen Universitäten Europas.
Die reformierte Kirche in den Niederlanden errichtete 1880 eine eigene Universität in Amsterdam, die Vrije Universiteit (Freie Universität). An ihren fünf Fakultäten studieren heute ca. 13 000 Studenten.

Universitäten

Hinzu kommen die Katholische Theologische Hochschule, Lehrerausbildungsstätten, zwei Konservatorien sowie Forschungsinstitute (u.a. die staatliche Luft- und Raumfahrtforschungsanstalt, ein kernphysikalisches Forschungsinstitut, das Königliche Tropeninstitut, das Institut für Gehirnforschung, das Internationale Archiv der Frauenbewegung, das Internationale Institut für Sozialgeschichte und das Institut für Zeitungswissenschaft).

Hochschulen und Forschungsinstitute

Zu Amsterdams bedeutenden Bibliotheken gehören: die Universitätsbibliothek (ca. 2 Mio. Bände), die Öffentliche Bibliothek, die Kunstbibliotheken des Stedelijk Museum und des Rijksmuseum, die Musikbibliothek und die Bibliothek des Tropenmuseums.

Bibliotheken

rederij plas
HILDA IV

Sehenswürdigkeiten von A bis Z

Stadtbesichtigung

Hinweis

Wer zum ersten Mal nach Amsterdam kommt und nur relativ wenig Zeit zur Verfügung hat, kann sich mit Hilfe der nachstehenden Vorschläge einen eigenen Weg zu den wichtigsten Sehenswürdigkeiten, Orten und Plätzen zusammenstellen. Die **fett gedruckten Begriffe** sind Hauptstellen der Sehenswürdigkeiten von A bis Z.

Stadtrundgang

Der nachfolgend beschriebene Stadtrundgang berührt alle wichtigen Sehenswürdigkeiten im Zentrum. Will man sich zumindest die bedeutendsten Sehenwürdigkeiten etwas genauer anschauen, so benötigt man ca. vier bis fünf Stunden für den Rundgang.

Ausgangspunkt: Hauptbahnhof

Als Ausgangspunkt bietet sich der Hauptbahnhof (**Centraal Spoorweg Station**) an. Von hier geht man in südwestlicher Richtung den belebten Damrak entlang, gleich links befinden sich die Anlegestellen für die Grachtenrundfahrtboote. Dahinter folgt am Damrak das imposante Gebäude der ***Beurs van Berlage**. Vom Turm der Börse bietet sich ein schöner Blick über die Innenstadt. Es folgt "De Bijenkorf", das älteste Warenhaus der Stadt, und dann ist bereits der

Dam

Dam erreicht. Hier begann die Geschichte der Stadt, und hier treffen sich die Amsterdamer bei wichtigen Ereignissen bis heute. Zwei der bedeutendsten Bauten Amsterdams säumen das "Herz der Stadt": der Königliche Palast (****Koninklijk Paleis**) und die Neue Kirche (***Nieuwe Kerk**). Ungehemmten Einkaufsfreuden kann man

Kalverstraat

sich danach in der zur Fußgängerzone erklärten **Kalverstraat** hingeben (noble Boutiquen findet man in dieser Shoppingmeile jedoch nicht). Von der Kalverstraat 92 hat man Zugang zu ***Amsterdams Historisch Museum**, in dem die Stadtgeschichte didaktisch hervorragend aufbereitet wird. Selbst wenn ein Museumsbesuch nicht geplant ist, sollte man einen Blick in die ruhigen Innenhöfe des Komplexes werfen. Abseits des geschäftigen Treibens auf der Kalverstraße kann man hier im Museumsrestaurant gut verweilen (besonders im Sommer zu empfehlen, wenn man draußen sitzen kann). Ein Durchgang verbindet den Innenhof von Amsterdams Historisch Museum mit dem ***Begijnhof** (manchmal nicht geöffnet, dann Zugang über Spui oder Gedempte Begijnensloot), ein äußerst idyllischer Ort im trubeligen Amsterdam. Mitten im Geschehen ist

Spui

man dann wieder auf dem **Spui** mit einigen traditionsreichen Ca-

◂ **Malerische Grachten und prunkvoll verzierte Patrizierhäuser: Stunden kann man damit verbringen, an den Grachten entlang zu schlendern. Bequemer ist es, die prächtige Szenerie vom Boot aus zu genießen.**

fés und Kneipen. Nach Westen hin begrenzt der ursprünglich als Festungskanal angelegte **Singel** den Spui. Man überquert den Singel am Koningsplein und erreicht den teilweise auf Hausbooten am Singel untergebrachten Bloemenmarkt. Die Vijzelstraat überquerend (Blick nach links zum **Muntplein** mit dem Münzturm), gelangt man in die Reguliersbreestraat, die zum belebten **Rembrandtplein** führt. Hotels, zahlreiche Restaurants und Cafés säumen das traditionsreiche Vergnügungsareal. Völlig unbeeindruckt von allem steht im Zentrum des Platzes inmitten einer Grünanlage das Rembrandtdenkmal. Am besten verlässt man den Rembrandtplein durch eine der schmalen Gassen in nördlicher Richtung. Schon nach wenigen Schritten ist die Amstel erreicht, in die hier mehrere Grachten einmünden. Am schönsten ist der Blick durch den von einer malerischen Brücke überspannten Groenburgwal zur Zuiderkerk. Ist man des Gehens langsam müde, so ist das am anderen Amstelufer gelegene Café Jaren (siehe Baedeker Tipp S. 131) eine gute Adresse für einen Imbiss oder nur eine Kaffeepause. Unermüdliche folgen indes der **Amstel** in östlicher Richtung zur Blauwbrug. In südlicher Richtung schaut man von hier zur ***Magere Brug**, der berühmtesten aller Amsterdamer Brücken, gleich nördlich der Blauen Brücke steht das Doppelgebäude der **Stopera**, Rathaus und Musiktheater in einem (in diesem Komplex findet man das ebenfalls empfehlenswerte Café Dantzig). Nur wenige Schritte ist der Waterlooplein (▶ **Jodenbuurt**) entfernt, auf dem der berühmte Amsterdamer Flohmarkt, der Vlooienmarkt, abgehalten wird. Nicht mehr religiösen Zwecken dient die **Mozes- en Aaronkerk**. Südlich gegenüber dem Waterlooplein erstreckt sich der Komplex von ***Joods Historisch Museum**, und schräg gegenüber kann man die **Portugese Synagoge** besichtigen. Zurück zum Waterlooplein folgt man der Jodenbreestraat zum nahen ***Rembrandthuis**. Man überquert den Graben Oude Schans, hat einen schönen Blick zum sich vor stimmungsvoller Kulisse erhebenden **Montelbaanstoren** und gelangt wenige Schritte weiter zur **Zuiderkerk**. Bereits in Sichtweite ist dann der **Nieuwmarkt** mit dem Waaggebouw. Nördlich vom Nieuwmarkt gelangt man durch schmale Gassen zur sich unweit westlich erhebenden ***Oude Kerk**. Amsterdams älteste Kirche steht inmitten des Amüsierviertels **Walletjes**. Von der Oude Kerk am Oudezijds Voorburgwal entlangschlendernd, passiert man das ***Museum Amstelkring** und erreicht bald wieder den Hauptbahnhof.

Stadtrundgang (Fortsetzung)

Rembrandtplein

Waterlooplein

Nieuwmarkt

Besichtigungsprogramm

Ein Tag

Der zuvor beschriebene Stadtrundgang vermittelt einen schönen Eindruck von der Grachtenstadt. Für den Nachmittag könnte dann die Besichtigung eines der großen Museen auf dem Programm stehen; besonders empfehlenswert ist ein Besuch im ****Rijksmuseum** oder im ****Van Gogh Museum**. Beide Museen liegen übrigens in unmittelbarer Nachbarschaft zueinander, so dass man bei entsprechender Ausdauer auch die Besichtigung beider Museen miteinander kombinieren kann.

Den glanzvollen Abschluss eines Amsterdam-Aufenthaltes bildet zweifelsohne eine Grachtenrundfahrt (▶ Praktische Informationen, Stadtbesichtigung). Besonders stimmungsvoll präsentiert sich

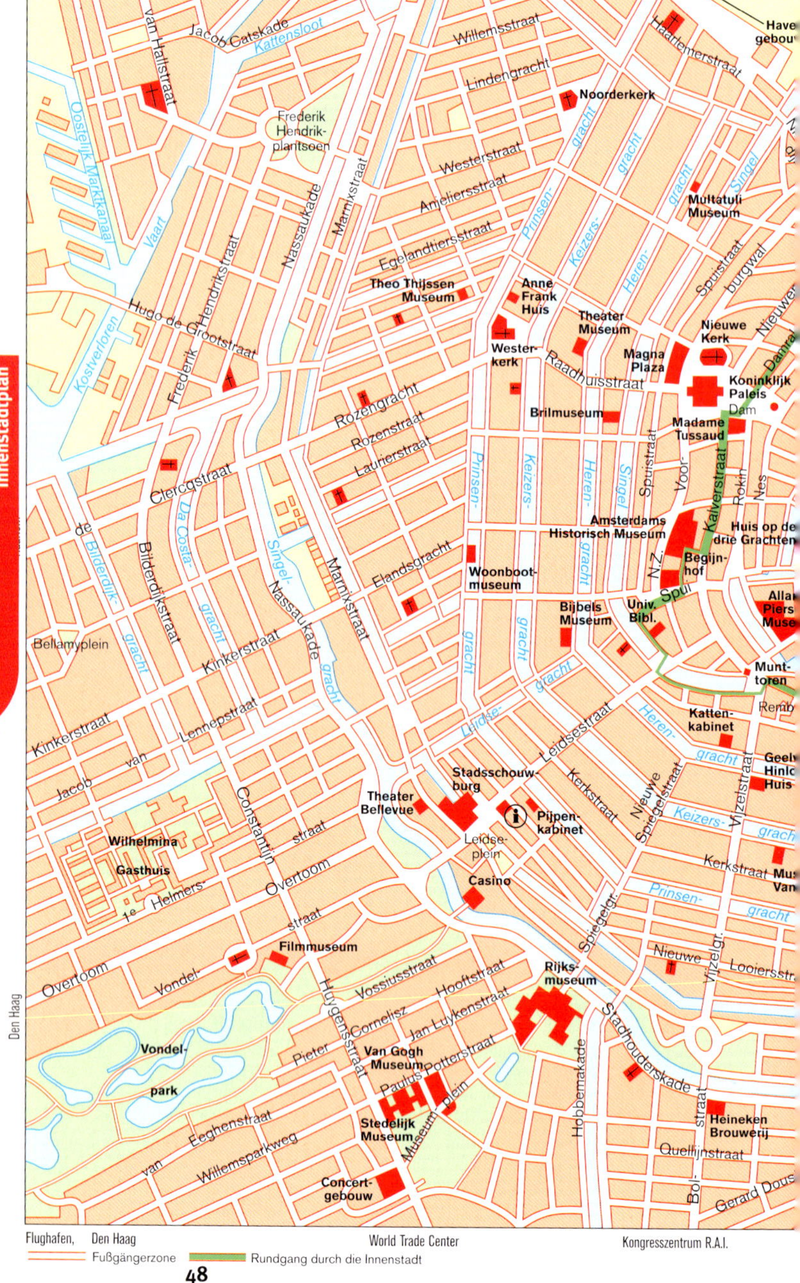

Flughafen, Den Haag — World Trade Center — Kongresszentrum R.A.I.

Fußgängerzone — Rundgang durch die Innenstadt

Amsterdam
300 m
Afgesloten IJ
IJ-Tunnel
IJ-Haven
Oostelijke Handelskade
Piet Heinkade
Dijksgracht
Hauptbahnhof
de Ruyterkade
Front
Schreierstoren
St. Nikolaus
Museum Amstelkring
Oosterdokskade
Oosterdok
Prins Hendrikkade
newMetropolis
Oude Kerk
Zeedijk
Waals
Eilandsgr.
Waag
Nieuwmarkt
Montelbaanstoren
Schans
Trippenhuis
Zuiderkerk
Oude
Scheepvaart Museum
Oosterkerk
Katenburgerstraat
Grote Wittenburgerstraat
Rembrandthuis
Holland Experience
Mozes-en Aaronkerk
Valkenburgerstraat
Rapenburgerstraat
Hoogte
Nieuwe Vaart
Kadijk
Werf 't Kromhout
Waterlooplein
Mr. Visserplein
Stadhuis/ Muziektheater (Stopera)
Portugese Synagoge
gracht
Wertheimpark
Planetarium
Plantage
Entrepotdok
Doklaan
Joods Historisch Museum
Hollandsche Schouwburg
Hortus Botanicus
Zoo ("Artis")
Museum Willet-Holthuysen
Nieuwe
Heren-
Keizers-
gracht
Plantage Middenlaan
Plantage
Plantage Muidergracht
Aquarium
Muidergracht
Sarphatistraat
Mauritskade
Amstel
Nieuwe
Kerkstraat
Weesperstraat
Prinsengracht
Magere Brug
Nieuwe
Utrechtsestraat
Tropenmuseum
straat
Theater Carré
Singel-
Mauritskade
gracht
Linnaeusstraat
Sarphati-
Frederiksplein
Rhijnspoorplein
Oosterpark
Oosterparkstraat
Stadhouderskade
Ruyschstraat
Blasiusstraat
Amstel
Govert Flinckstraat
Jan Steenstraat
Oosterparkstraat
Vrolikstraat
©Baedeker
Hilversum, Amersfoort
Amsterdam Arena
Hilversum, Amersfoort
Métro/U-Bahn
Innenstadtplan

Ein Tag (Fortsetzung)

die Grachtenstadt in den Abendstunden, wenn Brücken und Grachtenhäuser angestrahlt werden.

Zwei Tage

Amsterdam aus der Vogelperspektive: Vom Turm der ***Westerkerk** bietet sich ein schöner Blick über die grachtendurchzogene Innenstadt. Nur wenige Schritte entfernt steht das ***Anne Frank Huis**, in dem Anne Frank ihr weltberühmtes Tagebuch schrieb.

Rundgang durch das Jordaan-Viertel

Wer eine Stadt gerne zu Fuß erkundet, dem sei von hier aus ein kurzer Rundgang durch das Stadtviertel **Jordaan** empfohlen, ein Viertel mit ganz eigener Atmosphäre. Bei der Leliegracht überquert man die Prinsengracht. Die nächste "Quergracht" ist die Egelantiersgracht. Das Eckhaus (Nr. 10) beherbergt das Café t'Smalle (▶ Baedeker Tipp, S. 82). Der Eersten Egelantiersdwarsstraat folgend, gelangt man rechts (hinter der ersten Straßenkreuzung) durch ein Tor zum Claes Claeszhofje (oder Anslohofje). Weiter in nördlicher Richtung gehend, trifft man auf die Westerstraat. Im Gebäude mit der Hausnummer 109 hat eines der traditionsreichen Lokale des Viertels seinen Sitz: Café Nol existiert bereits seit den siebziger Jahren des 19. Jh.s. Die Inneneinrichtung ist ein buntes Sammelsurium aus Kristalllüstern, Plüsch, Spiegeln und jeder Menge Kitsch. Man überquert die Westerstraat und geht weiter geradeaus bis zur parallel verlaufenden Lindengracht. Auf ihrem breiten Mittelstreifen wird samstags ein Wochenmarkt abgehalten. Nahe dem östlichen Ende der Lindengracht steht ein Denkmal für den Schriftsteller, Lehrer und Politiker Theo Thijssen, dem im Jordaan auch ein eigenes Museum gewidmet ist. Von hier sind es nur noch wenige Schritte bis zur unweit südlich stehenden Noorderkerk an der Prinsengracht – und allzu weit ist es dann auch nicht mehr bis zum Ausgangspunkt des kurzen Jordaan-Rundgangs, dem Anne Frank Huis.

Direkt vor dem Anne Frank Huis befindet sich die Anlegestelle des Museumsbootes. Alle 30 bis 45 Minuten fahren die Schiffe zum Museumsviertel. Sofern noch nicht am ersten Tag geschehen, sollte man hier einen Besuch im ****Rijksmuseum**, im ****Van Gogh Museum** oder im ***Stedelijk Museum** einplanen. Wer gerne in edlen Boutiquen stöbert, wird im Anschluss zur nahen P.C. Hooftstraat gehen, interessiert man sich dagegen mehr für Antiquitäten, auch das Spiegelkwartier (Spiegelgracht, Nieuwe Spiegelstraat) ist nicht weit entfernt.

Gemütlich ausklingen lassen könnte man das stressige Besichtigungsprogramm in einem der Cafés auf dem **Leidseplein**, ein idealer Ort für eine Erfrischung oder einen Aperitif ist auch die Bar mit Jugendstilinterieur des Hotels American.

Drei Tage

Das Besichtigungsprogramm des dritten Tages beginnt mit dem Besuch von ***Joods Historisch Museum** nahe dem Waterlooplein. Gleich gegenüber liegt das Gebäude der **Portugese Synagoge**. Nach so viel Kultur vielleicht einmal etwas Natur? Nicht weit entfernt vom Jüdisch-Historischen Museum erstreckt sich der sehenswerte Botanische Garten (**Hortus Botanicus**) und gleich gegenüber liegt das Gelände des Amsterdamer Zoos (***Artis**).

Die Nieuwe Keizersgracht führt dann zum Ufer der **Amstel**. Einmal muss man sie überschritten haben, die ***Magere Brug**, die berühmteste Brücke Amsterdams. Dann gilt es zu entscheiden: Will man noch einmal in aller Ruhe Amsterdams Grachtenarchitektur genießen? In diesem Fall empfiehlt sich ein Spaziergang entlang der **Herengracht**, der nobelsten aller Amsterdamer Grachten. Beginnen könnte man den bei den Sehenswürdigkeiten von A bis Z beschriebenen Spaziergang entlang der Gracht mit einer Besichtigung des ***Museums Willet-Holthuysen**. Das ehemalige Patrizierhaus ist komplett eingerichtet. Ganz andere Eindrücke liefert ein Rundgang durch das Viertel De **Pijp** südlich der Innenstadt. In den letzten Jahren erwarb es sich den Ruf eines "Quartier Latin des Nordens". In diesem Viertel findet in der Albert Cuypstraat täglich (außer So.) ein gut besuchter Markt statt. Am besten lässt man sich einfach treiben und schaut dann dem Einkaufsgetümmel von einem Straßencafé in aller Ruhe zu.

Amsterdam ist die Stadt der Diamanten – immer lohnend ist der Besuch in einer Diamantschleiferei (▶ Praktische Informationen, Diamantschleifereien), den man für den späteren Nachmittag einplanen könnte.

Drei Tage (Fortsetzung)

Sehenswürdigkeiten von A bis Z

Aalsmeer

Ausflugsziel

Lage
12 km südwestlich

Bus
Haltstelle gegenüber Centraal Station

Die Gemeinde Aalsmeer liegt am Ringkanal des Haarlemmermeerpolders (Provinz Nordholland), gehört zur Randstad Holland und besteht zu einem Drittel aus Wasser, den so genannten Westeinderplassen. Aalsmeer genießt internationale Bekanntheit wegen seiner Blumenversteigerungen, den größten in Europa.

Im Mittelalter verdankte der Ort seine Bedeutung der Fischerei, der Viehzucht, dem Torfhandel und seit ca. 1450 dem Gartenbau, der mit dem Anwachsen der nahe gelegenen Stadt Amsterdam eine immer wichtigere Rolle spielte. Diese Entwicklung wurde durch die Trockenlegung des Haarlemmermeers im 19. Jh. wesentlich unterstützt. Mit der Fliederzucht begann man; später verlegte man sich auch auf das Züchten von Topfpflanzen und Schnittblumen. Heute gibt es in Aalsmeer mehr als 600 Blumenzüchtereien, die Gewächshäuser bedecken eine Fläche von 600 ha und der Jahresumsatz der Versteigerungen beträgt ca. 400 Mio. holländische Gulden (vor Kolumbien und Israel sind die Niederlande Weltmarktführer in der Blumenzucht und im -handel; sie kontrollieren 65% des Welthandels; mehr als die Hälfte des niederländischen Blumenexports geht nach Deutschland).

***Blumenauktionen**

Im 1928 errichteten Auktionsgebäude (Vereinigde Bloemenveilingen; Legmeerdijk 313) finden montags bis freitags (6^{30} – 11^{00} Uhr; Besucher können ab 7^{30} Uhr zuschauen) Versteigerungen von Schnittblumen und Topfpflanzen statt. Verkauft werden täglich gut 17 Mio. Schnittblumen und 2 Mio. Topf- und Gartenpflanzen – nicht nur “Tulpen aus Amsterdam”, sondern auch Nelken aus dem Negev (Israel), exotische Blüten aus Kenia bzw. Orchideen aus Bangkok. Die Einkäufer wickeln ihre Geschäfte lautlos ab. Per Kopfhörer und über Knopfdruck wird geordert. Der Auktionator legt eine hohe Anfangssumme fest, von der er dann allmählich immer weiter runtergeht. Wer zuerst durch Knopfdruck seinen Kaufwillen bekundet, erhält den Zuschlag. Durch Computer werden der Kaufvorgang und die Identität des Käufers festgehalten. Die Blumen kommen samt Rechnung in einen Wagen, dieser wird in der 800 m langen Kühlhalle mit anderen vom selben Einkäufer georderten Blumentransporten gekoppelt und dann in klimatisierte Container verladen.

Baedeker TIPP Blumenfans ...

sollten sich den Termin vormerken: Von Mitte April bis Mitte Oktober 2002 lassen rund 800 Aussteller aus 25 Ländern in Haarlemmermeer vor den Toren Amsterdams einen Riesengarten erblühen. Anlass ist die Floriade, eine Weltblumenmesse, die nur alle zehn Jahre stattfindet.

Achterburgwal (Oudezijds Achterburgwal)

H 5

Der Oudezijds Achterburgwal wurde ca. 1385 als zweite Verteidigungsgracht hinter dem Oudezijds Voorburgwal angelegt und zieht sich vom Grimburgwal bis an den Zeedijk. Er ist der schmalste Burgwal und gehörte früher zu den "besseren" Wohngegenden.

Lage
Zentrum

Davon zeugt noch heute der Giebelstein des "Hauses an den drei Grachten" (nämlich dort, wo Grimburgwal, O. Z. Voorburgwal und O. Z. Achterburgwal zusammentreffen) mit seiner Inschrift "Fluweelenburgwal", die darauf anspielt, dass der vornehme Bürger des 17. Jh.s sich in Samt und Seide kleidete. Das 1610 errichtete Dreigrachtenhaus erhielt sein ursprüngliches Aussehen bei der Anfang des 20. Jh.s vorgenommenen Restaurierung zurück.

Huis op de drie Grachten

Sehenswert ist ferner vor allem das Haus Nr. 47, heute Eigentum der Heilsarmee. Einst wohnte hier der Leutnant aus Rembrandts Gemälde "Die Nachtwache".

Haus Nr. 47

Gegenüber vom Dreigrachtenhaus verbindet ein als Oudemanhuispoort bezeichneter Arkadengang den Oudezijds Achterburgwal mit dem Kloveniersburgwal. Man findet hier eine Anzahl antiquarischer Buchhandlungen und Bücherstände (Marktzeit: Mo. – Sa. 10^{00} – 16^{00} Uhr), hinter denen "oude mannetjes" (alte Männer) stehen. Die überdachte Galerie war früher – der Name "Altmännerpforte" weist darauf hin – der Zugang zu einem Altersheim. Über dem Eingang finden sich noch symbolische Anspielungen auf das Alter: eine Brille und zwei alte Männer.

Oudemanhuis-poort

Alkmaar

Ausflugsziel

Von jeher ist Alkmaar das Zentrum Nordhollands. Es liegt 8 km von der Nordseeküste entfernt am Nordholland-Kanal (Provinz Nordholland). Das alte Stadtbild mit vielen Baudenkmälern und Zunft- und Bürgerhäusern aus dem 16. – 18. Jh. ist unversehrt erhalten geblieben. Dank des berühmten Käsemarktes bildet die Stadt eine der bekanntesten Touristenattraktionen der Niederlande.
Im Freiheitskampf der Niederlande gegen die Spanier spielte Alkmaar eine besondere Rolle, denn es konnte als erste Stadt seinen Belagerer, Friedrich von Toledo, den Sohn Herzog Albas, in die Flucht schlagen. Dies gelang durch eine besondere Kriegslist: Am 8. Oktober 1573 öffnete man die Schleusen und setzte die Umgebung der Stadt unter Wasser. Nach den Freiheitskämpfen erlebte sie ihre Blütezeit, hervorgerufen u.a. durch die Trockenlegung einiger Seen in der Umgebung.

Lage
37 km nordwestlich

Eisenbahn
ab Centraal Station
(3x stündlich)

Haupttouristenattraktion von Alkmaar ist der Käsemarkt, der – streng nach Tradition – jeden Freitag von Mitte April bis Mitte September zwischen 10^{00} und 12^{30} Uhr vor dem Gebäude der Waage stattfindet. Die Käseträger sind dabei ganz in Weiß gekleidet und tragen Hüte mit den Farben der Gilde, während sie die Käse (mitunter 80 Edamer gleichzeitig!) auf Tragen transportieren, in der Waage wiegen lassen und verladen. (Das ist jedoch nur eine Schau, der eigentliche Käsemarkt wird in der Börse abgehalten.)

* Käsemarkt

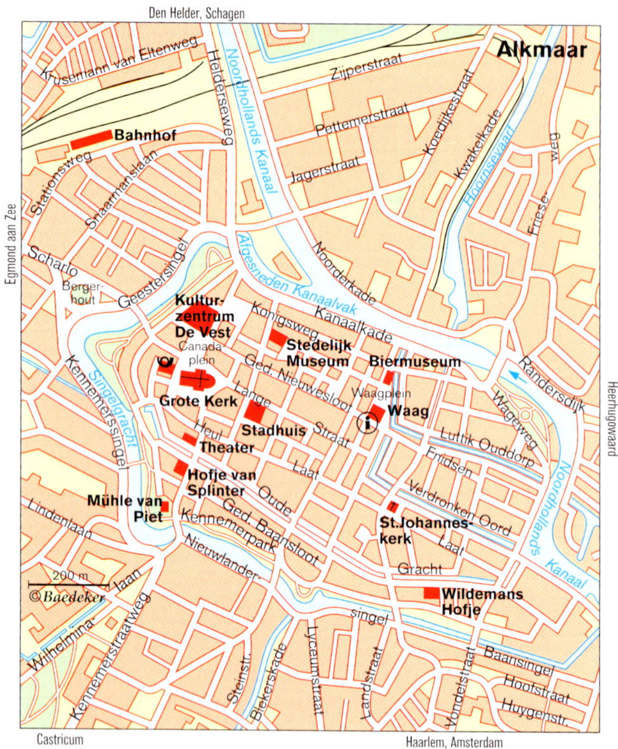

Grote Kerk

Im Westen der Altstadt steht die Grote oder St. Laurenskerk (Kerkplein), erbaut 1470 – 1516. Es ist eine spätgotische Kreuzbasilika mit einer berühmten, von dem Baumeister Jacob van Campen entworfenen Orgel (1645). Das Glockenspiel im Vierungsturm stammt vom ausgehenden 17. Jahrhundert.

Stadhuis

Der spätgotische östliche Trakt und der Turm des Rathauses (Langestraat) wurden Anfang des 16. Jh.s errichtet, der Westtrakt entstand 1694. Das Innere ist sehenswert (geöffnet: Mo. – Fr. 9[00] – 12[00] und 14[00] – 16[00] Uhr).

Waag / Kaasmuseum

Die Stadtwaage, die 1582 aus der ehemaligen Kirche des Heiliggeisthauses umgebaut wurde, hat einen hübschen Turm (1599). Das Glockenspiel stammt von 1688.

Das in der Waage eingerichtete Käsemuseum (geöffnet: Mo. – Do. 10[00] – 16[00], Fr., Sa. 9[00] – 16[00] Uhr) führt dem Besucher die Käse- und Butterherstellung in vergangenen Jahrhunderten vor Augen, informiert aber auch über die heutige Milchviehhaltung und die Molkereibetriebe in den Niederlanden.

Stedelijk Museum

Das Städtische Museum (Doelenstraat 3) ist in einem Gebäude untergebracht, das im 17. Jh. Sitz der Schützengilde war – diese hatte bis zu Beginn des 20. Jh.s die Funktion der Stadtwache inne. Neben Gemälden aus dem 16./17. Jh. ist die Spielzeugsammlung sehenswert (geöffnet: Di. – Fr. 10^{00} – 17^{00}, So. 13^{00} – 17^{00} Uhr).

Alkmaar (Fortsetzung)

Amstel

H/J 5 – 10

Verlauf Zentrum und südliches Stadtgebiet

Die aus den Amstelländer Niederungen kommende Amstel war Namensgeber für die Stadt, die sie von Süden nach Norden durchfließt (an der Mündung der Amstel in das IJ wurde 1270 ein "Dam" errichtet). Heute endet die Amstel nahe dem Muntplein, ihre Wasser speisen das allseits abzweigende Grachtensystem.

Blauwbrug

Im Zentrum bei der ▶ Stopera überspannt die Blauwbrug (Blaue Brücke) den kanalisierten Fluss. Ihren Namen verdankt sie der Farbe einer Vorgängerbrücke. Vorbild für die heutige, 1884 errichtete Brückenkonstruktion war eine Seine-Brücke in Paris. Von der Blauwbrug schaut man hinüber zur ▶ Magere Brug, einem der beliebtesten Fotomotive in der niederländischen Hauptstadt.

Stopera, Theater Carré

Bauliche Dominante am Nordende der Amstel ist das Doppelgebäude der ▶ Stopera. Beachtung verdient das ▶ Theater Carré am Ostufer der Amstel.

Hotel Amstel

Weiter südlich (bei der Sarphatistraat) beeindruckt das 1992 nach vollständiger Renovierung wieder eröffnete Hotel Amstel (Abb. S. 164). Der Neorenaissancebau entstand 1863 – 1867 in der Tradition französischer Schlossbauten.

Blick über die Amstel zur Magere Brug und Stopera

Amsterdamse Bos (Amsterdamer Stadtwald) | C – E 9/10

Lage
Nieuwe Kalfjeslaan, Amstelveen

Bus
70 (Bosbaan)

Der Amsterdamer Stadtwald ging während der Weltwirtschaftskrise (1934) aus einem Arbeitsbeschaffungsprojekt hervor, das 1000 Männern fünf Jahre Arbeit garantieren sollte.
Auf dem 900 ha umfassenden Gebiet am Südwestrand der Stadt (zwanzigmal so groß wie der ▶ Vondelpark im Stadtinnern und größer als der Bois du Boulogne in Paris) wachsen neben einheimischen Sträuchern und Bäumen rund 150 Baumarten aus Nordamerika, Japan, China und dem Himalayagebiet. Die Fauna steht der Flora in Vielfalt keineswegs nach: Ca. 200 Vogelarten und 700 verschiedene Käfer sind hier (wenn man Glück und außergewöhnliche Geduld hat!) zu beobachten.
Für die Amsterdamer ist der Stadtwald ein beliebtes Ausflugsziel, das viele Sportmöglichkeiten bietet: Reiten, Spazierengehen, Fahrradfahren, Joggen, Angeln, Schwimmen, Rudern und Segeln. Es gibt Restaurants und Cafés. Wer länger bleiben will, kann sein Zelt auf einem Campingplatz (▶ Praktische Informationen, Camping) aufschlagen.

Bosmuseum

In erster Linie ist das Bosmuseum (Koenenkade 56; geöffnet: tgl. 10^{00} – 17^{00} Uhr) ein Informationszentrum für die Besucher des Amsterdamse Bos, hier erhält man Auskunft über diverse Freizeitveranstaltungen und erfährt zugleich aber auch etliches über die Entstehungsgeschichte des Waldes sowie über die Art und Weise, wie der Wald forstwirtschaftlich genutzt wird. Ausgestopfte Tiere sind im Diorama zu besichtigen.

*Amsterdams Historisch Museum | H 5

Lage
Kalverstraat 92

Circle Tram
Spui

Straßenbahn
1, 2, 4, 5, 9, 11, 14, 16, 24, 25

Öffnungszeiten
Mo. – Fr. 10^{00} – 17^{00}, Sa., So. 11^{00} – 17^{00}

Internet
www.ahm.nl

Seit 1975, dem Jahr, in dem Amsterdam sein 700-jähriges Bestehen feierte, ist dieses Museum im Gebäudekomplex des ehemaligen Bürgerwaisenhauses am St. Luciënsteeg untergebracht. Der Name Luciënsteeg geht auf das 1414 gegründete St. Luciënkloster zurück, das außer einer Kapelle und einer Bierbrauerei einen Bauernhof besaß (heute Restaurant und Museum). Nach der Auflösung des Klosters befand sich hier von 1578 bis 1960 das Bürgerwaisenhaus. Daran erinnert ein Spruch von Joost van den Vondel über dem Portal am Eingang von der Kalverstraat: “... Ach geht nicht durch dieses Tor, ohne dass Ihr uns helft, die Last zu tragen.” Auf dem Relief über dem Spruch ist neben Waisenkindern eine Taube als Symbol des Heiligen Geistes dargestellt. Geschaffen wurde das vom Amsterdamer Wappen bekrönte Portal 1581 von Joost Beeldsnijder.
Beachtenswert ist jedoch auch der Eingang vom St. Luciënsteeg. Hier sind 47 “Fassadensteine” in die Museumsmauer eingelassen. Derartige mit Abbildungen und Sprüchen verzierte Steine sind meist in mittlerer Höhe an den Fassaden der Grachtenhäuser zu sehen. Bis Ende des 18. Jh.s dienten sie nicht nur als Zierelement, sondern zeigten an, wer in dem Haus wohnte und welchem Beruf er nachging. Die Fassadensteine, die in das Stadtgeschichtliche Museum eingemauert sind, stammen von nicht mehr erhaltenen oder vollkommen restaurierten Gebäuden.
Zwischen 1963 und 1975 wurden die sich um geräumige Höfe gruppierenden Gebäude des ehemaligen Waisenhauses vollkommen res-

Amsterdams Historisch Museum
im ehem. Burgerweeshuis

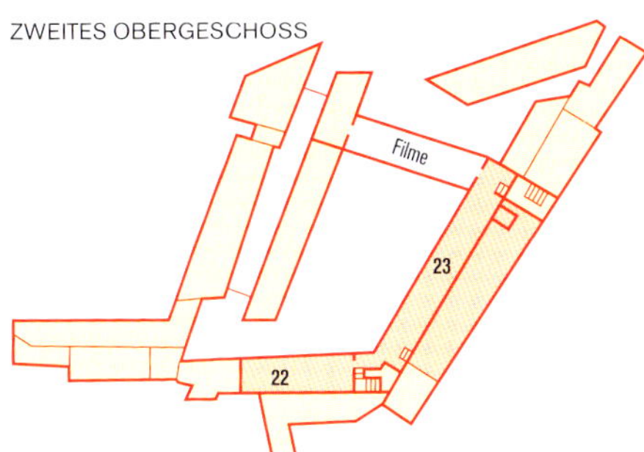

ZWEITES OBERGESCHOSS

22 1940 - 1945
23 1945 - 2000

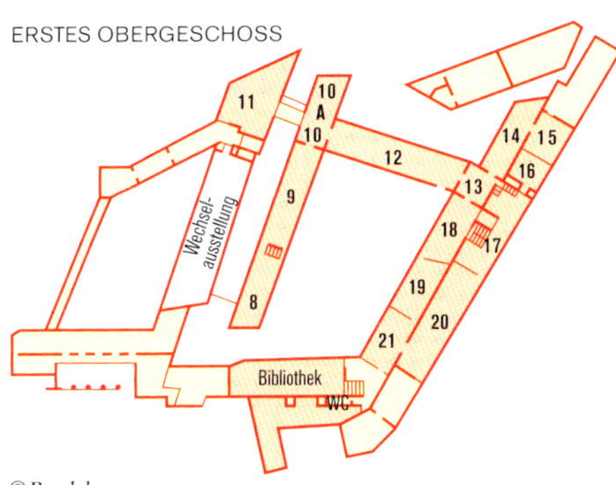

ERSTES OBERGESCHOSS

8 Hafenstadt
9 Magnet für Künstler (17. Jh.)
10 Glaubensfreiheit
10 A Glockenzimmer
11 Arm und Reich (17. / 18. Jh.)
12 Das 18. Jahrhundert
13 Die moderne Stadt (Einführung)
14 1815-1875
15 Kunst des 19. Jh.s
16 1815 - 2000
17 Stadtausdehnung
18 Bevölkerung
19 Wohnen
20 1875 - 1940
21 Kinder

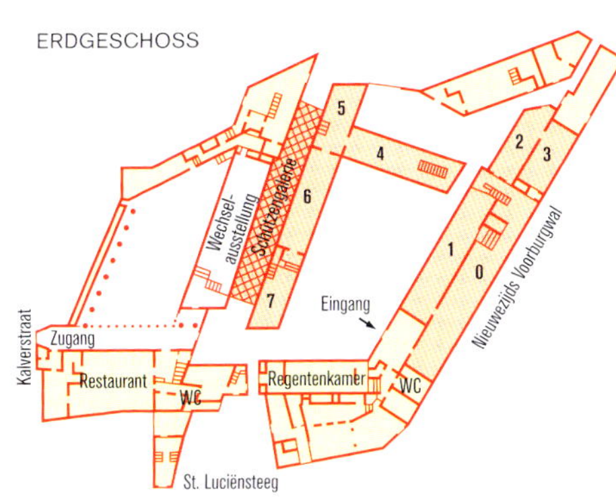

ERDGESCHOSS

0 Garderobe, Buchverkauf, Information
1 Einführung
2 Ursprung der Stadt
3 Handelsstadt / Wallfahrtsort (14. / 15. Jh.)
4 Wachstum und Unruhen im 16. Jh.
5 Auf den Weltmeeren (17. / 18. Jh.)
6 Mächtige Stadt (17. / 18. Jh.)
7 Wohlstand und Krieg im 17. und 18. Jh.

Amsterdams Historisch Museum (Fortsetzung)	tauriert. Die Außenfassaden behielten weitgehend ihr ursprüngliches Aussehen. Eine Ausnahme bildet die so genannte Schützengalerie, eine Art Museumspassage, die für jedermann frei zugänglich ist. Hier hängen heute riesige Gruppendarstellungen von Mitgliedern der Schützengilde. Im 1999 komplett renovierten Museum wird mit modernen Mitteln die Vergangenheit übersichtlich dargestellt, lernt der Besucher die ständig wechselnde Stellung Amsterdams im Land und in der Welt kennen, das Wachstum der Stadt und des Hafens sowie das Leben der Bürger. Die Exponate reichen von prähistorischen Funden über die Originalurkunde des Stadtprivilegs bis zu Stücken aus der neuesten Zeit. Interaktive Medien erlauben es, hautnah mitzuerleben, wie sich das kleine Dorf am Fluss zu einer Weltstadt entwickelte. Zudem beleuchten Sonderausstellungen besondere Aspekte der vielseitigen Stadtgeschichte.
Bibliothek	Die Bibliothek besitzt eine reiche Auswahl an Literatur über die Geschichte der Stadt. Außerdem können hier nicht ausgestellte Grafiken, Zeichnungen und der Nachlass Fodor nach Voranmeldung eingesehen werden.

*Anne Frank Huis (Anne-Frank-Haus) — G 4

Lage Prinsengracht 263 **Bus** 21, 142, 170, 171, 172 **Circle Tram** Westermarkt **Straßenbahn** 13, 14, 17 **Öffnungszeiten** tgl. 9[00] – 19[00] (April bis August bis 21[00]) **Internet** www.annefrank.nl	Im Haus Nr. 263 an der Prinsengracht versteckte sich die aus Frankfurt am Main geflüchtete jüdische Familie Frank mit einigen Freunden (von 1942 bis 1944) vor den Deutschen. Hier schrieb Anne Frank ihr weltberühmtes, in rund 60 Sprachen übersetztes Tagebuch, in dem sie vom Leben im Hinterhaus, von der Einsamkeit und Angst berichtet (▶ Baedeker Special, S. 60). Die letzte Eintragung stammt vom 1. August 1944. Am 4. August wurden die Versteckten verhaftet und in Konzentrationslager verschleppt. Nur Anne Franks Vater, Otto Frank, überlebte; Anne Frank selbst starb zwei Monate vor Kriegsende im KZ Bergen-Belsen (▶ Berühmte Persönlichkeiten). Im Jahre 1957 wurde das Haus von seiner Eigentümerin der Anne-Frank-Stiftung geschenkt, die es 1960 der Öffentlichkeit zugänglich machte. Da das Museum dem Ansturm von knapp 600 000 Besuchern jährlich kaum mehr gewachsen war, wurde 1993 die Erweiterung und komplette Renovierung beschlossen. Seit Herbst 1999 betritt der Besucher das Museum über ein neu errichtetes Gebäude, in dem sich neben dem Eingangsbereich auch ein für Wechselausstellungen vorgesehener Raum, ein CD-ROM-Vorführungssaal, das Museumscafé und Büros befinden. Auch das Gebäude an der Prinsengracht 265 neben dem ehemaligen Büro von Otto Frank gehört nun zum Museum. U.a. ist hier das Original-Tagebuch von Anne Frank zu sehen. Das Gebäude an der Prinsengracht 263 bestand – wie viele Amsterdamer Grachtenhäuser – aus einem Vorder- und einem Hinterhaus. Im Vorderhaus hatte Otto Frank seit 1940 sein Geschäft mit Büro- und Lagerräumen. Als die ersten Juden sich 1942 in Arbeitslagern melden mussten, stattete Otto Frank im Hinterhaus vier Räume so aus, dass er hier mit seiner Familie und Freunden untertauchen konnte. Der Geschäftsbetrieb im Vorderhaus ging während des Zweiten Weltkriegs weiter. Die ehemalige Sekretärin von Otto Frank, Miep Gies, und weitere Helfer versorgten die Untergetauch-

ten mit Lebensmitteln. Die Geschäftsräume wurden anhand historischer Fotos rekonstruiert, sind aber nicht mehr möbliert. Zitate aus dem Tagebuch Anne Franks geben einen Eindruck davon, wie es ehemals hier aussah, welche Atmosphäre herrschte. Auf dem Dachboden des Hauses zeigen Fotos und andere Dokumente den Leidensweg der im Hinterhaus versteckten Juden durch die verschiedenen Konzentrationslager. Videofilme stellen die Einzelschicksale in den historischen Zusammenhang.

Anne Frank Huis (Fortsetzung)

Auch die Räume im Hinterhaus sind nicht mehr eingerichtet. Das Mobiliar war von den Nationalsozialisten beschlagnahmt worden, und Otto Frank hatte, als sich diese Frage 1962 stellte, nicht gewollt, dass man die Einrichtung rekonstruiert. Lediglich einige persönliche Gegenstände und Briefe der acht Untergetauchten sind ausgestellt.

Ebenso wie die meisten anderen bedeutenden Amsterdamer Museen ist das Anne Frank Huis bequem per Museumsboot erreichbar.

*Artis (Zoo Natura Artis Magistra) J/K 5/6

Der Amsterdamer Zoo kam durch Privatinitiative zu Stande. Der Verein "Natura Artis Magistra" (Die Natur ist die Lehrmeisterin der Kunst) – so lautet auch der vollständige Name des Zoos – hatte sich zum Ziel gesetzt, dem Stadtmenschen die Natur anhand von Schaustücken und lebendigen Objekten anschaulich näher zu bringen. 1838 erwarb man an der Plantage Middenlaan ein Gelände, auf dem ein Zoo eingerichtet wurde. Den lateinischen Namen abkürzend, wird er meist nur Artis genannt. Der anfangs spärliche Tierbestand wuchs rasch (z.B. durch Ankäufe von durchreisenden Me-

Lage
Plantage Kerklaan 38 – 40

Circle Tram
Plantage Kerklaan

Das Tagebuch der Anne Frank

Binnen kurzer Zeit avancierte Anne Franks Tagebuch zum Weltbestseller. Worin liegt das Geheimnis für den Erfolg der Tagebuchaufzeichnungen, die das Gefühlsleben eines heranwachsenden Mädchens und das Miteinander einer kleinen Gruppe von Juden beschreiben, die sich in einem Amsterdamer Hinterhaus zwei Jahre lang vor den Nazi-Schergen versteckt halten musste? Und weiß man endlich, wer die Untergetauchten an die Gestapo verraten hat?

Anne Frank führte vom 12. Juni 1942 bis 1. August 1944 Tagebuch. Bis Ende März 1944 verfasste sie ihre Aufzeichnungen nur für sich selbst. Als sie am 28. März im englischen Radio den im Londoner Exil lebenden niederländischen Minister Bolkestein darüber sprechen hörte, dass nach Kriegsende Tagebücher und Briefe publiziert werden sollten, um die Leiden des niederländischen Volkes während der deutschen Besatzungszeit zu dokumentieren, schrieb sie ihr Tagebuch ab und um, strich, was uninteressant schien, fügte anderes hinzu. Gleichzeitig führte sie ihr nicht für die Öffentlichkeit bestimmtes Tagebuch weiter. "Ich weiß, dass ich schreiben kann", konstatierte sie voller Selbstbewusstsein, doch zuweilen befiel sie auch eine starke Unsicherheit: "... ich bezweifle manchmal ernsthaft, ob sich später mal jemand für mein Geschwätz interessieren wird. 'Die Bekenntnisse eines hässlichen jungen Entleins' wird der ganze Unsinn dann heißen. Herr Bolkestein und Herr Gerbrandy [Mitglieder der niederländischen Exilregierung in London] werden von meinen Tagebüchern wirklich nicht viel haben."

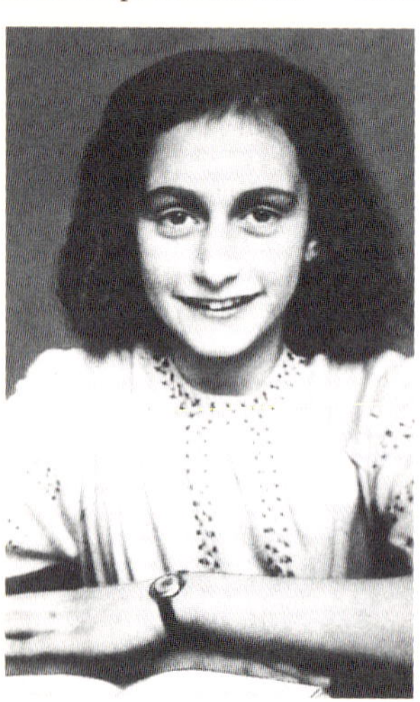

Bestseller

Hier irrte sie, die ganze Welt sollte etwas davon haben. Wie es ihr Wunsch war, wurde Anne Frank eine berühmte Schriftstellerin – aber erst nach ihrem Tod. Posthum ist sie sogar die berühmteste und erfolgreichste Autorin geworden. Von ihrem ursprünglich in niederländischer Sprache verfassten Tagebuch sind über 25 Mio. Exemplare in rund 60 Sprachen verkauft worden. Kein anderes Buch zum Nationalsozialismus ist bisher so erfolgreich gewesen.

"Mit Schreiben werde ich alles los. Mein Kummer verschwindet, mein Mut lebt wieder auf. Aber, und das ist die große Frage, werde ich jemals etwas Großes schreiben können, werde ich jemals Journalistin und Schriftstellerin werden? Ich hoffe es, ich hoffe es so sehr!", schrieb die 14-jährige Anne Frank am 5. April 1944 in ihr Tagebuch.

Briefe an Kitty

In ihrem Tagebuch beschreibt Anne Frank den Alltag im Hinterhaus der Amsterdamer Prinsengracht 263, in dem sie, ihre Eltern, ihre Schwester und vier weitere jüdische Schicksalsgenossen mit holländischer Hilfe 25 Monate lang Zuflucht vor den Nazis fanden. Das "ungewöhnlich begabte und empfindsame Kind" (Verlagstext) erzählt in Briefen an eine imaginäre Freundin ("Kitty") von ihrem Seelenleben, von der Zuneigung zu ihrem Vater, von der Abneigung gegen ihre Mutter, von der in ihr herankeimenden Sexualität, sie berichtet über das Zusammenleben auf engstem Raum, über freudige Ereignisse, aber auch über Streitereien, und sie schildert das Vorrücken alliierter Streitkräfte, was die Eingeschlossenen hoffen lässt, endlich das Versteck verlassen zu können. Doch von den acht Leidensgenossen im Hinterhaus sollten sieben nie mehr in Freiheit gelangen. Nachdem sie an die Gestapo verraten worden waren, wurden alle acht Untergetauchten am 4. August 1944 von einem SS-Mann und mindestens drei holländischen Helfern der Grünen Polizei verhaftet und mit dem letzten "Judentransport" nach Auschwitz deportiert. Anne und ihre Schwester kamen im Oktober ins KZ Bergen-Belsen, wo beide Opfer einer im Lager grassierenden Typhusepidemie wurden. Anne, deren genauer Todestag nicht bekannt ist, starb wahrscheinlich zwischen Ende Februar und Anfang März. Vater Otto Frank überlebte als einziger das Lager. Nach Kriegsende übergaben ihm die einstigen Helfer Miep Gies und Bep Voskuijl Annes Tagebuch, das sie noch am Tag der Verhaftung sichergestellt hatten. Nach reiflicher Überlegung entschloss sich Otto Frank dazu, Annes Aufzeichnungen zu publizieren.

Übersetzt in mehr als 60 Sprachen: Das Tagebuch der Anne Frank. Kein anderes Buch, das den Nationalsozialismus thematisiert, war bisher so erfolgreich.

Historisch unbedeutend

Woher rührt der weltweite Erfolg von Anne Franks Tagebuch? Für die historische Forschung haben die Aufzeichnungen als Quelle nie eine Rolle gespielt. Das Grauen des Holocaust, die Deportationen, das Leben in den Konzentrationslagern, die grausamen Ermordungen bleiben dem Leser erspart. Aber eben weil wir uns Anne Frank durch die Schilderung ihres Alltags, ihrer Gefühlswelt und auch ihrer Angst vor den Verfolgern so nahe fühlen, ergreift uns das Wissen um ihren späteren Tod stärker als andere persönliche Zeugnisse, die den Horror des Völkermords bis ins letzte Detail reflektieren.

Verrat

Viel ist darüber gerätselt worden, wer die Familie Frank und die vier Mitbewohner an die Nazis verraten hat. Denunziert wurden die Untergetauchten, so die Wiener Journalistin Melissa Müller in ihrer Biografie "Das Mädchen Anne Frank" von 1998, "sehr wahrscheinlich" von einer niederländischen Putzfrau.

Artis (Fortsetzung)

Straßenbahn 6, 9, 14

Öffnungszeiten tgl. 9^{00} – 17^{00} (im Sommer bis 18^{00})

Internet www.artis.nl

nagerien). Im ersten Jahrhundert seines Bestehens stand der Zoo ausschließlich Mitgliedern des Vereins offen, die sonntags hier spazieren gingen und den in den Sommermonaten veranstalteten Konzerten lauschten. Als der Verein in finanzielle Schwierigkeiten kam, kauften die Gemeinde Amsterdam und die Provinz Nordholland den Zoo (1937) und überließen ihn für einen symbolischen Betrag von einem Gulden jährlich dem Verein. Seitdem ist der Zoo jedermann zugänglich.

Die Anlagen wurden ständig erweitert und modernisiert. Die meisten der rund 8000 Tiere leben in Freigehegen, die ihren natürlichen Lebensräumen so weit wie möglich nachgebildet sind. Das Aquarium, das mit rund 700 Fischarten über die zweitgrößte Kollektion der Welt (nach Berlin) verfügt, sowie das Haus der Nachttiere sind besondere Schwerpunkte des Zoos. Das Interesse der Kinder gilt speziell dem Streichelzoo, Erwachsene werden an den Gewächshäusern vielleicht noch mehr Gefallen finden. Lohnend ist daneben ein Besuch im Planetarium (Mo. bis 12^{30} Uhr geschlossen) bzw. in den Museen (kein gesonderter Eintrittspreis).

Zoologisches Museum

In dem im Bau des Aquariums untergebrachten Zoologischen Museum werden Sammlungen von Insekten, Vögeln, Amphibien und Reptilien gezeigt. Ein Diorama gibt ein dreidimensionales Bild einer Dünenlandschaft mit ihrer reichen Pflanzen- und Tierwelt. Wechselausstellungen beschäftigen sich vielfach mit Vergleichen zwischen tierischem und menschlichem Verhalten.

Geologisches Museum

Das Geologische Museum bewahrt eine umfangreiche Sammlung von Fossilien, Mineralien und Gesteinen. Zudem wird der Besucher auf anschauliche Weise mit dem Beginn und der Entwicklung des Lebens auf der Erde, von einzelligen Lebensformen, über die Existenz der Dinosaurier bis hin zum Entstehen der Säugetiere, konfrontiert. Ein anderer Ausstellungssaal informiert über Naturgewalten, Vulkanismus, Erdbeben, Kontinentaldrift und vieles mehr.

Artis Expres

Man kann den Amsterdamer Zoo auch per Schiff erreichen. Der Artis Expres fährt vom Hauptbahnhof (Centraal Station) zum Tierpark. Ein an Bord gezeigtes Video liefert bereits einen Vorgeschmack vom Artis. Am Schifffahrtsmuseum (▶ Scheepvaartmuseum) wird ein kurzer Zwischenstopp eingelegt.

*Begijnhof (Beginenhof) H 5

Lage Gedempte Begijnensloot (Eingang auch am Spui)

Straßenbahn 1, 2, 5

Der Beginenhof ist ein ruhiger Ort im Zentrum der Stadt, wo heute alte, allein stehende Damen und junge Studentinnen gegen eine geringe Miete wohnen. Um die grüne Rasenfläche im Innern des Hofes gruppiert sich ein Komplex von Häusern, von denen einige zu den ältesten Amsterdams zählen. Das Haus Nr. 34 entstand ca. 1475 und ist damit wohl das älteste erhaltene Holzhaus in den Niederlanden.

Im Jahre 1346 wurden die damals noch außerhalb der Stadtgrenze liegenden Gebäude für fromme katholische Mägde (begijnen) ge-

Idylle im Zentrum: Einige der hübschesten und ältesten Giebelhäuser der Stadt gruppieren sich um den Beginenhof. ▶

Begijnhof
(Fortsetzung)

stiftet, die nicht in der Abgeschiedenheit eines Klosters, aber dennoch in einer religiösen Gemeinschaft leben wollten. Sie widmeten sich der Armenfürsorge und der Krankenpflege. In den Beginenhöfen brauchten sie ihre persönliche Freiheit nicht völlig aufzugeben. Es stand ihnen jederzeit frei, den Hof zu verlassen, sie besaßen dort ihre eigene Wohnung und durften über persönliches Eigentum verfügen.
Als Amsterdam zum Protestantismus übertrat, mussten die Beginen ihre Kirche der englischen Presbytergemeinde überlassen und ihren Gottesdienst heimlich in einer kleinen Kapelle gegenüber der Kirche abhalten. Der Beginenhof wurde in ein Spital umgewandelt. Die Beginen behielten jedoch das Recht, in ihrer "alten" Kirche bestattet zu werden. Die letzte Begine starb 1971.

*Beurs van Berlage (Koopmansbeurs) — H 4/5

Lage
Beursplein 1

Circle Tram
Dam

Straßenbahn
4, 9, 16, 24, 25

Öffnungszeiten
Di. – So.
10⁰⁰ – 16⁰⁰

Einer der Höhepunkte moderner niederländischer Architektur ist die Beurs van Berlage oder Koopmansbeurs am Damrak (Abb. S. 40). Sie wurde 1897 – 1903 nach Plänen von Hendrik Petrus Berlage (1856 – 1934) errichtet. In Reaktion auf den vorherrschenden Historismus schuf Berlage für die damalige Zeit einen revolutionären und umstrittenen Bau mit klaren Linien und strengen Proportionen. Als wichtigste Baumaterialien wählte er Backstein, Eisen und Glas. Den zentralen Saal im Innern überwölbt eine Eisen-Glas-Konstruktion.
Ein erstes Börsengebäude war in Amsterdam 1608 am Rokin errichtet worden – zuvor hatten sich die Kaufleute unter freiem Himmel in der Nähe des Hafens getroffen. Nachdem die Börse 1835 abgerissen worden war, zog man in einen neuen klassizistischen Bau um. Dieser wurde 1903 durch die Berlage-Börse ersetzt.
In den siebziger Jahren schien es so, als sei diesem modernen Bauwerk nur eine kurze "Existenz" beschieden. Es ergaben sich erhebliche Probleme mit dem Fundament, so dass sogar der Abriss erwogen wurde. Dank einer grundlegenden Restaurierung konnte die Beurs van Berlage jedoch gerettet werden. Sie wird heute als Veranstaltungsort für Konzerte, aber auch für Ausstellungen und Konferenzen genutzt. Zudem ist in der Börse ein kleines Museum untergebracht, das über die Baugeschichte informiert. Vom Museum aus hat man Zugang zum so genannten Berlage-Saal, in dem sich früher die Mitglieder der Industrie- und Handelskammer versammelten, und man kann zum 39 m hohen Börsenturm hinaufsteigen (steile Holztreppe mit 95 Stufen!).

Effectenbeurs

Börsengeschäfte werden heute in der benachbarten Effektenbörse abgewickelt (Beursplein 5). Der Bau entstand 1913 unter Leitung des Architekten Joseph Cuypers.

Bijlmermeer (Stadtteil) — südlich M/N

Lage
8 km südöstlich

Um der Wohnungsnot in der Grachtenstadt Herr zu werden, entstand in den sechziger und siebziger Jahren des 20 Jh.s südöstlich der Innenstadt ein neues Stadtviertel: Bijlmermeer. Der erste Fundamentpfeiler wurde 1964 in den Boden gerammt. Innerhalb der nächsten zehn Jahre wurden bienenwabenartig angeordnete, zehnstöckige Wohnblocks mit insgesamt 40 000 Wohneinheiten fertig gestellt. Zwar stand nun Wohnraum en masse zur Verfügung, doch wollte niemand so gern in den aus Fertigteilen montierten Wohnblocks leben. So wurde ein Großteil der Häuser kurzerhand in Sozialwohnungen umgewandelt. Der neue Stadtteil Bijlmermeer wurde zum Auffangbecken für Sozialschwache. Arbeitslosigkeit, Armut, Drogenabhängigkeit hatten Vandalismus und eine hohe Kriminalitätsrate zur Folge. Die Probleme spitzten sich derart zu, dass Mitte der achtziger Jahre nach neuen Lösungen gesucht werden musste. Die Megawohnblocks wurden in kleinere Abschnitte mit sechs bis zehn Wohnungen und jeweils separatem Eingang aufgeteilt. Durch Architekturwettbewerbe erreichte man eine Verschönerung des Umfeldes. Von einer friedlichen Idylle ist Bijlmermeer noch weit entfernt, doch wandelt sich allmählich der Charakter der Siedlung von einem Trabantenmoloch in eine Vorstadt.

Bijlmermeer (Fortsetzung)

Metro
u.a. Bijlmer, Ganzenhoef

Wesentlich beigetragen zur Aufwertung des Stadtteils hat die 1996 erfolgte Eröffnung des neuen Stadions von Ajax Amsterdam. Die häufig mit einem Ufo verglichene Mehrzweckarena bietet mehr als 50 000 Besuchern Platz. Die sieben Ebenen vom Parkdeck bis zum obersten Tribünengang haben eine Gesamtfläche von 130 000 m², das sind mehr als 17 Fußballfelder. Besonderer Clou ist die silberne Kuppel, die bei geeigneten Witterungsbedingungen geöffnet werden kann. Architekt des futuristischen Stadions ist Rob Schuurman.

Amsterdam Arena

Im Eingangsbereich des Stadions ist das Ajax-Museum untergebracht (geöffnet: tgl. 10⁰⁰ – 18⁰⁰ Uhr; geschlossen bei Heimspielen von Ajax Amsterdam). Auf zwei Etagen sind Trophäen, persönliche Gegenstände der Spieler, Fanartikel und vieles mehr aus der Geschichte des niederländischen Fußballclubs untergebracht. Eine Filmvorführung zeigt Höhen und Tiefen des erfolgsverwöhnten Vereins.

Ajax Museum

Centraal Spoorweg Station (Hauptbahnhof) — H 4

Mehr als 1000 Züge, davon 50 internationale, fahren täglich im Amsterdamer Hauptbahnhof ein und wieder ab. Das Gebäude wurde nach Plänen von P. J. H. Cuypers (Architekt des ▶ Rijksmuseum) auf drei künstlichen Inseln und 8687 Pfählen gebaut. An seiner dem Hafen zugekehrten Nordseite (de Ruijterkade) befinden sich Anlegestellen (Steiger) zahlreicher Motorboote und Fährschiffe.
Der Bahnhof war nötig geworden, nachdem man bereits 1860 eine Nordverbindung Amsterdam – Alkmaar – Den Helder eingerichtet hatte. 1889 fand die Eröffnung unter lebhafter Anteilnahme der Bevölkerung statt: Sämtliche 14 000 Bahnsteigkarten waren verkauft.
Das im Stil des Historismus errichtete Bahnhofsgebäude zeigt deutliche Anklänge an die klassizistische Schlossarchitektur. Manche Dekorformen verweisen auf die Renaissance. Sehenswert ist im Innern der einstige Jugendstilwartesaal Erster Klasse (heute Café/Restaurant; Zugang über Gleis 2). Auch international fand das Bahnhofsgebäude Beachtung: Als die Japaner um 1900 ein Vorbild für ihren Tokioer Bahnhof suchten, fiel ihre Wahl auf Amsterdam.

Lage
de Ruijterkade

Bus
18, 22, 32 – 36, 39

Circle Tram
Centraal Station

Straßenbahn
1, 2, 4, 5, 9, 13, 16, 17, 24, 25

Concertgebouw

Lage
Concertgebouwplein 2 – 6

Circle Tram
Museumplein

Straßenbahn
2, 3, 5, 12, 16

Ein Deutscher lieferte den Grund für die Errichtung des berühmtesten Konzerthauses der Niederlande. Amsterdamer Musikfreunde luden 1879 Johannes Brahms ein, seine Dritte Symphonie zu dirigieren. Nach dem Konzert meinte Brahms: "Ihr seid liebe Menschen, aber schlechte Musikanten!" Diese herbe Kritik nahmen sich die Amsterdamer zu Herzen: Man rief einen Verein ins Leben mit dem Ziel, einen Konzertsaal für rund 2000 Personen zu schaffen und ein Orchester zusammenzustellen. Mit dem Bau des Concertgebouw wurde 1882 begonnen; im Jahre 1888 wurde das von A. van Gendt erbaute Konzerthaus feierlich eröffnet. Es lag damals noch außerhalb des Stadtgebietes.

Concertgebouw – Veranstaltungsstätte für Konzerte der Spitzenklasse

Das 65 Mitglieder starke Orchester wurde Willem Kes anvertraut, der den guten Ruf sowohl des Orchesters als auch des Konzerthauses begründete. Kes' Nachfolger wurde der 24-jährige Willem Mengelberg, der 50 Jahre lang mit dem Concertgebouw Orkest verbunden blieb. Unter seiner Führung entwickelte es sich zu einem der besten Orchester der Welt. Er war es, der die symphonische Musik von Mahler und Richard Strauss einführte. R. Strauss widmete ihm sein "Heldenleben", und das Mahler-Musikfest von 1920 wurde ein Höhepunkt in der Geschichte des Konzerthauses. Die Komponisten Reger, Debussy, Ravel, Hindemith, Milhaud und Strawinski führten als Gäste im Konzerthaus ihre Werke auf.

Zu Beginn der achtziger Jahre fürchtete man um das Fortbestehen des traditionsreichen Hauses: Das etwa 10 000 t schwere und auf 2000 Pfosten gelagerte Gebäude drohte im schlammigen Untergrund zu versinken. Eine neue Fundamentierung rettete den Bau, der bei den Renovierungsarbeiten (sie fanden 1988 ihren Abschluss) auch um einen gläsernen Anbau (Foyer) bereichert wurde. Der Konzertsaal, dessen Akustik als eine der besten der Welt gilt, blieb unverändert.

Concertgebouw (Fortsetzung)

Dam

H 5

Der Dam, wo Königlicher Palast (▶ Koninklijk Paleis), Neue Kirche (▶ Nieuwe Kerk) und Nationaldenkmal stehen, ist heute weder geografisch noch verwaltungstechnisch das Zentrum Amsterdams; das Herz der Stadt ist der Platz aber geblieben. Er gab ihr den Namen: Der um 1270 entstandene Dam trennte die Amstel vom IJ (einem Arm der ▶ Zuiderzee). Hier begann die Geschichte Amsterdams mit der Gründung der ersten Niederlassung, wo man Fisch- und Viehhandel trieb. Auf dem Dam kamen und kommen die Amsterdamer zu Stadtereignissen zusammen.
Auf dem Platz entwickelte sich schon in frühester Zeit ein kleiner Markt, den man nach mittelalterlichem Brauch "Plaetse" nannte, und Marktcharakter besitzt er auch heute noch.

Lage
Im Westen des Stadtzentrums

Circle Tram
Dam

Straßenbahn
4, 9, 14, 16, 24, 25

Nach dem Zweiten Weltkrieg wurde auf dem Dam das Nationaldenkmal errichtet, ein 22 m hoher, heller Obelisk. Das Mahnmal für die Opfer des Zweiten Weltkrieges und Monument der Befreiung und des Friedens wurde nach Plänen von J. J. P. Oud erbaut und mit Skulpturen von J. W. Rädeler geschmückt. Diese symbolisieren u.a. den Krieg (vier Männerfiguren), Frieden (Frau mit Kind) und Widerstand (zwei Männer mit heulenden Hunden). Eingemauert in den Obelisk sind elf Urnen mit Erde aus den elf Provinzen. Eine zwölfte Urne enthält Erde von Ehrenfriedhöfen in Indonesien.
Am 4. Mai 1956, dem nationalen Trauertag, wurde das Denkmal durch die damalige Königin Juliana eingeweiht, und seitdem legen alljährlich die Königin und ihr Gemahl unter großer Anteilnahme der Bevölkerung an diesem Tag hier Kränze nieder. Im ganzen Land wird abends um 20[00] Uhr zwei Minuten lang der Gefallenen des Weltkrieges gedacht.
In der übrigen Zeit ist das Befreiungsdenkmal Treffpunkt von Jugendlichen aus aller Welt, die auf den Stufen sitzen, diskutieren und musizieren.

Nationaal Monument

Am Dam hat auch ▶ Madame Tussaud's Scenerama seinen Sitz.

Madame Tussaud

Baedeker TIPP **Konsumtempel**

Nur wenige Schritte vom Dam entfernt, gleich hinter dem Königlichen Palast, befindet sich Amsterdams schönstes Einkaufszentrum, die Magna Plaza. In der ehemaligen neogotischen Hauptpost lässt es sich in edlen Boutiquen und hübschen Lädchen herrlich stöbern. Das luxuriöse Einkaufszentrum ist jeden Tag geöffnet.

Edam

Ausflugsziel

Lage
20 km nördlich

Bus
Abfahrt gegenüber Centraal Station

Das historische Städtchen Edam am IJsselmeer ist weltbekannt für die großen runden Käse in roter Verpackung. Allerdings muss der "Edamer" nicht zwangsläufig aus dem kleinen Städtchen in Nordholland kommen. Schon seit 1922 dürfen in den gesamten Niederlanden die roten Käsekugeln hergestellt werden. Von Juli bis Mitte August findet mittwochs zwischen 10^{30} und 12^{30} Uhr ein Käsemarkt in Edam statt.

Edam entstand bei dem Damm in der Ee, die das Flüsschen Purmer mit der Zuiderzee verband. Als man 1230 mit der Eindämmung der Zuiderzeezuflüsse begann, entwickelte sich hier ein Güterumschlagplatz. Bald wurden Zölle erhoben, und damit war der Grundstein gelegt für einen Handelsplatz. Bereits 1357 erhielt Edam das Stadtrecht. Seine Blütezeit lag im 16. bis 18. Jh., als Schiffbau, Heringsfischerei und Käsehandel der Stadt wirtschaftlichen Aufschwung brachten (auf den Edamer Schiffswerften wurden die Kriegsschiffe gebaut, mit denen Admiral de Ruyter die Engländer schlug). Wilhelm von Oranien verlieh Edam 1573 für seine Tapferkeit und Verdienste um den Aufstand während der Belagerung Alkmaars das Recht zum Wiegen.

Grote Kerk

Die Grote oder St.-Nicolaaskerk, wie sie auch genannt wird (Grote Kerkstraat; geöffnet von April bis Oktober: tgl. 14^{00} – 16^{30} Uhr), ist eine spätgotische Hallenkirche mit einem Turm aus dem 15. Jh. und wunderschönen Fenstern (Glasmalereien, 17. Jh.). Die Innenausstattung der Kirche stammt zum überwiegenden Teil ebenfalls aus dem 17. Jahrhundert.

Stadhuis

Das Rathaus (am Damplein) wurde 1737 erbaut. Der Fußboden seines Standesamtes ist noch heute wie im Mittelalter mit Sand bestreut. Eine kleine Gemäldeausstellung ist im sehenswerten Ratssaal untergebracht.

Speeltoren

Vom Turm (15. Jh.) der abgerissenen ehemaligen Marienkirche erklingt das älteste Glockenspiel der Niederlande (1560).

Stedelijk Museum

Das Städtische Museum (Damplein 8; geöffnet von Mai bis Mitte Oktober: Di. – Sa. 10^{00} – 16^{30}, So. 13^{30} – 16^{30} Uhr) ist in einem Haus aus dem Jahre 1530 untergebracht; seine hübsche Fassade stammt von 1737. Der schwimmende Keller hat die Form eines Schiffes.

Enkhuizen

Ausflugsziel

Lage
60 km nordöstlich

Eisenbahn
ab Centraal Station

Das am IJsselmeer gelegene, von Grachten durchzogene Enkhuizen gilt als eine der schönsten niederländischen Städte. Es entwickelte sich durch seinen Handel mit den Ostseeländern, später auch durch den Heringsfang zu einer blühenden, wohlhabenden Hafenstadt. Seit Fertigstellung des Abschlussdeiches (1932), der aus der einstigen Nordseebucht Zuiderzee das ausgesüßte IJsselmeer machte, ist die Bedeutung von Enkhuizen als Hafenstadt eingeschränkt.

Hafen

Vom Bahnhof hat man einen schönen Blick über den Hafen, im dem Fischerboote und Jachten vor Anker liegen. Den Hafen über-

Dromedaris

ragt der Dromedaristurm, ein Überrest der Stadtbefestigung von 1540. Der 1649 erhöhte Turm beinhaltet ein Glockenspiel von den Gebrüdern Hemony, das zu den schönsten der Niederlande zählt.

Westerkerk

Die Wester- oder Gomaruskerk, im 15. und 16. Jh. entstanden, ist eine gotische Hallenkirche. Zwischen Kirche und Glockenhaus befindet sich die Küsterwohnung mit einem eindrucksvollen Treppengiebel von 1600. Das Glockenhaus wurde 1519 erbaut und im 19. Jh. im neoklassizistischen Stil erneuert. Im Innern beeindrucken die prächtigen hölzernen Chorschranken (von 1542).

Zuiderkerk

Ein weiterer bedeutender Sakralbau ist die Zuider- oder St. Pancraskerk, deren Baubeginn ins frühe 15. Jh. datiert wird. Der Turm entstand 1450 und wurde 1518 – 1526 mit einem achteckigen Oberbau und einer Zwiebelspitze erhöht.

Stadthuis

Unweit nordöstlich steht das Stadhuis. Der Ende des 17. Jh.s errichtete Bau wurde im Laufe der Jahrhunderte kaum verändert und ist daher ein hervorragendes Beispiel für die Architektur des Goldenen Jahrhunderts. Gut erhalten ist nicht nur die schöne Sandsteinfassade, sondern auch das reich ausgestattete Innere – vor allem der Bürgersaal und das Bürgermeisterzimmer – mit Gemälden, Decken- und Wandmalereien sowie kostbaren Gobelins.

***Zuiderzeemuseum**

Nur per Fähre (Abfahrt ab Bahnhof bzw. vom Museumsparkplatz) gelangt man zum Zuiderzeemuseum, das sich in ein weitläufiges Freilichtmuseum mit mehr als 130 Häusern, Geschäften, Werkstätten, einem Museumshafen und einem Museumsbau mit Dauerausstellungen gliedert. Auf äußerst anschauliche Weise erfährt man, wie sich das tägliche Leben an der Zuiderzee um 1900 abspielte (geöffnet: tgl. 10^{00} – 17^{00} Uhr; das Freilichtmuseum ist nur von April bis Oktober geöffnet).
Die Zuidersee (niederländisch: Zuiderzee) war ursprünglich eine Nordseebucht. Nach ihrer Eindeichung durch einen Damm (1932)

Entrepotdok: Aus alten Speichern wurden komfortable Wohnungen.

Enkhuizen (Fortsetzung)

wurde sie in IJsselmeer umbenannt. Der Eindeichung lag der Plan zu Grunde, durch eine teilweise Trockenlegung des Gebietes neues Land für Industrie und Landwirtschaft sowie für Wohngebiete nutzbar zu machen. Einige Polder – so nennt man die trockengelegten Gebiete – sind bereits angelegt: Der Wieringmeerpolder wurde schon 1930 trockengelegt, der Nordoostpolder folgte 1942, und die Trockenlegung der Polder Östliches Flevoland und Südliches Flevoland wurde 1957 bzw. 1968 abgeschlossen. Als weiterer Polder sollte bis 1980 Markerwaard geschaffen werden. Umweltschutzgruppen konnten dies bisher jedoch erfolgreich verhindern.

Entrepotdok — J 5

Lage
Östlich des Stadtzentrums

Bus
22, 32

Straßenbahn
7, 10

Seit rund einem Jahrzehnt gelten die alten Speicherhäuser am Entrepotdok als eines der begehrtesten Wohnviertel in Amsterdam. Die aus dem 18. bzw. 19. Jh. stammenden Häuser, einst Zwischenlager für zollpflichtige Waren, wurden saniert und in Eigentums- und Sozialwohnungen umgewandelt. Nach Süden hin blicken die heutigen Bewohner auf die gepflegten Anlagen des ▶ Artis.
Mittlerweile hat sich im Entrepotdok, das man beispielsweise über eine Ziehbrücke nahe dem Eingang zum Artis erreicht, ein spezielles Flair entwickelt. In einigen Häusern haben Künstler ihre Ateliers eingerichtet, Kneipen und Cafés gibt es natürlich auch.

Werftmuseum

Unweit nordöstlich vom Entrepotdok befindet sich das Werftmuseum (Werft t' Kromhout; ▶ Praktische Informationen von A bis Z, Museen).

Haarlem

Haarlem, die Hauptstadt der Provinz Nordholland, liegt zwischen Amsterdam und der Nordsee an dem Flüsschen Spaarne. Die typisch holländische Stadt ist bekannt durch die Zucht und den Verkauf von Blumenzwiebeln, u.a. Tulpen, Hyazinthen, Krokusse und Narzissen, die in die ganze Welt versandt werden.

Lage
18 km westlich

Bus
Abfahrt gegenüber Centraal Station

Im 17. Jahrhundert war die heute rund 150 000 Einwohner zählende Stadt Schauplatz reger künstlerischer Tätigkeit und Wohnsitz vieler Maler, u.a. Frans Hals, Jacob van Ruisdael, Philips Wouverman, Adriaen van Ostade. Der Stadtbaumeister Lieven de Key (um 1560 bis 1627) begründete eine Bauschule, von deren Leistung die öffentlichen Gebäude und zahlreichen Giebelhäuser der Altstadt Zeugnis ablegen.

***Grote Markt**

Die aus früheren Jahrhunderten stammende Altstadt schart sich um den Grote Markt, auf den zehn Straßen münden. Die lebhaften Geschäftsstraßen sind für den Autoverkehr gesperrt. Inmitten des Marktes erhebt sich das Standbild des L. J. Coster, eines Zeitgenossen von Gutenberg. Ihm wird die eigentliche Erfindung der Buchdruckerkunst zugeschrieben.

***Grote oder St. Bavokerk**

Auffallendstes Gebäude am Grote Markt ist die 140 m lange Grote oder St. Bavokerk, eine spätgotische Kreuzbasilika mit einem 80 m hohen, schlanken Vierungsturm. Ihre lange Baugeschichte beginnt mit der Errichtung des Chores im 14. Jahrhundert. Mitte des 15. Jh.s kam das Querschiff des Antwerpener Baumeisters Spoorwater hinzu. Um 1475 wurde das alte Langhaus durch ein 125 m langes Schiff

Grote oder St. Bavokerk (Fortsetzung)

ersetzt. Um 1520 wurden der Vierungsturm mit dem schönen, allabendlich erklingenden Hemony-Glockenspiel und 1536 die Holzgewölbe in Chor und Mittelschiff fertig gestellt, die Taufkapelle an der Südseite folgte 1593, das Konsistorium 1658.
Der größte Teil des Kircheninnern entstand vor der Reformation, so der Chor mit Chorpult (1499), das schön geschnitzte Chorgestühl (1512) und das kupferne Chorgitter (1509 – 1517). Sehr sehenswert ist die 1735 – 1738 von Christian Müller gebaute Orgel, auf der Händel und Mozart, aber auch Albert Schweitzer spielten.

Stadhuis

An der anderen Seite des Marktes steht das Haarlemer Rathaus. Die ältesten Bauteile gehen auf ein Jagdschloss des Grafen Wilhelm II. (1250), König von Deutschland, zurück. Ende des 13. Jh.s bauten Dominikaner hinter dem Schloss ein Kloster, das während des Unabhängigkeitskampfes und der Glaubenskriege schwer beschädigt wurde. Ein Teil des Klosters wurde 1590 zum Prinzenhof hergerichtet und diente den Statthaltern und anderen Gästen als standesgemäße Unterkunft.
Der flämische Flüchtling Lieven de Key wurde 1593 zum Stadtbaumeister ernannt und erhielt 1597 den Auftrag, eine Außentreppe zu entwerfen. Zwischen 1620 und 1622 baute er den nördlichen Flügel entlang der Zijlstraat. Einige Jahre darauf (1630 – 1633) wurde die Fassade im klassizistischen Stil erneuert. Um 1860 wurde ein weiteres Stockwerk auf die Kreuzgänge gebaut. Der Prinzenhof war bis 1936 Gemeindearchiv.

Baedeker TIPP Haarlems “winkel”

Die schönsten “winkel” – so nennen die Niederländer Tante-Emma-Läden – gibt es angeblich in Haarlem. Vor allem rund um den Marktplatz, an der Gedempte Oude Gracht oder in der Kruisstraat findet man viele der nostalgischen Lädchen. Der Tipp für süße Naschereien ist “Haarlemer Halletjes” (Kruisstraat 37), gleich nebenan bekommt man Tabakwaren bei “Voet en Zon” (Kruisstraat 39).

Hoofdwacht

Die Hauptwache an der Nordseite des Marktes ist eines der ältesten Gebäude der Stadt. Der Vordergiebel stammt aus dem Jahre 1650. Hier befand sich der Hauptsitz der städtischen Polizei und wahrscheinlich das erste Rathaus von Haarlem.

Vleeshal

Die Südseite des Marktes begrenzt die 1602/1603 von Lieven de Key gebaute Fleischhalle. Sie gilt als das hervorragendste Werk der gesamten nordischen Renaissance und war ehemals Schlachthof und Zunfthaus der Metzger in einem. Die Kellerräume beansprucht das Archäologische Museum.

Vishal

In der Nähe der Grote Kerk steht die ebenfalls von Lieven de Key errichtete Fischhalle, in der heute die Abteilung “Moderne Kunst” des Frans-Hals-Museums untergebracht ist.

Teylers Museum

Teylers Museum (Spaarne 16) wurde 1778 eröffnet und ist damit das älteste Museum der Niederlande. Pieter Teyler van der Hulst (1702 – 1778), ein reicher Tuch- und Seidenhändler, interessierte sich für Kunst und Wissenschaft. Er stiftete sein ganzes Vermögen für den Bau dieses Museums, zu dessen Besitz neben zahlreichen Handzeichnungen und Gemälden älterer holländischer Meister sowie von Michelangelo und Raffael auch eine naturkundliche Abteilung gehört (geöffnet: Di. – Sa. 10^{00} – 17^{00}, So. 12^{00} – 17^{00} Uhr).

Weiter östlich, jenseits der Binnen Spaarne, erhebt sich das mittelalterliche Amsterdamse Poort, das einzige erhaltene Stadttor Haarlems, um 1400 gebaut.

Amsterdamse Poort

Das ehemalige Altmännerhaus im Süden der Altstadt (Groot Heiligland 62) ist ein weiteres wichtiges Bauwerk von Lieven de Key (1608). Im Jahre 1913 wurde die städtische Kunstsammlung vom Rathaus hierher verlegt. Sie nimmt heute eine hervorragende Stelle unter den Gemäldegalerien des Landes ein. Vorherrschend sind Haarlemer Künstler.
Höhepunkt der Abteilung Alte Kunst sind die Schützen- und Regentenstücke von Frans Hals (geb. zwischen 1581 und 1585, gest. 1666), den lebendigsten und in seinen Bildern ausdrucksstärksten holländischen Maler. Darüber hinaus gibt es zahlreiche Porträts aus dem 17. Jh., Stillleben, Genrebilder und Landschaften mit Werken von Adriaen van Ostade, Jacob van Ruisdael, Johannes Verspronck, Jan de Bray, Pieter Claesz und Willem Heda; ferner Haarlemer Silber, ein altes Puppenhaus und eine rekonstruierte Apotheke mit Delfter Fayencen. Die Sammlung moderner und zeitgenössischer Kunst umfasst Gemälde, Skulpturen, Textilkunst, Keramik, Grafiken und Objekte von Künstlern aus Haarlem und Umgebung wie Isaac Israël, Jan Sluyters, Karel Appel, Reinier Lucassen und Herman Kruyder (geöffnet: Mo. – Sa. 11^{00} – 17^{00}, So. 12^{00} – 17^{00} Uhr).

*Frans-Hals-Museum

Heineken Brouwerij (Heineken-Brauerei) — H 6

An der Ecke Stadhouderskade/Ferdinand Bolstraat hatte die Heineken-Brauerei, eine der bedeutendsten Bierbrauereien des Landes, ihren Hauptsitz. Zur größten Produktionsstätte avancierte derweil die Brauerei in Zoeterwoude bei Leiden. Dennoch lohnt eine Betriebsführung durch das Bauereigebäude am südlichen Rand des Amsterdamer Zentrums.
Die Heineken-Brauerei erhielt Mitte des vorigen Jahrhunderts ihre Konzession zum Bierbrauen, damals erwarb sie auch die alteingesessene Brauerei “Hooiberg”, die schon seit dem Mittelalter existierte, als der Gerstensaft das Volksgetränk schlechthin war. Der Rivale “Amstel” wurde 1968 aufgekauft. Heute ist Heineken die größte Exportbrauerei der Welt mit verschiedenen Tochterunternehmen und rund 30 000 Beschäftigten.
Haupterzeugnis ist das nach Pilsener Art hergestellte Heineken Lager mit einer verhaltenen Fruchtigkeit und einem nur leichten Hopfencharakter. Für den einheimischen Markt braut Heineken daneben eine ganze Palette von Bierspezialitäten. Die auch international unter dem Markennamen “Amstel” vertriebenen Biere sind deutlich leichter und haben einen schärferen Geschmack.

Eingang
v. d. Helstraat 30

Straßenbahn
16, 24, 25

Führung
Mo. – Fr. 9^{30} und 11^{00} Uhr (im Sommer auch 13^{00}, 14^{30} und Sa. 11^{00}, 13^{00}, 14^{30} Uhr)

**Herengracht — G/H 4 – 6

Die Entstehung der Herengracht geht zurück auf das Jahr 1612, als ein Plan für einen Grachtengürtel entworfen wurde (Heren-, ▶ Keizers- und ▶ Prinsengracht), ein Projekt, das 1658 seinen Abschluss fand. Zu Amsterdams Blütezeit (zweite Hälfte des 17. Jh.s) war die Herengracht die vornehmste Wohngegend. Hier zu wohnen war so

Lage
Westlich und südlich vom Stadtzentrum

Allgemeines
(Fortsetzung)

beliebt, dass der Magistrat die Breite der Patrizierhäuser auf 8 m beschränken musste – allerdings gab es Ausnahmen, wie das "Haus für einen Prinzen" (Nr. 54) beweist. Hinter den Häusern mit ihren prachtvollen Fassaden (nicht weniger als 400 Häuser stehen an der Herengracht unter Denkmalschutz!) verstecken sich wunderschöne Gärten, von denen jeder exakt 51,50 m lang ist. Ihre Anlage bedeutete für eine Stadt, die auf Pfählen ruht, einen unvorstellbaren Luxus. Ein Gesetz deklarierte die Unbebaubarkeit der Gärten, ausgenommen waren davon allerdings Garten- und Kutscherhäuser.
Da die Mietpreise in der Herengracht nahezu unerschwinglich geworden sind, werden die meisten der prächtigen Patrizierhäuser inzwischen als Bank- oder Bürogebäude genutzt. In einigen Bauten sind Museen untergebracht, die allein schon wegen der prachtvollen Grachtenarchitektur einen Besuch lohnen. Ein Bummel entlang der Herengracht könnte nahe der Raadhuisstraat beginnen, hier hat das Theatermuseum seinen Sitz.

Theatermuseum
(Nr. 168)

Die Fassade des Hauses Nr. 168 wurde 1638 nach Plänen von Philips Vingboons entworfen. Das dreiachsige, aus hellem Sandstein errichtete Gebäude wird von einem Halsgiebel überragt. Die Wand- und Deckenmalereien im Innern sowie der stuckverzierte Treppenaufgang präsentieren sich teilweise noch so, wie sie im 18. Jh. von Jacob de Wit geschaffen wurden.
Bereits seit 1960 hat in dem Gebäude das Theatermuseum seinen Sitz. Anhand von Zeichnungen, Skulpturen, Gemälden, Plakaten und Requisiten wird die Geschichte des niederländischen Theaters lebendig. Neben den ständig gezeigten Exponaten beleuchten Wechselausstellungen Einzelaspekte der Theatergeschichte (geöffnet: Di. – Fr. 11^{00} – 17^{00}, Sa., So. 13^{00} – 17^{00} Uhr).

Bartolottihuis
(Nr. 170/172)

Das angrenzende Bartolottihuis dient teilweise dem Theatermuseum als Ausstellungsfläche. Errichtet wurde es 1622 von Hendrik de Keyser für den Brauereibesitzer Willem van den Heuwel. Mit wachsendem Reichtum wurde Heuwel Eigentümer der Bartolotti-Bank, deren klangvollen Namen er schließlich sogar übernahm. Die rote Backsteinfassade präsentiert sich im Stil der holländischen Renaissancearchitektur, zeigt aber deutliche italienische Einflüsse (Säulen und Vasen).

Huis van Brienen
(Nr. 284)

Auftraggeber für das 1720 errichtete van Brienenhuis war der Hugenotte Frederic Blancard, 1781 ging es in den Besitz der Familie van Brienen über. Diese überließ es 1932, nachdem das Haus fast 100 Jahre leer gestanden hatte, der Hendrik-de-Keyser-Stiftung, die es sich zum Ziel gesetzt hat, historische Bauten zu erhalten.

Bijbels Museum
(Nr. 366 – 368)

Das Bibelmuseum hat seit 1975 seinen Sitz in zwei Doppelhäusern, die 1662 für Jakob Kromhout errichtet wurden. Das Interieur schuf Jacob de Wit. Die Museumssammlung gliedert sich in drei Themenbereiche: Die Abteilung "Biblische Archäologie" präsentiert Funde aus Ägypten und dem mittleren Osten; unter dem Motto "Tempel und Tradition" wird gezeigt, wie der Mensch in den verschiedenen Kulturen seinem Glauben in baulichen Formen Ausdruck gegeben hat; der Bereich "Tausend Jahre in eigener Sprache" liefert eine Übersicht über die Geschichte der Bibel in den Niederlanden (geöffnet: Mo. – Sa. 10^{00} – 17^{00}, So. 13^{00} – 17^{00} Uhr).

Der sehenswerteste Abschnitt der Herengracht ist die "golden bocht", die "goldene Bucht" mit den Hausnummern 436 – 464 (zwischen Leidsestraat und Vijzelstraat). Neben anderen wohlhabenden Amsterdamer "Herren", die der Gracht ihren Namen gaben, residierte hier einst auch der damals reichste Bürger der Stadt, der Bankier Jan Balde. Sein Nachbar war ein Sklavenhändler, wovon zwei Menschenköpfe am Portal zeugen.

**Goldene Bucht (Nr. 436 bis 464)

Der Name sagt es bereits, im Kattenkabinet steht die Katze im Mittelpunkt einer Kunstkollektion. Die Fotos, Bilder und Skulpturen zum Thema "Katze" stammen aus unterschiedlichen Epochen, es werden regelmäßig Wechselausstellungen veranstaltet (geöffnet: Mo. – Fr. 10^{00} – 14^{00}, Sa., So. 13^{00} – 17^{00} Uhr).

Kattenkabinet (Nr. 497)

Grachtenarchitektur in ihrer Vollendung: der Grundriss des Bartolottihuis folgt der Grachtkrümmung.

Das ursprünglich aus dem 17. Jh. stammende Patrizierhaus wurde 1792 für Deutz van Assendelft umgestaltet. Den zentralen Eingang säumen zwei dorische Säulen. Seit 1927 ist das Gebäude die offizielle Residenz des Bürgermeisters von Amsterdam.

Deutzhuis (Nr. 502)

Eine besondere Geschichte hat das Haus Nr. 527 (schräg gegenüber vom Deutzhuis). Von dem ursprünglich 1667 errichteten Bau ist nur das hohe Dach erhalten. Die Fassade erhielt ihr heutiges Aussehen 1770, die Fenster wurden um 1800 verändert.
Zu den berühmten Bewohnern des Hauses gehörte Peter der Große von Russland, der hier während seines Holland-Aufenthaltes logierte. Nach Ablauf des Zarbesuchs befand sich das Haus in einem so fürchterlichen Zustand, dass es der Besitzer verkaufte. Im Jahre

Haus Nr. 527

Die weitaus meisten Grachtenhäuser wurden erst nach 1850 errichtet. An der Herengracht stehen aber auch noch Patrizierhäuser aus dem 18. und 17. Jahrhundert.

Herengracht (Fortsetzung)

1808 wurde es dann Eigentum von König Louis Napoleon, der hier eine Zeit lang lebte. Heute ist es Sitz der Incassobank.

Geelvinck-Hinlopen Huis (Nr. 518)

Im Geelvinck-Hinlopen Huis umfängt den Besucher die Atmosphäre des 18./19. Jh.s. Im Innern können Salon, Speisezimmer, Chinoiseriezimmer und eine Bibliothek nach Voranmeldung (☎ 6 39 07 47) besichtigt werden. Alle Räume sind mit wertvollen Antiquitäten ausgestattet.

Haus Nr. 605

Reizvoller Abschluss des Spaziergangs entlang der Herengracht könnte die Besichtigung des ▶ Museums Willet-Holthuysen (Nr. 605) sein.

Holland Experience H 5

Lage
Waterlooplein 17

Metro
Waterlooplein

Circle Tram
Waterlooplein

Seit 1996 kann man am Waterlooplein die Holland Experience erleben, eine ca. 30-minütige Multi-Media-Show über die Niederlande. Mit Hilfe modernster Technik sollen dabei alle Sinne angesprochen werden. Man meint inmitten der duftenden Blumenfelder des Keukenhofs zu stehen, die Dünung des Wattenmeeres zu verspüren oder fürchtet in den Wassermassen zu ertrinken, die sich nach einem Deichbruch auf die Stadt ergießen, so preisen zumindest die Veranstalter die Show. Im Grunde ist es jedoch schlicht ein Videofilm, den man, im drehbaren Zuschauerraum sitzend, für einen hohen Eintrittspreis sieht (geöffnet: tgl. 10^{00} – 18^{00} Uhr).

Hollandsche Schouwburg

J 5

Die Hollandsche Schouwburg (nahe dem Eingang zum ▶ Artis) war zwischen 1892 und 1941 eines der bedeutendsten Theater der Stadt. Die deutschen Besatzer machten es als Joodsche Schouwburg zu einer rein jüdischen Kunststätte. Im Juli 1942 beschlagnahmten die Nationalsozialisten den Bau und erklärten ihn zum Sammelplatz für alle zur Deportation vorgesehenen Juden. Von hier aus traten 60 000 – 80 000 Juden ihren schrecklichen Weg in das Durchgangslager Westerbork an. Nach dem Zweiten Weltkrieg fungierte das Holländische Schauspielhaus nochmals für kurze Zeit als Theater, dann entschied man jedoch, dass der Platz, von dem Zehntausende in den Tod geschickt worden waren, keine geeignete Vergnügungsstätte sei. Dort, wo sich einst die Bühne befand, erinnert heute ein Monument an die aus Amsterdam deportierten Juden.
Eine Dauerausstellung im ersten Stock informiert über die Isolierung, Verfolgung und den Widerstand der Amsterdamer Juden.

Lage
Plantage Middenlaan 24

Circle Tram
Plantage Kerklaan

Straßenbahn
6, 9, 14

Öffnungszeiten
tgl. 11^{00} – 16^{00}

Eintritt frei

Wertheimpark, Auschwitz-Monument

Einige hundert Meter weiter westlich erinnert in dem nach dem jüdischen Bankier und Mäzen A. C. Wertheim (1832 – 1897) benannten Park (gegenüber vom ▶ Hortus Botanicus) das Auschwitz-Monument an die Judenverfolgungen. Das 1993 geschaffene Denkmal stammt von Jan Wolkers, der mit den zersplitterten Glasstücken die zerbrochenen Hoffnungen und Wünsche der jüdischen Bevölkerung symbolisieren will.

Hoorn

Ausflugsziel

Ein lohnendes Ausflugsziel von Amsterdam aus ist der Besuch der Stadt Hoorn (Provinz Nordholland). Die an einer Bucht des IJsselmeeres gelegene frühere Hauptstadt Westfrieslands verdankt ihre Bekanntheit vor allem ihrer ruhmreichen Vergangenheit als Welthafen. Zahllose historische Gebäude erinnern noch an jene Zeit.
Im 14. Jh. entwickelte sich Hoorn schnell zum Marktzentrum Westfrieslands, und 1356 wurde das Stadtrecht verliehen. In der zweiten Hälfte desselben Jahrhunderts überflügelte Hoorn bereits die älteren Zuiderzeestädte Enkhuizen und Medemblik, und im 16. Jh. schwang sich die Stadt zum ersten Import- und Exporthafen der Zuiderzee auf. Etwa gegen Mitte des 17. Jh.s aber hatte sie ihren wirtschaftlichen Höhepunkt schon überschritten.
Zu den berühmtesten Bürgern Hoorns gehören W. C. Scheuten, der 1616 die Südspitze Amerikas umsegelte und sie nach seiner Vaterstadt "Kap Hoorn" nannte; Graf Philip van Hoorn, Ritter des Goldenen Vlieses, der zusammen mit Egmont am 5. Juni 1568 in Brüssel wegen seiner Teilnahme an den Niederländischen Befreiungskriegen gegen die Spanier hingerichtet wurde; sowie Jan Pieterszoon Coen, Gouverneur von Niederländisch-Indien, Gründer Batavias (heute: Djakarta/Indonesien).

Lage
50 km nördlich

Bus
Abfahrt gegenüber Centraal Station

Stadhuis

In der Nieuwstraat erhebt sich das Rathaus; 1402 errichtet, beherbergte es einst das St. Ceciliakloster. In der ehemaligen Klosterkapelle befindet sich heute der Ratssaal (1787) mit einem 1633 von Blanderhoff gemalten Bild der Seeschlacht von 1573. Im Jahre 1613 wurde die Fassade des Klostergebäudes mit einem neuen Giebel

Stadhuis (Fortsetzung)

und einer Doppeltreppe versehen. Die Stadtverwaltung zog 1796 in das Gebäude ein. Heute ist darin der Verkehrsverein untergebracht.

Grote Kerk, St. Jansgasthuis

Am Ende der Nieuwstraat, auf dem Kerkplein, erheben sich die 1883 errichtete Grote Kerk und das ehemalige St. Jansgasthuis (1563) mit einer Fassade im Stil der Frührenaissance.

Waag

Am Rode Steen steht die alte Waage von 1609. Das von Hendrik de Keyser entworfene Gebäude bestand ursprünglich aus blauen Quadersteinen, die jedoch bei der Restaurierung von 1912 durch graue Quadersteine ersetzt wurden.

Westfries Museum

Gegenüber der Waage liegt das Proostenhuis von 1632, einst Sitzungsgebäude des Rates von Westfriesland, jetzt Westfriesisches Museum. Beachtenswert ist die reich verzierte Fassade aus Naturstein mit den Wappen von sieben westfriesischen Städten, den Wappen Westfrieslands und Oraniens. Zwischen 1908 und 1911 wurde die Fassade völlig erneuert.

Das Museum besitzt originalgetreu eingerichtete Räume aus verschiedenen Epochen. Ferner gehören zahlreiche Schützenbilder sowie Exponate (16. – 18. Jh.) zur Geschichte der Stadt und ihrer Umgebung zum Museumsbesitz (geöffnet: Mo. – Fr. 11^{00} – 17^{00}, Sa., So. 14^{00} – 17^{00} Uhr).

Noorderkerk

Nordwestlich vom Rode Steen ragt die spätgotische Noorderkerk auf, deren Bau 1426 begonnen und 1519 fertig gestellt wurde. Im Innern sind die Wendeltreppe aus Eichenholz (1497), die Chorschranke (1642) und das Chorgestühl im Stil der Renaissance sehenswert.

Oosterkerk

Am Grote Oost erhebt sich die spätgotische ehemalige Oosterkerk (Baubeginn 1450). Chor und Querschiff kamen 1519 hinzu, 1615 wurde das zweischiffige Langhaus durch ein einfaches Langhaus (schöne Renaissancefassade) ersetzt. Aus der gleichen Zeit stammen der hölzerne Vierungsturm und die Glasgemälde (1620). Unter dem Wappen von Westfriesland ist die Seeschlacht von Gibraltar (1607) abgebildet. Erwähnenswert ist auch die Bätz-Orgel von 1764. Seit der Restaurierung finden in der Kirche kulturelle Veranstaltungen statt.

Oosterpoort

Am Ende des östlich anschließenden Kleine Oost folgt links abseits das Oosterpoort aus dem 16. Jh., ein Rest der Stadtmauer.

***Hafen**

Im Süden der Stadt liegt der malerische Hafen mit dem Hafenturm (Hoofdtoren; 16. und 17. Jh.) und dem Deich, von dem aus sich ein hübscher Blick auf das IJsselmeer bietet.

Hortus Botanicus (Botanischer Garten)

J 5

Der Botanische Garten der Gemeindeuniversität beherbergt über 6000 exotische Blumen, Bäume und Pflanzen. Erst kürzlich wurde auf dem Areal ein großzügiges Gewächshaus errichtet. Zu den besonderen Schätzen des Botanischen Gartens gehören eine Cycaspalme (eine nahezu ausgestorbene Palmenart) und eine fast 200 Jahre alte Agave, eine der ältesten Topfpflanzen der Welt. Attraktion ist daneben ein im Stil des 17. Jh.s angelegter Kräutergarten. Doch nicht nur speziell botanisch Interessierte kommen im Hortus Botanicus auf ihre Kosten, der Besuch lohnt sich auch für denjenigen, der, umgeben von viel Grün, etwas Ruhe im Großstadtgetriebe sucht. Das in der alten Orangerie eingerichtete Café lädt zum Verweilen ein.
Die Geschichte des Botanischen Gartens geht zurück in die Zeit der klösterlichen Kräutergärten. 1554, als ein Pflanzenbuch erschien, das die Pflanzen um ihrer selbst und nicht nur ihrer heilsamen Wirkung wegen beschrieb, entstand der Botanische Garten Vlooienburg (mit rund 2000 einheimischen Bäumen, Pflanzen, Kräutern und Sträuchern). Der Garten wurde etliche Male verlegt und erweitert und ging 1877 in den Besitz der Universität über.

Lage
Plantage Middenlaan 2

Straßenbahn
9, 14

Öffnungszeiten
Mo. – Fr. 9^00 – 16^00, Sa., So. 11^00 – 16^00 (im Sommer bis 17^00)

Jodenbuurt (Judenviertel)

H 5

Zwischen Houtkoopersburgwal (Norden) und Binnen-Amstel (Süden) erstreckt sich das ehemalige Judenviertel. Gegen Ende des 16. Jh.s zogen die ersten jüdischen Flüchtlinge nach Amsterdam und ließen sich in dem Viertel um den Waterlooplein (Jodenbreestraat, Valkenburgerstraat, Oude Schans) nieder. Sie kamen vor allem aus Portugal, aber auch aus Deutschland und Polen. Das Judenviertel besaß einen besonderen Charme, der sich in den zahlreichen kleinen Secondhandläden, den Tuchgeschäften und unzähligen Obst- und Gemüselädchen zeigte. Sonntags wurde auf dem Waterlooplatz Markt gehalten, wobei unklar blieb, wie die Händler vom Verkauf ihrer Secondhandwaren existieren konnten.
Von dem ehemals so reizvollen Judenviertel um den Waterlooplatz ist nach dem Zweiten Weltkrieg kaum etwas übrig geblieben. Mit der Deportation der Juden wurde das Viertel seiner Bewohner beraubt, nur 5000 Amsterdamer Juden überlebten den Holocaust (▶ Baedeker Special, S. 26).
In den sechziger Jahren veränderte der Bau einer Schnellstraße das Quartier einschneidend; für den Metrobau wurde eine Schneise geschlagen, und vom Waterlooplein blieb nur eine Häuserzeile an der Amstel erhalten. Auch sie wurde 1976 schließlich abgerissen. Doch neues Leben entstand: Heute befindet sich am Waterlooplein Amsterdams Oper "Het Muziektheater", die zusammen mit dem Rathaus ein Doppelgebäude (▶ Stopera) bildet. An die einstige jüdische Präsenz erinnert ▶ Joods Historisch Museum.

Lage
Um den Waterlooplein

Circle Tram
Waterlooplein

Straßenbahn
9, 14

Metro
Waterlooplein

Vlooienmarkt / Waterlooplein

Seit 1886 wird auf dem Waterlooplein der Vlooienmarkt, der berühmte Amsterdamer Flohmarkt, abgehalten (Marktzeiten: Mo. bis Sa. 10^00 – 17^00 Uhr).
"Ob es auf dem Amsterdamer Flohmarkt Flöhe gibt, läßt sich schwer sagen; alles andere jedenfalls gibt es. Der verschlissene Trö-

Auf dem Flohmarkt am Waterlooplein werden statt altem Trödel mehr und mehr neu produzierte Billigwaren, darunter viel Ramsch aus Fernost, angeboten.

Jodenbuurt (Fortsetzung)

del vergangener Moden und die überschüssigen Restposten eingestellter Industrieproduktionen warten einträchtig nebeneinander auf Käufer, bestaunt, belächelt, bespöttelt: ungekauft." So beschreibt Günter Kunert das Treiben auf dem Waterlooplein, wo kleine und große Händler ihre Waren an Ständen oder einfach auf dem Boden feilbieten. Ein buntes Durcheinander von Brauchbarem und Ramsch, ein Sammelsurium von tausenderlei Dingen.

*Joods Historisch Museum (Jüdisch-Historisches Museum) H 5

Lage
Jonas D. Meijerplein 2 – 4

Circle Tram
Mr. Visserplein

Straßenbahn
9, 14

Metro
Waterlooplein

Öffnungszeiten
tgl. 11⁰⁰ – 17⁰⁰

Das Jüdisch Historische Museum bezog 1987 seine neuen Räumlichkeiten in vier seit dem Zweiten Weltkrieg nicht mehr benutzten, in unmittelbarer Nachbarschaft des Waterlooplein gelegenen Synagogen.

Die erste der vier Synagogen, die Grote Synagoge oder Grote Sjoel, wurde 1670 errichtet; schon bald nach ihrer Einweihung erwies sie sich als zu klein. So baute man hinter der Großen Synagoge über der koscheren Schlachtehalle 1686 eine zweite kleinere, die Obbene Sjoel. Im Jahre 1700 kam die Dritt Sjoel hinzu und schließlich als Letzte 1752 die Nieuwe Synagoge oder Neie Sjoel. Die Jüdische Gemeinde verkaufte den Synagogenkomplex 1955 an die Stadt Amsterdam, die sich dann Mitte der siebziger Jahre zu einer neuen Nutzung entschloss: Mit einem Etat von 25 Mio. DM wurden die Bauten restauriert und durch eine Glas-Stahl-Konstruktion miteinander verbunden. Es entstand ein sehr ansprechender, transparent wirkender Bau, der nun das wohl bedeutendste jüdische Museum außerhalb Israels beherbergt.

Internet
www.jhm.nl

Der Rundgang durch den Museumskomplex beginnt in der Neuen Synagoge. Hier wird der Besucher in die "Aspekte jüdischer Identität" eingeführt; als die fünf bestimmenden Elemente werden Religion, Zionismus, Verfolgung und Überleben in der Zeit des Nationalsozialismus, die Kultur und der Einfluss der niederländischen Umgebung gesehen. Ausgestellt sind auch einige Gouachen von der Berliner Malerin Charlotte Salomon, die vor den Verfolgungen der Nationalsozialisten nach Amsterdam und später nach Südfrankreich geflohen war, dann aber doch im Konzentrationslager Auschwitz umkam. In der Großen Synagoge bewahrt man die Ritualgegenstände der Sammlung auf: Neben silbernen Thorazeigern, Thoramänteln, verzierten Thorakronen, Vorhängen und Baldachinen steht an der Ostseite der Synagoge der gen Jerusalem gerichtete "Heilige Schrein" aus weißem Marmor.

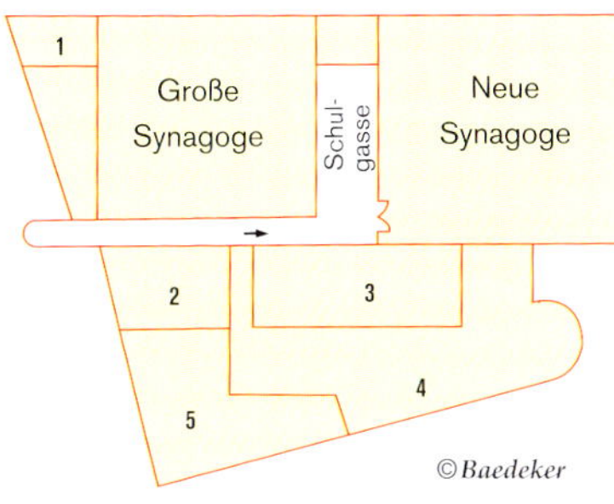

Joods Historisch Museum

1 Mikwa (Rituelles Tauchbad)
2 Dritte Schule (Dritt Sjoel)
3 Obere Schule (Obbene Sjoel; Café, Buchverkauf)
4 Wechselausstellungen
5 Mediathek / Bücherei

Die ständigen Exponate werden durch wechselnde Ausstellungen ergänzt. Ferner gehört zu dem Museum eine Mediothek mit Büchern und zahlreichen Bild- und Tondokumenten; in der Oberen Synagoge ist ein koscheres Café/Restaurant eingerichtet.

Dock-Arbeiter-Denkmal

Auf dem Platz zwischen dem Jüdisch-Historischen Museum und der Portugiesischen Synagoge (▶ Portugese Synagoge) steht das Denkmal "Der Dock-Arbeiter" (von Mari Andriessen). Es soll an den Streik der Hafenarbeiter am 25. Februar 1941 erinnern, die sich damals weigerten, an der Deportation jüdischer Bürger mitzuwirken (▶ Baedeker Special, S. 26). Bis heute versammeln sich alljährlich am Abend des 25. Februar zahlreiche Menschen zum Gedenken daran vor dem "Dock-Arbeiter".

Jordaan (Stadtteil) — G 4

Lage
Zwischen Prinsengracht und Lijnbaansgracht

Straßenbahn
7, 10, 13, 14, 17

Westlich der Stadtmitte, zwischen ▶ Prinsengracht und Lijnbaansgracht, liegt der Jordaan, das meistbesungene Volksviertel von Amsterdam. Entstanden ist dieser Stadtteil zur Zeit der Stadterweiterung (Anfang des 17. Jh.s). Viele kleine Handwerksbetriebe ließen sich damals hier nieder. Während des Dreißigjährigen Krieges fanden Flüchtlinge im Jordaan eine Bleibe. Künstler (u.a. Rembrandt) fühlten sich vom Jordaan so angezogen, dass sie hier ihren Wohnsitz nahmen. Über die Entstehung des Namens gibt es unterschied-

Allgemeines (Fortsetzung)

liche Deutungen, wobei eine Ableitung vom französischen "jardin" am wahrscheinlichsten ist. Ob aber die vielen Vorgärtchen, die Innenhöfe oder die Blumennamen der Straßen die Entstehung des Namens beeinflussten, bleibt ungeklärt; sicher ist allein, dass viele Wallonen und Franzosen hier wohnten, als der Name Jordaan aufkam. Das Leben im Jordaan spielt sich nach wie vor zum großen Teil auf der Straße ab, früher aus praktischen Gründen (große Familien – kleine Wohnungen), heute um der Kommunikation willen. Wie früher hat der Jordaan auch heute noch seine eigene Atmosphäre, mit geselligen Eckkneipen, Tante-Emma-Läden voll von riesigen Bonbongläsern, winzigen Boutiquen und nachbarlichem Plausch auf der Straße. Künstler und Individualisten zieht es deswegen geradezu magnetisch in dieses Viertel, in dem noch viele alteingesessene Amsterdamer anzutreffen sind.

Ein kurzer Rundgang durch den Jordaan ist auf S. 50 beschrieben.

Hofjes

Typisch für den Jordaan sind die so genannten Hofjes, um Innenhöfe gebaute Wohnkomplexe (das bekannteste und älteste Amsterdamer Hofje liegt nicht im Jordaan: ▶ Begijnhof). Errichtet wurden sie ursprünglich von wohlhabenden Amsterdamer Bürgern für bedürftige Frauen und Kinder. Die ersten dieser Hofjes entstanden im 14. Jh., ihre "Hochzeit" erlebten sie im 17. Jh., als in der Handelsstadt die finanziellen Mittel dafür reichlich vorhanden waren. Heute leben in den Hofjes bei weitem nicht nur Bedürftige. Viele Studenten haben sich hier einquartiert, und die lauschigen Innenhöfe sind auch für besser situierte Amsterdamer eine beliebte Wohnadresse. Verständlicherweise sehen sie es gar nicht gern, wenn Touristen in Scharen in ihren Privatbereich vordringen. Viele Hofjes sind daher für die Öffentlichkeit nicht zugänglich.

Im Jordaan bietet sich vielleicht dennoch die Möglichkeit, einen Blick in den ein oder anderen Hofje zu werfen: St. Andrieshofje, Egelantiersgracht 107, Huys Zitten Weduwen Hofje, Karthuizerstraat oder Claes Claesz Hofje, Egelantiersstraat/Tuindwarsstraat.

Claes Claesz Hofje

Letzeres wird auch Anslohofje genannt. Gründer war der Tuchhändler Claes Claesz Anslo, der ab 1615/1616 zunächst in drei Häusern an der Egelantiersstraat armen alten Menschen eine Unterkunft bot. Diese Form der Armenfürsorge wurde im Laufe der Jahrzehnte weiter ausgebaut. Um 1880 gehörten neun Häuser zum Claes Claesz Hofje. Nach dem Zweiten Weltkrieg stand der Komplex lange leer. Erst einer 1965 gegründeten Stiftung ist es zu verdanken, das das Hofje komplett renoviert, nochmals vergrößert und nun mit seinen sich um vier Innenhöfe scharenden Häusern wieder attraktiven Wohnraum bietet.

Baedeker TIPP Kneipe mit Flair

Das Café t'Smalle im Jordaan (Egelantiersgracht 12) ist ein guter Tipp für (fast) jede Tageszeit. Täglich zwischen 10^{00} Uhr morgens und 1^{00} Uhr nachts kann man hier frühstücken, einen Imbiss zu sich nehmen, einen Kaffee trinken und dabei genüsslich die Szenerie genießen. Die ist drinnen genauso hübsch wie draußen an den Tischen entlang der Gracht.

Kalverstraat

H 5

Auf der Kalverstraat trifft sich halb Amsterdam. Mit ihren schicken und modischen Läden (Boutiquen und Parfümerien) ist sie die berühmteste Einkaufsstraße der Stadt (doch als "erste Adresse" gilt inzwischen die P. C. Hooftstraat).

Erstmals 1393 erwähnt, verdankt sie ihren Namen dem Viehhandel. Bewiesen ist nicht, dass in dieser Straße wirklich Viehmarkt abgehalten wurde; sicher ist nur, dass das Vieh durch die Kalverstraat zum Kälbermarkt getrieben wurde, der im 16. Jh. auf dem Dam stattfand. Die ersten Geschäftsleute, die sich auf der Kalverstraat niederließen, waren naturgemäß Metzger; später folgten Handwerker, u.a. Schuster und Korbflechter. Mitte des 18. Jh.s gab es hier bereits mehr als 200 Geschäfte aller Art sowie Kaffeehäuser und Pensionen.

Heute ist die Kalverstraat Fußgängerzone und zieht täglich bis zu 100 000 Kauflustige an. Am Samstag ist das Gedränge beängstigend. Für den Fußweg vom Muntplein zum Dam, der sich normalerweise in zehn Minuten zurücklegen lässt, braucht man dann mindestens eine halbe Stunde – wenn man überhaupt hinkommt und nicht durch den Fußgängerstrom hoffnungslos in eine vollkommen andere Richtung abgetrieben wird. Abends ist es kein Vergnügen, die Kalverstraat entlangzuschlendern, nach Ladenschluss (das ist bei den meisten Geschäften um 18^{00} Uhr) lassen die Geschäftsinhaber ihre Rollgitter hinunter, so dass einem jeglicher Blick auf die Auslagen versperrt bleibt.

Lage
Zwischen Dam und Muntplein

Straßenbahn
1, 2, 4, 5, 9, 16, 24, 25

*Keizersgracht

G/H 4–6

Die mittlere der drei Grachten, die im Zuge der Stadterweiterung seit 1612 entstand, erreicht nicht ganz die repräsentative Ausstrahlung der ▶ Herengracht, dennoch ist es ein Erlebnis, die Keizersgracht entlangzuspazieren. Ihren Namen erhielt sie zu Ehren Kaiser Maximilians I. (1459 – 1519), ab 1508 Kaiser des Heiligen Römischen Reiches.

Die schönsten Grachtenhäuser findet man bei den ungeraden Hausnummern zwischen Westermarkt und Vijzelstraat. Das ist der Teil, der im vorigen Jahrhundert auch wegen der "Pantoffelparade" bekannt war, die sonntags nach dem Kirchgang abgehalten wurde. Zwischen 14^{00} und 16^{00} Uhr flanierte hier ganz Amsterdam im Sonntagsstaat, um zu sehen und gesehen zu werden.

Lage
Westlich von Centraal Station bis südlich Rembrandtplein

Huis met de Hoofden (Nr. 123)

Das Haus mit den Köpfen (Nr. 123) stammt aus dem Jahre 1622 und ist eines der schönsten Patrizierhäuser der Stadt. Die Türzone schmücken sechs behelmte Köpfe, der Volksmund aber weiß von einem siebten, weiblichen Kopf. Man erzählt sich, dass in dem Haus ein reicher Kaufmann gewohnt habe, der eine taube Dienstmagd beschäftigte. Eines Tages, als sie allein im Hause war, seien Einbrecher eingedrungen, die jedoch alle von der Dienstmagd enthauptet worden seien. Auch Comenius (▶ Berühmte Persönlichkeiten) war Gast in diesem Haus. Heute beherbergt es Büroräume.

Nr. 174 – 176

Ein schönes Beispiel für einen Jugendstilbau ist das Haus Nr. 174 bis 176 (1905 errichtet). Heute ist es Hauptsitz der Umweltschutzorgani-

Nr. 174 – 176 (Fortsetzung)

sation Greenpeace. An den früheren Eigentümer – eine Lebensversicherungsgesellschaft – erinnert ein Keramikbild hoch oben an der Fassade: Ein "Schutzengel" steht für die Sicherheit, die die Versicherung ihren Mitgliedern bieten wollte.

Haus mit der goldenen Kette (Nr. 268)

Das alte Patrizierhaus (Nr. 268), an dem eine goldene Kette hängt, fungiert heute als Hotel. Um die Bedeutung der Kette ranken sich viele Legenden. Eine Erzählung berichtet, dass hier ein Dienstmädchen seiner Herrin eine goldene Kette gestohlen haben soll. Die Kette wurde jedoch in einem Krähennest wieder gefunden, und das Dienstmädchen war damit rehabilitiert. Eine andere Geschichte berichtet von einem Kapitän, der das Haus bewohnte und der Seefahrt überdrüssig war. Als er aus finanziellen Gründen doch wieder zur See fahren musste, schwor er, eine goldene Kette mitzubringen, falls ihm das Glück hold wäre – im anderen Fall sollte es eine eiserne Kette sein. Und das Glück meinte es offensichtlich gut mit ihm.

Im Winter verwandeln sich die zugefrorenen Grachten in ein Paradies für Schlittschuhfahrer.

Die Überlieferung kennt noch mehr Legenden, die Wahrheit aber scheint zu sein, dass hier ein Goldschmied wohnte, der die goldene Kette, die schon seit 1643 das Haus schmückt, als Firmenzeichen aushängte.

Felix Meritis (Nr. 324)

Äußerst repräsentativ zeigt sich das Gebäude Nr. 324. Errichtet wurde der klassizistische Bau, dessen Fassade vier korinthische Säulen zieren, 1788 von Jacob Otten Husly für die Vereinigung "Felix Meritis" ("Glücklich durch Verdienst"), die es sich zum Ziel gesetzt hatte, Wissenschaft und Kunst zu fördern und einem breiteren Personenkreis zugänglich zu machen. Schönster Raum des Hauses ist der Ovale Saal, der im 19. Jh. einer der wichtigsten Konzerträume der Stadt war. Selbst Napoleon weilte hier 1808 als Zuhörer (für den Kleinen Saal des ▶ Concertgebouw diente der Ovale Saal als Vorbild). "Felix Meritis" musste das Gebäude aus Geldmangel schließlich verkaufen, es hatte in der Folge wechselnde Eigentümer. Bei einem Brand wurde es 1932 nahezu vollständig zerstört, später jedoch weitgehend in seiner ursprünglichen Form wieder aufgebaut. Bis 1993 beherbergte der Bau ein Theater, heute ist es wieder ein Kunst- und Kulturzentrum.

Keizersgracht (Fortsetzung)

Stichting De Appel

Dort, wo die Nieuwe Spiegelstraat die Keizersgracht kreuzt, lohnt ein kurzer Abstecher nach links zur Stichting De Appel (Nieuwe Spiegelstraat 10). Die Kunstgalerie zeigt wechselnde Ausstellungen namhafter Künstler der Gegenwart (geöffnet: Di. – So. 12^{00} – 17^{00} Uhr).

Museum Van Loon (Nr. 672)

Besonders beachtenswert ist das Haus Nr. 672, es beherbergt heute das Museum Van Loon. Das Haus wurde 1672 im Auftrag eines flämischen Kaufmanns nach Plänen von Adriaen Dortsman erbaut. Er hatte sich zuvor als Architekt der Ronde Lutherse Kerk einen Namen gemacht. In den Besitz der van Loons kam es 1884. Das Interieur des Grachtenhauses zeigt eine typische großbürgerliche Inneneinrichtung aus der Mitte des 18. Jh.s. Außer Kunstgegenständen verschiedenster Art ist eine Galerie mit über 50 Familienporträts aus dem 17. und 18. Jh. zu besichtigen. Zum Museum gehört ein schön angelegter Rokokogarten (geöffnet: Mo., Fr. – So. 11^{00} – 17^{00} Uhr).

Baedeker TIPP Individuelles Souvenir

Von Mitte März bis Ende November wird sonntags auf dem Thorbeckeplein ein Kunstmarkt veranstaltet. Mehr als 30 Künstler zeigen ihre Arbeiten, vor allem Gemälde, Drucke und Radierungen, aber auch ausgefallene Schmuckstücke.

Keukenhof

**Keukenhof

Ausflugsziel

Lage
Lisse

Öffnungszeiten
Ende März bis Mitte Mai: tgl. 8^{00} – 19^{30}

Internet
www.Keukenhof.nl

Der Keukenhof, im Kerngebiet der holländischen Blumenzucht zwischen Haarlem und Leiden, 35 km südwestlich von Amsterdam gelegen, stellt seit 1949 ein Ausflugsziel besonderer Art dar: Auf einem Gelände von 32 ha blühen Jahr für Jahr zwischen Ende März und Mitte Mai etwa 6 Mio. Tulpen, Narzissen, Hyazinthen und andere Zwiebelpflanzen. Den stimmungsvollen Hintergrund für die farbige Blumenschau bilden jahrhundertealte Bäume und viele blühende Sträucher. Auf dem insgesamt 15 km langen Wegenetz kann man den Park erkunden und sich dabei an den riesigen Tulpenfeldern, an den sieben Themengärten, die Anregungen für den eigenen Garten liefern, am Natur- und Wintergarten erfreuen. Den besten Überblick auf das Gelände hat man vom Umgang einer alten Windmühle (von 1892). In mehreren Pavillons werden wechselnde Blumenschauen gezeigt. Lohnend ist zudem ein Besuch im Orchideenhaus.
Der Name Keukenhof (Küchenhof) geht auf das 15. Jh. zurück. Von 1401 bis 1436 gehörte das Gelände zum Landgut der Gräfin van Hol-

Ein Haus für eine Tulpenzwiebel

Mit den Tulpen nahm die niederländische Blumenindustrie ihren Anfang. Im 17. Jahrhundert trieb die Tulpenleidenschaft kuriose "Blüten". Heute gibt es die Tulpe in 3500 Variationen, doch behauptet sie in der Liste der am meisten verkauften Schnittblumen nur Platz vier.

"Wie viel ist eine Tulpenzwiebel wert?" "So viel wie ein Haus an den Grachten von Amsterdam!" Im Jahr 1637 stimmte dieser Kostenvergleich. Die wilden Spekulationsgeschäfte im Tulpenzwiebelhandel hatten ihren absoluten Höhepunkt erreicht. Ganz Holland befand sich im Tulpenrausch. Die Niederländer gierten danach, in den Besitz einer Tulpenzwiebel, eines damals äußerst kostbaren Handelsgutes, zu gelangen.

Anfänge der Zucht

Neben Windmühle und Holzschuh gilt die Tulpe als Symbol der Niederlande, mit ihr begannen einst auch die holländischen Blumengeschäfte. Dabei ist die Tulpe – über die der junge Goethe zynisch schrieb: "Man muss schon Holländer sein, um mit einer Tulpe sympathisieren zu können", während der ältere Goethe bei einem Spaziergang mit Eckermann die "Pracht und Kostbarkeit der holländischen Gewächse solcher Art" sehr zu schätzen wusste – gar keine niederländische Erfindung. Die Zwiebelblume mit dem aufrecht stehenden Kelch stammt aus den zentralasiatischen Hochebenen, wo sie einst als wilder Wucherling gedieh. Zuerst wurde sie von den Persern kultiviert, ab dem 11. Jh. von den Türken, über die sie nach Europa gelangte. Im Jahr 1593 grub Carolus Clusius, der Kurator des botanischen Gartens der medizinischen Universität von Leiden, die ersten Tulpenzwiebeln in holländische Erde. Ein Jahr später blühte die erste Tulpe in den Niederlanden. Zu diesem Zeitpunkt dachte man noch nicht an eine kommerzielle Nutzung dieser Pflanze; man wollte sie lediglich zu wissenschaftlichen Zwecken züchten, sie in den Dienst der Medizin stellen. Doch bald schon galt sie als Modeblume, als Symbol für Macht, Status und Luxus.

"Tulpomanie"

Zu Beginn des 17. Jh.s entfesselte sich sogar eine "Tulpomanie" – der Handel mit den Tulpenzwiebeln entartete zum Spekulationsgeschäft, an dem sich Adlige, Kaufleute, Handwerker, Bauern,

Tulpenzwiebeln – im 17. Jahrhundert ein kaum bezahlbares Gut – halfen im Zweiten Weltkrieg das Überleben zu sichern: Im harten Kriegswinter 1944, in dem 20 000 Menschen in Amsterdam verhungerten, wurden Tulpenzwiebeln zur geschätzten Speise.

Schiffer, selbst Knechte und Mägde, kurz: alle Bevölkerungskreise des Landes beteiligten. Viele Niederländer verkauften ihren gesamten Besitz, um die ins Unermessliche gestiegenen Preise für die überaus begehrten "Bollen", wie sie auf Niederländisch heißen, bezahlen zu können. Selbst fast mittellose Leute taten sich zusammen, um in den Besitz einer einzigen Tulpe zu gelangen. Besonders zwischen den Jahren 1623 und 1637 stiegen die Preise für die Tulpenzwiebeln enorm an. So musste man im Jahr 1637 für die Zwiebel der – bis heute namhaften – Sorte "Semper Augustus", die 1624 noch (!) 1200 Gulden gekostet hatte, 10 000 Gulden bezahlen – ebenso hoch war damals der Preis für ein Haus an den Grachten von Amsterdam. Fatal konnte es werden, wenn jemand vom Tulpenboom keine Ahnung hatte – wie ein gerade heimgekehrter Seemann, der bei einem Kaufmann zum Essen eingeladen war und, um seinem Speisegericht mehr Geschmack zu verleihen, in seiner Unwissenheit nach einer Tulpenzwiebel griff, die der Gastgeber für teures Geld erstanden hatte, und sie verzehrte. Mit dem Tulpenhandel gelangten viele Niederländer zu sagenhaftem Reichtum. Doch der Boom währte nicht lange. An einem "Schwarzen Freitag" Anno 1637 brach die Zwiebelbörse zusammen. Von einem auf den anderen Tag purzelten die Preise für die "Bollen" in den Keller, und so mancher, der sich an den Spekulationen bereichert hatte, fand sich im Armenhaus wieder.

Immer noch ein Renner

Die Tulpenzucht fand damit keinesfalls ihr Ende, allerdings züchtete man nun auch andere Blumenarten in großem Ausmaß. Im 18. Jh. wurden Hyazinthen zum Verkaufsschlager. Gegen Ende des 19. Jh.s fand die Rose Eingang in den Erwerbsgartenbau. Auch langlebige Topfpflanzen erfreuten sich immer größerer Beliebtheit; die Vielfalt dieses Sortiments überragt noch das der Schnittblumen. Im Blumengeschäft ist es den Niederlanden jedenfalls gelungen, die Nummer eins zu werden und etwa die Hälfte des Welthandels zu kontrollieren. Wichtigstes Abnehmerland ist Deutschland,

Tulpen aus Amsterdam: Bis heute ist die Zwiebelpflanze einer der Exportschlager der Niederlande und gehört ebenso wie Klompen, Windmühlen und Käse zu den Symbolen des Landes.

wo fast die Hälfte der niederländischen Produktion abgesetzt wird. "Unser bester Kunde", scherzte einmal ein großer niederländischer Blumenhändler, "ist die deutsche Mülltonne." Die Deutschen kaufen auch die meisten holländischen Tulpen, die es inzwischen in 3500 Variationen gibt, die aber unter den am meisten verkauften Schnittblumen nach Rosen, Chrysanthemen und Nelken erst die vierte Stelle einnehmen.

Zwischen Ende März und Mitte Mai verwandelt sich der Keukenhof in ein einziges Blütenmeer.

Keukenhof
(Fortsetzung)

land, Jacoba van Beieren. Sie veranlasste die Anlage eines Küchengartens.

Zomerhof

Auf einem kleineren Teil des Geländes vom Keukenhof findet auch im Sommer (August bis Mitte September) eine Blumenausstellung statt. Vor allem Sommerzwiebelgewächse und Stauden wie Dahlien, Lilien, Begonien, aber auch Rosen zeigen dann ihre Farbenpracht.

**Koninklijk Paleis (Königlicher Palast) H 5

Lage
Dam

Circle Tram
Dam

Straßenbahn
1, 4, 5, 9, 13, 14, 16, 17, 24, 25

Führungen
Wechselnde Zeiten (Auskunft: ☎ 6 20 40 60)

Einen repräsentativen Mittelpunkt Amsterdams bildet der Königliche Palast, das frühere Rathaus, am ▶ Dam. Er dient heute der Königin bei ihrer Anwesenheit in der Stadt als Residenz.

Mit dem Bau wurde am 20. Januar 1648 begonnen, als der erste von 13 659 Pfählen für das neue Rathaus in den Boden geschlagen wurde. Baumeister war zunächst Jacob van Campen, vollenden konnte er den Bau jedoch nicht; 1654 übernahm Stalpaert die Leitung. Inzwischen waren die Kosten so immens gestiegen, dass man den Turmbau an der Neuen Kirche (▶ Nieuwe Kerk) unterbrechen musste. Die Ratsherren konnten bereits 1655 den Bau beziehen, vollständig fertig gestellt war er jedoch erst 1665.

Rund zwei Jahrhunderte lang bildete der imposante Bau, Hauptwerk des niederländischen Barocken Klassizismus, das politische Zentrum der Stadt und der Republik. 1808 jedoch wünschte sich Louis Bonaparte, der neue König von Holland, das Rathaus als Residenz. Die Empire-Möbel, die er damals anschaffen ließ, gehören noch heute zu den schönsten Sammlungen der Welt. Nach Ende der napoleonischen Herrschaft fiel das Rathaus an die Stadt zurück, die es sich jedoch aus finanziellen Gründen nicht leisten konnte, den Palast seiner ursprünglichen Funktion zurückzuführen. Sie überließ ihn König Wilhelm I. als vorläufige Residenz. 1935 kaufte der Staat für 10 Millionen Gulden den Palast und ließ ihn gründlich restaurieren, um seine Räumlichkeiten für Repräsentationszwecke zu nutzen (offiziell seit 1968).

Internet
www.kon-paleis-amsterdam.nl

Fassade

Der klassizistische Palast erhebt sich über einem rechteckigen Grundriss. Ein Mittelrisalit und zwei Eckrisalite lockern die Hauptfassade und die Rückfront auf. Den Mittelrisaliten der dem Dam zugewandten Fassade krönt ein Giebelrelief, das die allegorische Figur "Amsterdam" zeigt, der von zwei Meeresgöttern gehuldigt wird. Die Bronzefiguren auf dem Giebel stehen für "Gerechtigkeit", "Vorsicht" und "Frieden". Im Zentrum des Baus erhebt sich der 51 m hohe Turm (Glockenspiel), dessen Kuppel von einer Wetterfahne in Form eines Schiffes überragt wird. Zum Schmuck des Daches gehören ferner vier Kaiserkronen, jeweils an den Ecken angebracht (Amsterdam hatte 1489 von Kaiser Maximilian I. das Recht erhalten, die Kaiserkrone im Stadtwappen zu führen).

Besichtigung

Der Palast ist im Rahmen von Führungen zugänglich. Die Öffnungszeiten variieren, da er auch für Repräsentationszwecke genutzt wird. Die Innenausstattung ist äußerst prunkvoll gestaltet. Eine Fülle von Reliefs, Ornamenten, Marmorskulpturen der flämischen Bildhauer Artus Quellinus und Rombout Verhulst sowie Wand- und Deckenmalereien der Rembrandtschüler Ferdinand Bol und Govert Flinck schmücken die Gemächer.

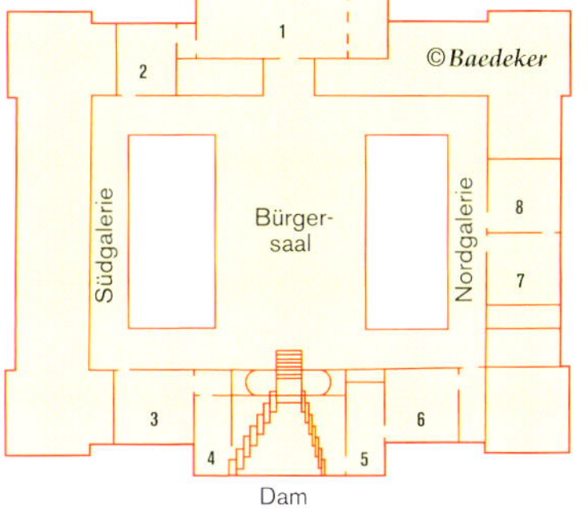

Koninklijk Paleis

Hauptgeschoss

1 Schöffensaal
2 Zimmer der Kommissare für kleine Delikte
3 Bürgermeistersaal
4 Bürgermeisterzimmer
5 Justizzimmer
6 Magistratszimmer
7 Assekuranzkammer
8 Konkurskammer

De Vierschaar (Gerichtssaal)

Der Rundgang durch den Palast beginnt im Erdgeschoss mit der Besichtigung des so genannten Gerichtssaales. Genutzt wurde der Raum ausschließlich zur Verkündung von Todesurteilen. Dabei nahmen die Richter und die Schöffen auf der Marmorbank an der Westseite Platz, der Sekretär, der das Urteil schriftlich festhielt, saß auf einem Sessel an der Nordseite gegenüber dem Eingang. Eine Tafel über dem Sessel erinnert an die Grundsteinlegung des Palastes im Jahre 1648. Die Dekoration des Saales wurde 1650 – 1652 von Quellinus d.Ä. ausgeführt.

Bürgersaal

Der größte und bedeutendste Saal ist der Bürgersaal (34 m x 16,75 m und 28 m hoch), einer der schönsten Festsäle Europas. Über dem Eingang an der Damseite thront die Schutzpatronin von Amsterdam zwischen den allegorischen Figuren der "Kraft" und der "Weisheit". Die Oliven- und Palmzweige, die die Schutzpatronin in ihren Händen trägt, symbolisieren den Frieden. Auf der gegenüberliegenden Saalseite besiegt die "Gerechtigkeit" die "Habsucht" (König Midas mit Eselsohren) und den "Neid" (eine Frau mit Schlangen im Haar). Begleitet wird die "Gerechtigkeit" von dem "Tod", dargestellt mit einer Sanduhr, und der "Strafe", die Folterwerkzeuge trägt. Die Kupfereinlegearbeiten im Marmorfußboden zeigen die beiden Erdhälften und den nördlichen Sternenhimmel und weisen damit direkt auf Amsterdams führende Position im Welthandel des 17. Jh.s hin. Die Kristalllüster im Raum stammen aus der napoleonischen Zeit, ursprünglich hingen von jedem Kronleuchter Öllampen herab (seit 1937 elektrifiziert).

Im prunkvollen Bürgersaal fand 1966 der Ball anlässlich der Hochzeit der damaligen Kronprinzessin Beatrix mit Claus von Amsberg statt.

Schöffensaal

Der Richter und die neun Schöffen der Stadt sprachen in diesem Saal Recht. Das Kamingemälde wurde von Ferdinand Bol geschaffen, es zeigt Moses, wie er mit den Gesetzestafeln vom Berg Sinai hinabsteigt.

Südgalerie

Durch das Zimmer der Kommissare für kleine Delikte (sie waren für die Rechtsprechung zuständig, bei denen es um Geldbußen bis zu 600 Gulden ging) betritt man die Südgalerie mit reichem Skulpturenschmuck. Die Figuren in den Ecken der Galerie stellen antike Götter dar: Apollo, Jupiter, Merkur und Diana. Rembrandt malte für diesen Teil des Palastes 1661 "Die nächtliche Verschwörung von Claudius Civilis", aus nicht geklärten Gründen wurde es bereits 1662 wieder entfernt. Bis heute dagegen zieren "Der auf das Schild erhobene Brinio" von Jan Lievens und "Die Verschwörung der Bataver" von Jurgen Ovens die Südgalerie.

Koninklijk Paleis (Fortsetzung)

Das Gemälde über dem Kamin stammt von Govert Flinck, es zeigt einen römischen Konsul, der es ablehnt, kostbare Bestechungsgeschenke anzunehmen und stattdessen eine einfache Mahlzeit isst.

Bürgermeistersaal

Neben dem Bürgermeistersaal befindet sich ein kleines Zimmer, von dem aus die vier Bürgermeister durch ein Fenster hinab in den Gerichtssaal blicken konnten. Das Kaminbild wurde von Jan Lievens geschaffen. Dargestellt ist darauf eine Begegnung von Quintus Fabius Maximus mit seinem Vater, dieser ehrt seinen Sohn, den Konsul, dadurch, dass er vom Pferd steigt, bevor er mit ihm spricht. Botschaft an die Bürgermeister: Blutsverwandtschaft ist weniger bedeutend als Stellung und Rang.

Bürgermeisterzimmer

Die zum Tode Verurteilten wurden nach der öffentlichen Verkündung des Urteils in dieses kleine Zimmer gebracht, in dem ein Geistlicher ein letztes Mal für sie betete (die Vollstreckung des Urteils fand dann auf einem hölzernen Schafott auf dem Dam statt).

Justizzimmer

Der aus 36 Mitgliedern bestehende Magistrat der Stadt trat in diesem Saal zusammen. Das Gemälde "Moses erwählt die 70 Ältesten" gegenüber der Fensterfront stammt von Jacob de Wit (1736 – 1738). Vom selben Künstler wurden auch die Gemälde über den Türen mit Szenen aus dem Alten Testament geschaffen.

Magistratszimmer

Ebenso wie die Südgalerie zieren die Ecken der Nordgalerie Götterskulpturen: Saturn oder Kronos, Kybele als Göttin der Erde (mit einer Krone aus Stadtmauern), die Liebesgöttin Venus, die in ihrer Hand den Apfel hält, den Paris ihr schenkte, und der Kriegsgott Mars.

Nordgalerie

In der "Versicherungskammer" konnten sich die Amsterdamer Bürger gegen verschiedene Unwägbarkeiten absichern. Beachtenswert sind die Empiremöbel in diesem Raum, sie stammen aus den Privatgemächern von Louis Bonaparte.

Assekuranzkammer

Auch in diesem Raum entspricht die künstlerische Ausgestaltung der Nutzung: Ein Relief zeigt den Sturz des maßlosen Ikarus; zudem erkennt man drumherum Ratten, die an unbezahlten Rechnungen nagen.

Konkurskammer

Leidseplein — G 6

In dem zweiten großen Vergnügungs- und Unterhaltungszentrum Amsterdams (neben dem ▶ Rembrandtplein) kann jeder Besucher etwas nach seinem Wunsch finden: Es gibt ein Theater, zahllose Kinos; Hotels und Restaurants in allen Preisklassen; Nachtlokale, Bars, Kabaretts, Kneipen und ein Spielcasino (an der Stelle des ehemaligen Stadtgefängnisses De Balie). Von Shakespeare bis Strip-

Lage
Am südwestlichen Rand des Zentrums

Circle Tram
Leidseplein

Straßenbahn
1, 2, 5, 6, 7, 10

tease – am Leidseplein wird alles geboten. Hier pulsiert das Leben bis tief in die Nacht.

Das geschäftige Treiben auf dem Leidseplein ist nicht erst eine Erscheinung unserer Zeit. Früher befand sich hier einer der alten "Wagenplätze", ein Verkehrszentrum, wo die Bauern ihre Wagen abstellen und ihre Pferde versorgen lassen konnten, wenn sie zum Markt in die Stadt kamen. Heute geben dem Platz die Stadsschouwburg (Stadttheater), das Hotel American und Straßencafés (u.a. das Café Reynders, Treffpunkt von Künstlern und Journalisten) sowie – last not least – die zahlreichen einheimischen und auswärtigen Besucher sein kosmopolitisches Gepräge.

Im Sommer verwandelt sich der Leidseplein in ein einziges gigantisches Straßencafé.

Stadsschouwburg

Architekt der 1894 errichteten Stadsschouwburg (Leidseplein 26) ist J. L. Springer. Er schuf einen Bau im Stil der Neorenaissance. Aus Kostengründen konnten zahlreiche seiner ursprünglichen Pläne nicht verwirklicht werden. Als nach Fertigstellung des Baus von vielen Seiten Kritik laut wurde, gab Springer seine Architektenkarriere auf. An der Stelle der Stadsschouwburg stand Ende des 18. Jh.s zunächst ein hölzerner Theaterbau, der 1876 durch einen steinernen ersetzt wurde. Dieser brannte 1890 ab. Der heutige Bau dient vor allem für Aufführungen von Schauspielen, aber auch Ballett und Oper werden hier mitunter gezeigt.

Hotel American

Zweiter dominierender Bau am Leidseplein ist das Hotel American. Es entstand zwischen 1898 und 1902 nach Plänen von Willem Kromhout und gilt mit seinen Jugendstilelementen, den zahlreichen dekorativen Details und dem als Baumaterial verwendeten

Backstein als Vorläufer der Amsterdamer Schule (vgl. S. 40). Die Bar und das Restaurant mit dem Jugendstilinterieur sind beliebte Treffpunkte.

Leidseplein (Fortsetzung)

Madame Tussaud's Scenerama

H 5

Das erste "Madame Tussaud" außerhalb Londons wurde 1970 in der Kalverstraat eröffnet und bezog 1991 die neuen Räumlichkeiten am Dam. Für ein relativ hohes Eintrittsgeld begegnet man historischen und zeitgenössischen Persönlichkeiten (u.a. Willem van Oranje, Peter d. Gr., Napoleon, Rembrandt, Vermeer, Marilyn Monroe, Königin Beatrix, Bill Clinton, Madonna). Doch damit nicht genug, diverse Spezialeffekte (Bewegung, Licht und Geräusche) versuchen, den Besucher in eine andere Welt zu versetzen, so erwacht das Goldene Zeitalter der Niederlande, das 17. Jahrhundert, bei Madame Tussaud wieder zum Leben.

Lage
Dam 20

Straßenbahn
4, 9, 16, 24, 25

Öffnungszeiten
tgl. 10^{00} – 17^{30}
Juli und August
tgl. 9^{30} – 19^{30}

Magere Brug: die berühmteste und meistfotografierte aller Amsterdamer Brücken

*Magere Brug (Mager-Brücke)

H 6

Von den mehr als tausend Brücken Amsterdams ist die Magere Brug in der Nähe der Weesperstraat diejenige, die am meisten fotografiert wird. Diese einfache hölzerne Zugbrücke über die Amstel entstand 1671 als Fußgängerbrücke. Nach mehreren Umbauten wurde sie 1929 abgerissen und sollte zunächst durch eine moderne elektrisch betriebene Brücke ersetzt werden. Letztendlich aber ent-

Lage
Amstel/Nieuwe Kerkstraat

Straßenbahn
4

Magere Brug (Fortsetzung)

schied man sich zur Rekonstruktion der ursprünglichen Zugbrücke aus Holz. Die Bauarbeiten wurden unter dem Architekten Mager ausgeführt – daher der Brückenname!

Marken

Ausflugsziel

Lage
22 km nordöstlich

Eisenbahn
ab Centraal Station

Bus
Abfahrt gegenüber Centraal Station

Marken ist eine ehemalige IJsselmeerinsel und seit 1957 durch einen 2 km langen Deich mit der Landzunge Nes verbunden. Seitdem der Fischereiwirtschaft aufgrund der Eindeichung der Zuiderzee (vgl. S. 69) ihre Grundlage entzogen wurde, ist der Tourismus hauptsächliche Einkommensquelle der Halbinsel. 80% der örtlichen Bevölkerung arbeiten heute außerhalb der Gemeinde. 1232 war Marken ein Nebenhof (Marienhof) der friesischen Abtei Mariengaard, der von 1251 bis 1345 die ganze Insel gehörte. Danach wurde es von der Stadt Amsterdam aufgekauft. Das führte dazu, dass das Städtchen im Mittelalter oft den Schauplatz für die Streitigkeiten abgeben musste, die das Verhältnis zwischen Amsterdam und den Hafenstädten am gegenüberliegenden Ufer der Zuiderzee (z.B. Kampen) bestimmten. Im 17. Jh. erlebte die Schifffahrt hier eine große Blüte, und in der Zeit der französischen Besetzung wurde Marken selbstständig (ca. 1811). Am Ende desselben Jahrhunderts umfasste Marken 17 Wohnviertel; heute bestehen neben dem Hauptdorf Monnikenwerf nur noch sieben weitere Dörfer.

***Holzhäuser**

Seinen besonderen Charme verdankt Marken den malerischen, teilweise noch auf Pfählen errichteten Holzhäuschen. Auch das Innere ist sehenswert: Hier findet der Besucher viel Schnitzwerk und kunstvoll bemaltes Mobiliar, darunter auch das Prunkbett, das nie benutzt wird.

Um die Postkartenidylle in Marken zu vervollständigen, tragen manche Frauen noch ein "Ryglyf", eine Art teilweise sichtbares Mieder, das entweder dunkelblau oder bunt bestickt ist. Die Insel ist noch immer sehr kalvinistisch, und man sollte deshalb besser nicht erwarten, zu einer Winterhochzeit eingeladen zu werden, die am liebsten auf dem zugefrorenen IJsselmeer gefeiert wird: In den überlieferten Trachten natürlich und bei Musik und Volkstänzen.

Marker Museum

In dem Heimatmuseum (Kerkbuurt 44 – 47; geöffnet von April bis Okt.: Mo. – Sa. 10^{00} – 17^{00}, So. 12^{00} – 16^{00} Uhr) bekommt man einen sehr anschaulichen Eindruck von dem einstigen Alltagsleben der Inselbewohner. Untergebracht ist das Museum in den vier Lookhuisjes, die an Stelle von Schornsteinen lediglich eine Öffnung für den Rauchabzug haben.

Marken-Volendam-Express

Von März bis Oktober verkehren in dreißigminütigen Abständen Ausflugsschiffe zwischen Marken und ▶ Volendam.

Molen van Sloten (Mühle von Sloten)

A 8

Lage
Akerslu

Im südlichen Stadtteil Sloten wurde eine 34 m hohe Mühle von 1847 wieder aufgebaut. Sie pumpt pro Minute 60 cm^3 Wasser aus dem Polder. Ausgestellt sind in der Mühle, die gleichzeitig als Gemeindehaus fungiert, Fotos und Werkzeuge, die das Leben in der

Vergangenheit beleuchten. Ferner wird hier die audiovisuelle Show "Rembrandt op Zolder" (Rembrandt auf dem Dachboden) gezeigt, die den Besucher in das 17. Jh. zurückführen soll. Die lebensgroßen Figuren, die in der Vorführung zu sehen sind, waren ursprünglich für ▶ Madame Tussaud's Scenerama gedacht.

Bus
68, 145

Öffnungszeiten
tgl. 10^{00} – 16^{00}

In der Käserei gegenüber der Mühle (geöffnet: tgl. 10^{00} - 17^{00} Uhr) kann man bei der Produktion zuschauen, verschiedene Sorten probieren und natürlich auch erstehen.

Käserei

Monnickendam

Ausflugsziel

Monnickendam, ein altes Städtchen in Nordholland, liegt am Ufer der Gouwzee und des IJsselmeers. Diese Lage erklärt, warum Monnickendam vor allem wegen seiner Fischräuchereien und als Wassersportzentrum bekannt ist. Ein Großteil (70%) der berufstätigen Bevölkerung arbeitet außerhalb der Gemeinde, der Rest ist in Handel und Tourismus beschäftigt.
Monnickendam wurde im 12. Jh. von Mönchen gegründet und erhielt 1335 das Stadtrecht. Durch die Lage an der Zuiderzee mit ihrer regen Schifffahrt erlangte es bald Ansehen und Wohlstand. Als aber im 17. Jh. nur die Fischerei als wichtigste Einkommensquelle übrig blieb, nahm das Leben in Monnickendam bescheidenere Züge an. Hinzu kamen verschiedene Katastrophen, die die Stadt heimsuchten: 1297 wurde sie von den Friesen geplündert, 1570 fiel sie in die Hände der Geuzen; obendrein wüteten hier 1494 und 1514 Feuersbrünste.

Lage
13 km nordöstlich

Bus
Abfahrt gegenüber Centraal Station

Motorboot
ab Stationsplein oder de Ruijterkade (nur im Sommer)

Der Spielturm (Noordeinde 4) aus dem 16. Jh. besitzt ein aus 18 Glocken bestehendes Glockenspiel (1596). Er beherbergt ein Museum mit archäologischen Funden aus der Umgebung.

Speeltoren

Im Innern der Grote oder St.-Nicolaaskerk (Zarken), die um 1400 erbaut wurde, befindet sich eine Ziegel- und Majolikasammlung.

Grote Kerk

Das Rathaus (Noordeinde 5) ist 1746 als vornehmes Wohnhaus erbaut worden. Den Ratssaal zieren goldene Tapeten und eine Rokokodecke.

Stadhuis

Hinter dem Namen De Vriendschap verbirgt sich eine Holzschuhmacherei und Holzsägerei. Man kann zuschauen, wie im alten Sägewerk das Holz grob zugeschnitten wird, um sich dann in der Holzschuhmacherei in bunte Holzschuhe zu verwandeln (geöffnet: tgl. 8^{30} – 18^{00} Uhr; Eintritt frei).

De Vriendschap

Montelbaanstoren

J 5

Bedeutender Blickfang im östlichen Innenstadtgebiet ist Montelbaanstoren. Errichtet wurde der Turm 1512 als Teil der Stadtbefestigung. Durch Hendrik de Keyser erhielt er 1606 einen barocken Aufbau: Über einem wehrhaft wirkenden Unterbau erheben sich ein Uhrgeschoss und darüber ein zweistöckiger, zierlich wirkender Aufsatz mit Glockenspiel.

Lage
Oude Sc[illegible]ns

M[illegible]
N[illegible]arkt

Heute beherbergt der Turm die Wassermeisterei, die für die Wasserstände in den Grachten und die Schleusen zuständig ist.

Montelbaanstoren (Fts.)

Mozes- en Aaronkerk (Moses-und-Aaron-Kirche) H 5

Die Geschichte der Moses-und-Aaron-Kirche begann in der Zeit der "Alteration". Als die Katholiken ihren Gottesdienst nicht mehr öffentlich abhalten durften, entstanden überall sog. Schlupfkirchen. 1641 kaufte Pater Boelenzs das Moses-und-Aaron-Haus in der Jodenbreestraat (am Waterlooplein) von einem reichen Juden und baute es zur Kirche um. Im Laufe der Zeit wurde die Kirche erweitert, bis sie 1841 nach dem Umbau durch einen belgischen Architekten in ihrer neoklassizistischen Form eingeweiht wurde. Schon lange finden in der Kirche keine Gottesdienste mehr statt. Während das Gotteshaus in den achtziger Jahren als Treffpunkt der Jugend diente, fungiert es heute als Begegnungs- und Veranstaltungsstätte.

Lage
Jodenbreestraat

Circle Tram
Waterlooplein

Straßenbahn
9, 14

Metro
Waterlooplein

Muntplein (Münzplatz) H 5

Der Muntplein ist Ausgangspunkt zu den Haupteinkaufsstraßen Rokin, ▶ Kalverstraat und Reguliersbreestraat. Im 15. Jh. wurde auf dem Platz an der Amstel, der damals noch Schafsplatz hieß und direkt hinter der Stadtmauer lag, der Schafsmarkt abgehalten. Seinen heutigen Namen erhielt er 1672, als im Münzgebäude (dem früheren Wachlokal neben dem Münzturm) Geld geprägt wurde. Obwohl er im 19. Jh. in Sophiaplatz umbenannt wurde, ließ sich der Name "Muntplein" nicht "ausrotten"; die meisten Amsterdamer sprechen meist nur kurz von "de Munt" (die Münze).

Lage
Im Süden des Zentrums

Straßenbahn
4, 9, 14, 16, 20, 24, 25

Munttoren

Der Name Munttoren (Münzturm) datiert aus dem Jahre 1672, als Amsterdam für zwei Jahre das Münzrecht erhielt (damals hielten die Franzosen Utrecht besetzt, wo sonst das Geld geprägt wurde). Der Munttoren ist Teil der mittelalterlichen Stadtmauer, die bei dem großen Brand 1818 fast vollständig zerstört wurde. Der untere Teil des Turmes blieb erhalten.
Stadtbaumeister Henrik de Keyser setzte auf den steinernen Rumpf einen hölzernen Aufbau (mit Glockenspiel von Hemony) und eine vergoldete Windfahne in Form eines Ochsen, ein Hinweis auf den Kälbermarkt, der auf dem nahe gelegenen ▶ Dam abgehalten wurde. Als diese Windfahne bei einem Sturm 1640 von der Turmspitze fiel, brachte man den üblichen Wetterhahn an.

Baedeker TIPP Königliches Kino

Das Ambiente, eine Mischung aus Art déco, Jugendstil und Amsterdamer Schule, macht den Kinobesuch im "Tuschinski" (Reguliersbreestraat 26, ☎ 6 26 26 33) zum einmaligen Erlebnis. Der Auftraggeber des 1921 eröffneten Lichtspielhauses wollte, dass sich seine Gäste in einer anderen Welt wähnen und dabei die täglichen Sorgen vergessen. Dieses Konzept hat noch heute Erfolg. Wenn im Tuschinski eine niederländische Filmproduktion Premiere hat, ist manchmal die Königin anwesend. Ausländische Filme werden übrigens in der Originalsprache mit niederländischen Untertiteln gezeigt.

◀ **Montelbaanstoren: malerischer Blickfang an der Oude Schans**

*Museum Amstelkring

H 4

Lage
Oudezijds Voorburgwal 40

Circle Tram
Centraal Station

Straßenbahn
4, 9, 16, 24, 25

Öffnungszeiten
Mo. – Sa.
10⁰⁰ – 17⁰⁰,
So. 13⁰⁰ – 17⁰⁰

Das Museum Amstelkring mit einer katholischen "Schlupfkirche" trägt den Beinamen "Ons' Lieve Heer op Solder" (Der liebe Herrgott auf dem Speicher). Seinen Sitz hat es in einem zwischen 1661 und 1663 errichteten privaten Wohnhaus. Auftraggeber für den Bau war Jan Hartmann, der es von vornherein mit der Absicht erbauen ließ, im oberen Stockwerk eine versteckte Kirche einzurichten.
Nachdem sich Amsterdam zur Reformation und zum Kalvinismus bekannt hatte, war es Lutheranern und Katholiken verboten, Gottesdienste abzuhalten. Dennoch wurde die Ausübung anderer Glaubensrichtungen weitgehend toleriert. Vielerorts in der Stadt gab es "versteckte Kirchen", in denen die Gläubigen zusammenkamen. Erst die Besetzung der Niederlande durch französische Truppen 1795 brachte der Stadt die Religionsfreiheit wieder, die Versteck- oder Schlupfkirchen verschwanden.
In diesem Grachtenhaus am Oudezijds Voorburgwal fanden jedoch bis 1888 Gottesdienste statt. Danach wurden Haus und Kirche durch die Stiftung Amstelkring als Museum eingerichtet, wo heute noch die Atmosphäre der "Versteckkirche" des 17. Jh.s spürbar wird. Bei besonderen Anlässen erfüllt die Kirche nach wie vor die Funktion eines Gotteshauses, mitunter wird sie für Konzerte genutzt.
Neben dem ursprünglichen Betraum sind auch Privaträume aus dem 17. und 18. Jh. zu besichtigen, die eine Sammlung kirchlicher Altertümer, Möbel, Bilder und Kupferstiche beherbergen.

De Sael

Prachtvollster Wohnraum ist "de Sael", eingerichtet im klassischen holländischen Stil des 17. Jh.s. Typisch für diese Zeit sind das symmetrische Muster des Fußbodens, der Decke und der Wände. Der aus Nussbaum gefertigte Schrank gegenüber dem Kamin diente ehemals als Bettstelle.

Schlupfkirche

Obgleich rund 200 Gläubige – bei drohender Gefahr bot sich ihnen über die Dachluke ein Fluchtweg – in der Schlupfkirche Platz fanden, wird die Kirche auf einer Liste von katholischen Versammlungsorten als "klein" bezeichnet. Ihr heutiges Aussehen erhielt sie 1735. Aus dieser Zeit stammt auch der barocke Altar mit seinen drei auswechselbaren Bildern (derzeit von Jacob de Wit "Taufe Christi", 1736). Um Platz zu sparen, kann die Kanzel (Ende 18. Jh.) in den Altar hinein- und hinausgedreht werden.

*Museum Willet-Holthuysen

H 5/6

Lage
Herengracht 605

Circle Tram
Rembrandtplein

Straßenbahn
4, 9, 14

Bei dem Museum Willet-Holthuysen handelt es sich um ein vollständig eingerichtetes Patrizierhaus an der Herengracht. Das 1685 – 1690 erbaute Haus bewohnten im Laufe der Zeit zahlreiche angesehene Amsterdamer Bürger. Im Jahre 1855 erwarb es der Kaufmann Holthuysen, der es an seine Tochter Sandrina Louisa (1824 bis 1895) vererbte. Sie lebte hier zusammen mit ihrem Mann Abraham Willet (1825 – 1888), und nach dessen Tod vermachte sie das Haus einschließlich der darin zusammengetragenen Kunstsammlung der Stadt Amsterdam. Die letzte Besitzerin verfügte in ihrem Testament, dass das Grachtenhaus unter dem Namen "Willet-Holthuysen" der Öffentlichkeit zugänglich gemacht werde. Bereits 1896 wurde das neue Museum eröffnet. Der heutige Besucher beginnt seinen Rundgang durch das herrschaftliche Doppelhaus im Untergeschoss, in dem ehemals Waren gelagert wurden, in dem sich das Kontor und vermutlich ein Bedienstetenzimmer sowie die Küche (heutige Ausstattung stammt überwiegend aus dem 18. Jh.) befanden. Über den Treppenaufgang gelangt man in die Beletage mit verschiedenen Salons und dem Esszimmer (Einrichtung aus dem 18. und 19. Jh.). Besonders beachtenswert ist das so genannte Blaue Zimmer im Stil des 18. Jh.s. Die Deckenmalerei und das Kaminbild stammen von Jacob de Wit (1695 - 1754). Im Obergeschoss befanden sich die Privaträume des Ehepaars Willet-Holthuysen, die heute teilweise als Ausstellungsräume (u.a. Glassammlung des 16. - 18. Jh.s) genutzt werden. Im dritten Obergeschoss (nicht zugänglich) waren Kammern für die Dienstboten.

Öffnungszeiten
Mo. – Fr.
10^{00} – 17^{00}, Sa.,
So. 11^{00} – 17^{00}

Museum Willet-Holthuysen

Hinter der Rückfront des Grachtenhauses erstreckt sich ein hübscher, im französischen Stil des 18. Jh.s angelegter Garten, er ist heute größer als im 19. Jh.: bis 1929 nahmen Ställe und ein Schuppen für die Kutsche den hinteren Teil ein.

newMetropolis (Science & Technology Center) J 5

newMetropolis, das Zentrum für Wissenschaft und Technik, wurde 1997 eröffnet. Der Entwurf für den auffallenden Bau, der sich wie der Bug eines riesigen Schiffes über dem IJ-Tunnel im Hafengebiet erhebt, lieferte der bekannte italienische Architekt Renzo Piano.

Mit Hilfe von Experimenten, Vorführungen, Computermodellen, Workshops und Filmen kann man auf spielerische Art die Geheimnisse von Wissenschaft und Technologie entdecken. Der Rundgang durch das Zentrum für Wissenschaft und Technik beginnt im ersten Obergeschoss, im "Musikstudio". Tonaufnahmen, Bilder und andere Exponate lassen die Musikgeschichte der letzten Jahrzehnte lebendig werden. Energie ist das Thema im zweiten Obergeschoss, im dritten gibt es ein (nicht immer geöffnetes) Forschungslabor sowie Spielcomputer. Das vierte Stockwerk ist dem Menschen gewidmet. Ein interaktives Video führt in die Welt der menschlichen Emotionen ein. Bei Computertests erfährt man u.a., welchen Lernstil man hat, welche Gehirnhälfte stärker ausgeprägt ist und wie hoch der IQ ist (Hinweise bei allen Computerspielen nur in Niederländisch oder Englisch). Konzipiert ist newMetropolis für alle Altersgruppen, doch werden vermutlich ältere Kinder und Jugendliche den meisten Spaß an dem Museumsbesuch haben.

Vom Dach des Wissenschafts- und Technologiecenters bietet sich ein schöner Blick auf die Stadt (Restaurant).

Lage
Oosterdok 2

Bus
22

Öffnungszeiten
Di. – Fr.
10^{00} – 17^{00}, Sa.,
So. 10^{00} – 18^{00}

Internet
www.newmet.nl

*Nieuwe Kerk (Neue Kirche) H 5

Lage
Dam

Circle Tram
Dam

Straßenbahn
1, 2, 4, 5, 9, 13, 14, 16, 17, 24, 25

Öffnungszeiten
abhängig von Ausstellungen

Die Krönungskirche der niederländischen Könige (seit 1814) liegt im Herzen der Stadt; neben dem Königlichen Palast (▶ Koninklijk Paleis) am ▶ Dam. Als letzter glanzvoller Höhepunkt (nach einer 22-jährigen Renovierungsperiode) wurde in ihr die Krönung von Königin Beatrix am 30. April 1980 vollzogen. Heute wird die Kirche nicht mehr als Gotteshaus genutzt. Hier finden Antiquitätenmessen, Kunstausstellungen und regelmäßig Orgelkonzerte statt.
In Widerspruch zu ihrem Namen ist die Nieuwe Kerk eine der ältesten Kirchen der Stadt. Sie stammt aus dem frühen 15. Jh., ihr Stiftungsbrief datiert aus dem Jahr 1408. Damals verlieh der Bischof von Utrecht der Stadt Amsterdam das Recht auf eine zweite Kirchengemeinde (die erste war die ▶ Oude Kerk).
Der Amsterdamer Bankier Willem Eggert stiftete den Baugrund. Nach seinem Tode wurde er in der Kirche begraben. Sein Sohn ließ eine Kapelle hinzubauen, die den Namen W. Eggert trägt. Als Amsterdam 1421 und 1452 von großen Feuersbrünsten heimgesucht wurde, erlitt die Neue Kirche erheblichen Schaden, der aber jedesmal schnell behoben werden konnte. Ihre heutige Gestalt datiert ungefähr aus dem Jahre 1490. Die imposante spätgotische Kreuzbasilika wäre im Jahre 1645 durch die Unachtsamkeit eines Handwerkers beinahe völlig abgebrannt. Nach ihrem Wiederaufbau, der rund drei Jahre in Anspruch nahm, wurde die Kirche mit einem Dankgottesdienst für den Frieden von Münster (1648) neu geweiht.

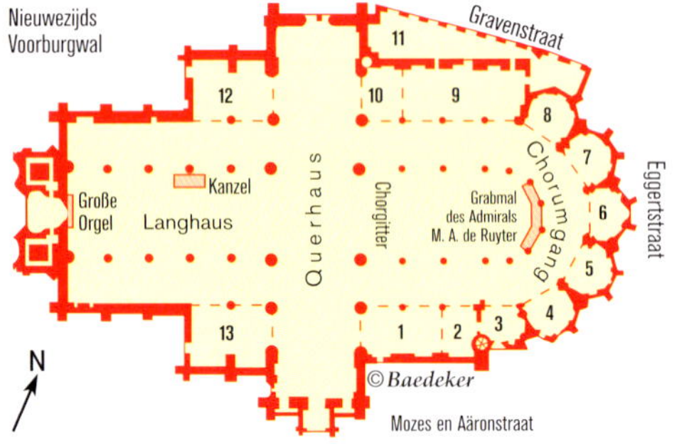

Nieuwe Kerk
St. Catharina

1 Schützenkapelle
2 Eggert-Kapelle
3 Kapelle U. L. Frau von den Sieben Betrübnissen (Sills-Kapelle)
4 Verbergen-Kapelle
5 Meeus-Kapelle
6 Maurerkapelle
7 Boelens-Kapelle
8 Tuchwirkerkapelle
9 Heiligkreuzkapelle
10 Liebfrauenkapelle
11 Diakoniehaus
12 Alter Heiligkreuzchor
13 Haus des Schulhauptlehrers

Turm

Auffälligerweise besitzt die Kirche keinen hohen Kirchturm, sondern nur ein kleines Türmchen. Zwar hatte man schon im 16. Jh. damit begonnen, an der Westfassade das Fundament für einen außergewöhnlich hohen Kirchturm zu schaffen (schließlich lagen die Gemeinden von Oude und Nieuwe Kerk in einem baulichen Wettstreit miteinander!), doch wurde das Projekt nie verwirklicht. Nachdem Mitte des 17. Jh.s mit dem Bau des Rathauses (▶ Koninklijk Paleis) begonnen worden war, fehlte das nötige Geld.

Innenraum

Im Innern befindet sich die prächtige Kanzel (1649) von Albert Vinckenbrinck, ein Prunkstück barocker Holzschnitzkunst, geschmückt mit den vier Evangelisten sowie Figuren, die Glaube, Liebe, Hoffnung, Gerechtigkeit und Vorsicht symbolisieren. Weiterhin sind beachtenswert eine Orgel von 1670, deren Front Jacob van

Campen entworfen hat, ein sehr schönes, aus Messing gegossenes Chorgitter, das Jacob Lutma um 1650 schuf, und vornehmes Gestühl.

Nieuwe Kerk (Fortsetzung)

Von großer Bedeutung sind die Grabmäler vieler wichtiger Männer der holländischen Geschichte und Kulturgeschichte: An der Stelle des Hochaltars steht das barocke Grabmal des Admirals Michiel de Ruyter, der 1676 den Verletzungen erlag, die er sich in der Seeschlacht gegen die Franzosen bei Messina zugezogen hatte. Das schwarze Marmorgrabmal zeigt ihn in seiner vollen Rüstung. Des weiteren befinden sind in der Nieuwe Kerk die Grabstätten bzw. Kenotaphen der Dichter P. C. Hooft und Joost van den Vondel, des Arztes Nicolas Tulp sowie der Seehelden J. H. van Kinsbergen und Jan van Galen. Sehenswert sind auch die Glasfenster: Auf einem (aus dem Jahre 1650) ist die Verleihung des Stadtwappens durch Wilhelm IV. zu sehen; das Königsfenster (aus dem Jahr 1898) erinnert an die Krönung von Königin Wilhelmina (entworfen wurde das Fenster von Otto Mengelberg).

Nieuwmarkt (Neumarkt) H 5

Lage
Zentrum

Metro
Nieuwmarkt

Im 17. und 18. Jh. wurde auf dem Nieuwmarkt tatsächlich Markt abgehalten, hierzu war er in einzelne Parzellen für die Stände der Käse-, Fisch-, Kräuter- oder Stoffhändler eingeteilt. In den Kriegsjahren 1940 – 1945 war der Nieuwmarkt als florierender Schwarzmarkt allgemein bekannt.
Im Jahre 1975 fanden in seiner Umgebung schwere Straßenunruhen statt, in denen sich die Empörung der Bevölkerung über den

Waaggebouw – die alte siebentürmige Waage auf dem Neumarkt

Nieuwmarkt (Fortsetzung)

Abriss zahlreicher Häuser für den U-Bahn-Bau entlud (eine ständige Ausstellung in der Metrostation erinnert daran).

Waaggebouw

Die alte, siebentürmige Waage auf dem Nieuwmarkt ist das frühere St. Antoniustor (St. Antoniepoort), ein Überrest der Stadtmauer aus dem 15. Jahrhundert. Es fungierte aber nur kurz als Stadttor: Als die Stadt weiter wuchs, wurde es 1617 zur "Waage" umgebaut. Hier wurden neben Lebensmitteln auch Schiffsanker und Geschütze gewogen.

Im oberen Stockwerk befand sich das Zunfthaus. Jede Gilde besaß ihren eigenen Eingang (Maler, Schmiede, Chirurgen u.a.). Die Gilde der Steinmetze schmückte Inneres und Äußeres des Hauses aus; die Zunftkammer der Maurer ist noch im ursprünglichen Zustand erhalten. Im 17. Jh. hielten die Chirurgen hier ihre anatomischen Vorlesungen, bei denen auch Rembrandt häufig Gast war und sich zu den beiden Gemälden "Die anatomische Vorlesung des Dr. Tulp" (Mauritshuis, Den Haag) und "Anatomische Vorlesung des Dr. Deijman" (▶ Rijksmuseum) anregen ließ. Der Zugang der Ärzte ist noch heute erkennbar: Über der Eingangstür steht "Theatrum Anatomicum". Durch die Anatomie wurde die Waage letztlich vor dem Abriss bewahrt. Da die Chirurgen das Gebäude für ihre Arbeit benötigten, konnten entsprechende Pläne nicht verwirklicht werden.

Nach 1819 diente die Waage u.a. als Feuerwehrkaserne, als Gemeindearchiv und als Museum (▶ Amsterdams Historisch Museum); zeitweise war sie auch Sitz von ▶ Joods Historisch Museum. Nach einer umfassenden Renovierung in den neunziger Jahren befindet sich im Erdgeschoss ein Café/Restaurant; die Räumlichkeiten im Obergeschoss beherbergen ein Medienzentrum.

Zeedijk, Chinatown

Am Nieuwmarkt beginnt der Zeedijk, eine der ältesten Straßen der Stadt. Rund um den im 13. Jh. angelegten "Seedeich" ließen sich zu Beginn des 20. Jh.s viele chinesische Seefahrer, die auf holländischen Schiffen angeheuert hatten, nieder. Heute leben rund 50 000 Chinesen in Amsterdam. Zahlreiche Läden, ja sogar chinesische Warenhäuser und natürlich etliche Restaurants zeugen am Zeedijk und in den umliegenden Straßen von der chinesischen Präsenz.

Bis Ende der achtziger Jahre des 20. Jh.s war der Zeedijk vor allem bekannt als Zentrum des Drogenkonsums und -handels. Das hat sich geändert. Mittlerweile haben sich hier wieder seriöse Geschäftsleute niedergelassen, und es gibt etliche attraktive Kneipen und Bars.

*Oude Kerk (Alte Kirche) — H 5

Lage
Oude Kerksplein 23

Circle Tram
Dam

Amsterdams älteste Kirche liegt inmitten des Sex- und Vergnügungsviertels ▶ Walletjes. Sie wurde 1306 als kleine Kreuzkirche erbaut; Ersatz für eine Holzkirche, die vermutlich um 1300 an dieser Stelle errichtet worden war. Es war die erste Hallenkirche Nordhollands und Vorbild für weitere Kirchenbauten in dieser Region (z.B. die Kirche in Edam). Der Utrechter Bischof weihte sie dem hl. Nicolaas, dem Schutzpatron der Fischer und Seeleute und Stadtpatron von Amsterdam.

Oude Kerk: Amsterdams älteste Kirche ▶

Straßenbahn
4, 9, 16, 24, 25

Öffnungszeiten
Mo. – Sa.
11[00] – 17[00],
So. 13[00] – 17[00]

Schon bald gab es Pläne für eine Vergrößerung: 1370 wurde der Chor durch zwei Kapellen erweitert und ein Chorumgang hinzugefügt. Von den beiden großen Bränden, die das mittelalterliche Amsterdam verwüsteten, blieb die Kirche verschont. Weitere Kapellen waren zum Teil Stiftungen von Zünften und Gilden. Gegen 1500 wurden die großen Seitenkapellen angefügt. Im 16. Jh. wurde der Chor umgebaut, finanziert (wie damals üblich) durch eine Lotterie. Aus dieser Zeit datiert auch ein Portal an der Südseite mit Wappen von Kaiser Maximilian I. und Philipp dem Schönen. Es bietet Zugang zu der "eisernen Kapelle": Hinter einer eisernen Tür wurden die Stadtprivilegien, u.a. das Zollrecht von 1275, aufbewahrt. (Erst 1872 wurden sie in das Gemeindearchiv überführt.)

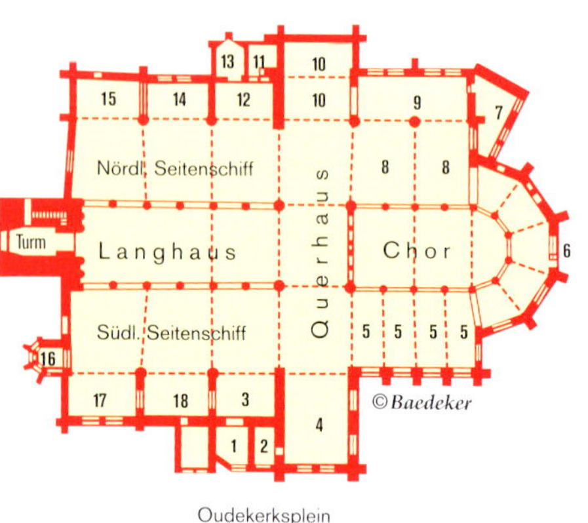

Oude Kerk
St. Nicolaas

1 Südportal (Eingang)
2 Eiserne Kapelle
3 Kapelle der Schmiede
4 St.-Sebastian-Kapelle
5 Kapelle der Überseeschiffer
6 Rest der ehem. Heiliggrabkapelle
7 Kollegraum der Liebfrauengilde
8 Alter Frauenchor
9 Neuer Frauenchor (Glasmalereien)
10 St.-Joris-Grab
11 Heiliges Grab
12 Kapelle der Buchweizenhändler
13 Altes Nordportal (um 1520)
14 Kapelle der Binnenschiffer
15 Hamburger Kapelle
16 Ehem. Taufkapelle (um 1462)
17 Lijsbeth-Gaven-Kapelle
18 Kapelle der Hausarmen

Turm

Ebenfalls im 16. Jh. fand der Umbau des Turmes statt: Der niedrige gotische Turm wurde durch den heutigen hohen Westturm ersetzt und erhielt 1658 ein Glockenspiel (von Hemony), das zu den schönsten des Landes zählt.
Nur nach Voranmeldung und in Gruppen kann man den Turm der Oude Kerk, von dem aus sich ein wunderschöner Blick über die Altstadt bietet, besteigen (☎ 6 25 82 84).

Innenraum

Auch die Oude Kerk wird heute nicht mehr ihrem ursprünglichen Zweck als Sakralbau gerecht. Seit einer umfassenden Restaurierung in den neunziger Jahren des 20. Jh.s finden in der Kirche Ausstellungen zeitgenössischer Kunst, Vorträge und Konzerte statt. Von der ursprünglichen wertvollen Ausstattung ging bereits in den Wirren des 16. Jh.s viel verloren. Beachtenswert sind die Renaissanceglasfenster im Frauenchor, die Szenen aus dem Leben Marias zeigen. Sie stammen ursprünglich von 1555, wurden aber im 18. Jh. in ihrer alten Form weitgehend erneuert. Äußerst prächtig ist die große barocke Orgel (1724 – 1726) mit reichem Gold- und Holzdekor. Das kunstvolle Schnitzwerk der Chorbänke datiert aus der ersten Hälfte des 16. Jh.s.
Ebenso wie in der Nieuwe Kerk haben in der Oude Kerk viele berühmte Amsterdamer ihre letzte Ruhe gefunden. Neben Admirälen (u.a. Jacob van Heemskerk, Willem van der Zaan) und anderen Größen ist hier auch Rembrandts Frau Saskia (gest. 1642) beigesetzt.

De Pijp (Stadtteil)

G–J 6/7

Lage
Südlich des Zentrums

Straßenbahn
4, 16, 24, 25

De Pijp (Die Pfeife), das Viertel zwischen Stadhouderskade, Amstel, Amstelkanaal und Hobbemakade, hat sich in den letzten Jahren zum absoluten Szeneviertel entwickelt. Als "Quartier Latin" des Nordens wird es derweil gehandelt. Die Bewohner des ehemals ärmlichen Arbeiterviertels mit tristen Mietshäusern gehören heute mehr als 100 verschiedenen Nationen an. Sie sorgen auf den Straßen, in Läden, Restaurants und Kneipen für internationales Flair. Den Mittelpunkt von De Pijp – der Name leitet sich von den schmalen lang gezogenen Straßen des Viertels her – bilden die Albert Cuypstraat und die baumbestandene Frans Halsstraat mit ihren kleinen Lädchen und Kneipen.

*Albert Cuypmarkt

Der Albert Cuypmarkt in der gleichnamigen Straße bietet mit seinen fast 400 Ständen (fast) alles, was in Küche oder Haushalt benötigt wird: Butter, Eier, Käse, Fisch, Geflügel, einheimische und exotische Obst- und Gemüsesorten, Gewürze, Tee, Kuchen, Gebäck, Blumen, Stoffe, Wolle, Nähutensilien, Töpfe, Pfannen und Geschirr, Kleider (neu und secondhand), dazu tausenderlei Krimskrams (nötigen und unnötigen). Zwischen van Wou- und Ferdinand Bolstraat kann man gemütlich umherschlendern (am Samstagmorgen wird es allerdings etwas eng), den Geruch von frischem Obst oder Fisch genießen, Menschen beobachten, die Waren auf ihre Qualität hin prüfen und so manches günstige Angebot erstehen (Marktzeiten: Mo. – Sa. 9^{00} – 17^{00} Uhr).

So bunt und multikulturell wie das Viertel De Pijp ist auch der Albert Cuypmarkt, der bekannteste und größte der Amsterdamer Straßenmärkte.

De Pijp (Fortsetzung) Sarphatipark

Nach einem ausgiebigen Marktbummel empfiehlt sich ein Abstecher in den nahen, recht idyllischen Sarphatipark. Die grüne Lunge des Viertels verdankt ihren Namen dem jüdischen Arzt Samuel Sarphati, der im Zentrum des Parks mit einem Denkmal gewürdigt wird.

Portugese Synagoge (Portugiesische Synagoge) — J 5

Lage
Mr. Visserplein 3

Circle Tram
Mr. Visserplein

Straßenbahn
9, 14

Metro
Waterlooplein

Öffnungszeiten
Mo. – Fr., So. 10 00 – 16 00 (im Winter Fr. bis 15 00, So. bis 12 00)

Über einen Vorhof, umgeben von kleinen Häusern (u.a. Sitz des Küsters, der Bibliothek Tes Haim und der Livraria Montezinos), erreicht man die Portugiesische Synagoge, das größte der jüdischen Gotteshäuser am J. D. Meijerplein und das einzige, in dem noch Gottesdienste abgehalten werden (der gegenübergelegene Synagogenkomplex beherbergt ▶ Joods Historisch Museum).
Für den 1675 vollendeten dunkelroten Backsteinbau, der nach Südosten in die Richtung Jerusalems weist, diente der Tempel Salomons als Vorlage. Der rechteckige Saal der Synagoge wird durch vier ionische Säulen in drei Schiffe geteilt. Jedes der drei Schiffe überdeckt ein hölzernes Tonnengewölbe. Das schönste Bauwerk des jüdischen Glaubens in Holland beherbergt eine Bundeslade aus brasilianischem Edelholz und prächtige Leuchter. Bei Gottesdiensten könnten hier 1200 Männer – und getrennt von ihnen, auf den Galerien platziert – 440 Frauen Platz finden. So viele Gläubige finden sich heute allerdings kaum ein. Als das Gotteshaus 1675 geweiht wurde, lebten 2500 sephardische Juden (man unterscheidet zwischen den aus Spanien und Portugal kommenden sephardischen Juden und den aschkenasischen Juden aus Mittel- und Osteuropa) in Amsterdam, 1941 waren es 3800, von ihnen überlebten nur 500 die Verfolgungen der Nationalsozialisten.

*Prinsengracht — G/H 4–6

Lage
Ab Prinsenstraat bis Amstelveld

Die Prinsengracht ist weniger vornehm als ihre beiden Schwestergrachten (▶ Keizersgracht und ▶ Herengracht), dafür aber lebendiger und geschäftiger. Die Häuser sind hier noch zu halbwegs erschwinglichen Preisen zu mieten, es gibt wenig Bank- und Büroräume, dafür aber zahlreiche gemütliche Cafés, die im Sommer ihre Tische und Stühle auch direkt an der Gracht aufstellen. Vor allem bei den niedrigen Hausnummern im nördlichen Zentrumsgebiet sieht man viele Hausboote, deren Besitzer sich ihr Heim meist individuell und komfortabel gestaltet haben.

Noorderkerk

Auf dem Noordermarkt erhebt sich an der Prinsengracht die Noorderkerk. Die Pläne für die 1620 – 1623 errichtete Kirche schuf Hendrik de Keyser. Er wählte für die damalige Zeit einen ungewöhnlichen Grundriss: ein griechisches Kreuz mit Anbauten zwischen den gleich langen Armen (in der Folge wurden viele evangelische Kirchen nach diesem Modell gebaut). Den Schnittpunkt der Kreuzarme betont ein niedriger Uhrturm. Die vier Fassaden sind gleich gestaltet, sie präsentieren sich schlicht und streng. Auch der saalartige, von einem hölzernen Tonnengewölbe gedeckte Innenraum wirkt äußerst nüchtern. Nach wie vor finden hier Gottesdienste der reformierten Gemeinde statt.

Bei den Gebäuden mit den Hausnummern 187 – 217 handelt es sich um alte Speicherhäuser. Die Waren wurden mit unter dem Giebel angebrachten Lastenrollen hinaufgezogen.

Speicherhäuser

Im weiteren Verlauf der Gracht sind die Besichtigung des ▶ Anne Frank Huis und der ▶ Westerkerk beinahe obligatorisch.

Anne Frank Huis, Westerkerk

Dort, wo die 1981 zugeschüttete Elandsgracht auf die Prinsengracht trifft, steht ein Denkmal für beliebte, im Jordaan beheimatete Volkssänger, für Johnny Jordaan, Tante Leen und Willy Alberti. Der Name Elandsgracht ("eland" bedeutet im Niederländischen "Elch") weist darauf hin, dass in dieser Gracht ehemals viele Händler ansässig waren, die Tierhäute verkauften.

Elandsgracht

Amsterdam ist eine Stadt für Flaneure. Stundenlang kann man an den Grachten entlangschlendern und die einzigartigen Fassaden der Patrizierhäuser bewundern.

Seit Sommer 1997 bereichert das Woonbootmuseum die Museumslandschaft von Amsterdam. Auf Höhe der Hausnummer 296 liegt die "Hendrika Maria", ein 1914 erbauter Kiesfrachter. Der Frachtraum ist zu einem behaglichen Wohn-/Schlafraum umgestaltet. Eine Diashow informiert über die Vielfalt der Wohnboote, deren Zahl in den gesamten Niederlanden auf 10 000 geschätzt wird (geöffnet: Di. – So. 10^{00} – 17^{00} Uhr).

Woonbootmuseum

Das Gebäude mit der Hausnummer 436 beherbergt den Justizpalast. Der Stadtarchitekt de Greef schuf diesen klassizistischen Bau zwischen 1825 und 1829 unter Einbeziehung von Bauteilen eines Waisenhauses, das zuvor hier gestanden hatte.

Palais van Justitie

Prinsengracht (Fortsetzung) **Pijpenkabinet**	Im Pijpenkabinet an der Prinsengracht 488 dreht sich alles um den blauen Dunst. Eine beachtliche Sammlung von Rauchpfeifen aus aller Welt wurde hier zusammengetragen. Sie datieren von 500 v. Chr. bis in die Gegenwart (geöffnet: Mi. und Sa. 12^{00} – 18^{00} Uhr).
Amstelkerk	Die Amstelkerk an der Ecke Prinsengracht/Reguliersgracht ist ein Holzbau von 1668, ursprünglich wohl als Provisorium gedacht. Doch finden bis heute in dem kubusförmigen Bau Gottesdienste der reformierten Gemeinde statt. Seit einer umfassenden Renovierung in den neunziger Jahren fungiert die Amstelkerk aber auch als geeigneter Rahmen für Ausstellungen, Theateraufführungen und für Konzerte. Auf dem Platz vor der Kirche, dem Amstelveld, herrscht in den Sommermonaten vor allem am Montagvormittag buntes Treiben, dann wird hier ein Blumenmarkt abgehalten.

*Rembrandthuis (Rembrandthaus) H 5

Lage Jodenbreestraat 4 – 6 **Circle Tram** Waterlooplein	Seine glückliche Zeit mit Saskia, die erfolgreichen Jahre, in denen Schüler und Aufträge ihm zuströmten, verbrachte Rembrandt (▶ Baedeker Special, S. 110) in dem Haus in der Jodenbreestraat, das heute als Museum eingerichtet ist. In diesem Viertel, in dem sich Juden aus aller Welt niedergelassen hatten (▶ Jodenbuurt), fand er die Typen und Vorlagen für seine biblischen Themen. Hier malte er, was er tagsüber bei seinen Ausflügen entlang der Grachten und Amstel gesehen hatte.

Inmitten einer kleinen Grünanlage steht auf dem Rembrandtplein das Denkmal des großen Malers.

Das Haus, in dem Rembrandt rund 20 Jahre lang wohnte, wurde 1606 errichtet. Rembrandt kaufte es 1639 für 13 000 Gulden – in der damaligen Zeit eine immens hohe Summe. Er nutzte das Untergeschoss für Wohnräume, im Obergeschoss befand sich sein Atelier. Die Räumlichkeiten auf dem Dachboden stellte er seinen Schülern als Arbeitszimmer zur Verfügung (hier malten u.a. zeitweilig Ferdinand Bol und Govert Flinck). In der Zeit, in der Rembrandt das Haus bewohnte, hingen in allen Stockwerken Werke von ihm, aber auch von seinen Lehrmeistern und Freunden. Eine Inventarliste des Jahres 1656 verzeichnet mehr als 100 Gemälde. Um den Forderungen seiner Gläubiger nachkommen zu können, musste Rembrandt das Haus 1657/1658 verkaufen. Bald darauf wurde das Gebäude vergrößert, es erhielt ein zusätzliches Geschoss und fungierte von nun an bis ins 20. Jh. hinein immer als Doppelhaus.

Im Jahre 1906 kaufte es die Stadt Amsterdam, ließ es restaurieren und machte es 1911 der Öffentlichkeit zugänglich. Bei einer nochmaligen Restaurierung 1999 wurde das Haus anhand von alten Zeichnungen in seinen ursprünglichen Zustand zurückversetzt. Die Zimmer sind mit Möbeln und Bildern aus der Zeit Rembrandts eingerichtet. Zentrum des Hauses ist die “Kunstkammer”, in der Teile der privaten Kunst- und Kuriositätensammlung Rembrandts ausgestellt sind. In einem an das Rembrandthaus angrenzenden Neubau sind ca. 250 von Rembrandts Radierungen und einige seiner Zeichnungen zu sehen.

Straßenbahn
9, 14

Metro
Waterlooplein

Öffnungszeiten
Mo. – Sa.
10^{00} – 17^{00},
So. 13^{00} – 17^{00}

Rembrandtplein (Rembrandtplatz) — H 5

Neben dem ► Leidseplein ist der Rembrandtplein das wichtigste Vergnügungszentrum der Stadt. Neben Cafés und Restaurants gibt es hier sowie rund um den angrenzenden Thorbeckeplein auch zahlreiche Nacht- und Stripteaselokale.

In der zentralen Grünzone steht eine Rembrandtstatue, die 1852 von R. van Royer in Bronze gegossen wurde. Von einem der Terrassencafés kann man die Szenerie genießen und vielleicht auch einem Drehorgelspieler zuhören, der seinem riesigen, bunt bemalten Instrument Töne entlockt.

Schon von jeher war der Platz, an dem früher der Buttermarkt gehalten wurde, ein Zentrum der Geselligkeit. Zu Zeiten der Kirmes wimmelte es hier von Menschen, die in den Festzelten und an den vielen Ständen ihr Vergnügen suchten und vielerlei Zerstreuungen fanden. Als der Buttermarkt Mitte des vorigen Jahrhunderts verschwand, erhielt der Platz den Charakter eines Amüsier- und Flanierplatzes. Mit der Aufstellung des Rembrandtdenkmals bekam er im Jahre 1876 seinen heutigen Namen.

Lage
Zentrum, nahe der Amstel

Circle Tram
Rembrandtplein

Straßenbahn
4, 9, 14

Baedeker TIPP Sehen und gesehen werden

... ist die Devise in den großen Straßencafés rund um den Rembrandtplein. Hier gibt es mehrere der in den letzten Jahren in Mode gekommenen Grand Cafés mit edlem Interieur und internationaler Karte. Auch bei schlechtem Wetter sitzt man auf der verglasten Terrasse im Grand Café l'Opera (Rembrandtplein 27 – 29; warme Küche 10^{00} – 22^{00} Uhr) sehr angenehm und kann in Ruhe dem Strom der Vorbeiflanierenden zuschauen. Das Flair der guten alten Zeit ist noch im mondänen De Kroon spürbar (Rembrandtplein 17; warme Küche 10^{00} – 22^{00} Uhr).

Genial und raffiniert

Noch nie ist das Werk eines Künstlers derartig geschrumpft wie das von Rembrandt van Rijn. In den letzten Jahrzehnten sind dem bedeutendsten Maler der Niederlande immer mehr Gemälde aberkannt worden. Das Genie Rembrandt hatte es eben auch verstanden, seinen eigenen Namen kräftig zu vermarkten.

Im Jahr 1913 erstellte der niederländische Kunstgelehrte Hofstede de Groot einen Werkkatalog mit Bildern von Rembrandt Harmensz van Rijn (1606 bis 1669; ► Berühmte Persönlichkeiten). Nicht weniger als 998 Werke ordnete er darin dem großen Künstler zu. Doch als Kunsthistoriker die Bilder genauer in Augenschein nahmen, verringerte sich die Zahl der "echten Rembrandts" von Jahrzehnt zu Jahrzehnt. Auch das populäre Werk "Der Mann mit dem Goldhelm" (in Berlin) ist als falscher Rembrandt enttarnt worden. Mittlerweile beläuft sich die Stückzahl der authentischen Gemälde, Zeichnungen und Radierungen des Meisters nur noch auf etwa ein Viertel der von Hofstede de Groot genannten Werke.

Wie am Fließband

Wie kaum ein anderer Künstler beschäftigte Rembrandt ein Heer von Schülern und Mitarbeitern, die in der riesigen Werkstatt, die er in seinem 1639 erworbenen Haus in der Jodenbreestraat (dem heutigen Rembrandthuis) einrichtete, Kunstwerke wie am Fließband produzierten, u. a. um die fünfzig Porträts wohlhabender Amsterdamer Bürger. Mit der Massenfertigung hatte Rembrandt bereits Erfahrung gesammelt. Von 1631 bis 1635 war er Leiter im Atelier des berühmten Kunsthändlers Hendrick Uylenburg gewesen, in dem die Maler im Akkord arbeiteten und sich wie "Sträflinge auf einer Galeere" fühlten. In der eigenen Werkstatt verpflichtete der große Meister nun seine Untergebenen, ihn zu kopieren und zu imitieren, und zeichnete so manches Kunstwerk eines Schülers mit der eigenhändigen Signatur aus – eine damals durchaus gängige Praxis – so besagte eine Utrechter Gildevorschrift von 1651, dass Schüler nur nach dem Vorbild des Meisters malen dürften und es ihnen nicht gestattet sei, ihre Bilder mit dem eigenen Namen zu kennzeichnen.

"Pictor economicus"

Ende der 1980er-Jahre behauptete die kalifornische Kunsthistorikerin Svetlana Alpers in ihrem Buch "Rembrandt als Unternehmer" (Dumont Buchverlag Köln), der große Maler habe ganz im Geist der Amsterdamer Kaufmannschaft des 17. Jh.s allerlei Tricks angewandt, um die Produkte aus seiner Werkstatt gewinnbringend zu vermarkten, sei somit der erste große "pictor economicus" in der Geschichte der Malerei gewesen. Sein Name wurde lukrativ als Qualitätssiegel eingesetzt, d. h. von wem ein Gemälde geschaffen worden war und wer die Signatur anbrachte, interessierte ihn nur wenig, Hauptsache, das Bild trug seinen Namen und verkaufte sich entsprechend. Sogar viele vermeintliche Selbstporträts des Meisters wurden vermutlich von Schülern angefertigt. Manche Käufer wussten wohl von diesem Trick, denn einige unterschieden in der

Tat zwischen Bildern "von" und solchen "nach Rembrandt".

Spekulant

Mit einem boomenden Verkauf von Bildern aus seinem Atelier allein war der große Maler nicht zufrieden. Er wollte, so Alpers, der teuerste und begehrteste Künstler in den Niederlanden des 17. Jh.s werden. Also bediente er sich eines zusätzlichen Tricks. Er spekulierte. Er suchte Auktionen auf und beteiligte sich an den Versteigerungen eigener Werke, nur um die Preise dieser Bilder in die Höhe zu treiben.

Ein echter "Rembrandt"? – bisher noch! Das Gemälde "Danae" entstand 1636 in der für Rembrandt van Rijn charakteristischen Hell-Dunkel-Malerei.

Abstieg

Eine Zeitlang hatte das pfiffige Genie mit seiner Marketingstrategie großen Erfolg. Doch der Spekulant verspekulierte sich. Mitverantwortlich hierfür war die Sammelwut des Künstlers. Rembrandt kaufte Münzen, antike Plastiken, Kupferstiche, Zeichnungen und Gemälde älterer bzw. zeitgenössischer Meister. Seine Kunstkollektion übertraf die vieler reicher und einflussreicher Kaufleute. Um seiner Sammelwut zu frönen, lieh er sich von seinen Auftraggebern Geld bzw. ließ sich für Auftragswerke im Voraus bezahlen. Nicht selten gab er das Honorar aus, bevor er nur einen einzigen Pinselstrich getan hatte. Sein Schuldenberg wuchs ins Unermessliche. Und die Auftraggeber hatten das Nachsehen. Sie wussten nicht, ob sie von dem als launisch, grob, falsch und habgierig geltenden Künstler – im Atelier malten seine Lehrlinge aus Jux Geldstücke auf den Fußboden, damit er sich nach ihnen bückte – überhaupt beliefert würden.

Als Rembrandt 1656 vor dem Bankrott stand, verscherzte er sich endgültig die Sympathien bei vielen Familien der Amsterdamer Elite mit seinem vergeblichen Versuch, sein Haus an der Jodenbreestraat vor einer Versteigerung zu retten, indem er es seinem Sohn überschrieb, was ihm als übler Schwindel ausgelegt wurde. Die letzten Jahre seines Lebens arbeitete der Künstler als Angestellter einer Kunsthandelsfirma, die von seiner Lebensgefährtin Hendrickje Stoffels und von seinem Sohn Titus geleitet wurde. Künstlerisch setzte nun noch einmal eine ausgesprochen produktive Phase ein, doch wurden einige seiner Werke von den Auftraggebern abgelehnt. Und mit Geld umgehen konnte der größte niederländische Maler auch im hohen Alter nicht. Einmal musste er sogar die Spardose seiner 15-jährigen Tochter aufbrechen, um das Notwendigste zum Essen zu kaufen.

**Rijksmuseum (Reichsmuseum) — G 6

Lage
Stadhouders-kade 42

Circle Tram
Hobbemastraat

Straßenbahn
2, 5, 6, 7, 10

Öffnungszeiten
tgl. 10 ^{00} – 17 ^{00}

Internet
www.rijksmuseum.nl

Die Entstehung des weltberühmten Kunstmuseums geht auf König Louis Napoleon zurück, der Amsterdam zu einem Mittelpunkt von Kunst und Wissenschaft machen wollte. Er richtete 1809 in seinem Schloss, dem Königlichen Palast (▶ Koninklijk Paleis) am Dam, das Grand Musée Royal ein. Werke aus dem 1798 eröffneten Nationalmuseum in Den Haag bildeten – zusammen mit einigen Stücken aus dem Besitz der Gemeinde (u.a. Rembrandts "Nachtwache") – den Grundstock dieses Museums, das durch den Ankauf verschiedener Sammlungen rasch wuchs. Bald konnten die Palasträume die Werke nicht mehr fassen. So verlegte man das Museum, nunmehr als "Rijksmuseum" bezeichnet, acht Jahre nach seiner Gründung in das ▶ Trippenhuis. Im Laufe der nächsten Jahre vorgenommene Ankäufe sowie Schenkungen machten einen abermaligen Umzug unvermeidlich. Man entschied sich schließlich für den Bau eines entsprechenden Museumsgebäudes an der Stadhouderskade (1877 bis 1885). Als Architekt wurde P. J. H. Cuypers berufen. Bereits zwei Jahre nach Fertigstellung des Gebäudes war klar, dass für den immens gewachsenen Museumsbestand weitere Räumlichkeiten geschaffen werden mussten. Ebenfalls nach Plänen von Cuypers entstand der Südflügel, der mit dem Hauptbau durch einen schmalen Gang verbunden wurde. Eine umfassende Renovierung des Südflügels wurde 1993 – 1996 vorgenommen.
An dem im neogotischen Stil (mit etlichen Renaissanceelementen) errichteten Gebäude ist besonders das Glockenspiel beachtenswert. Einige der 24 Glocken stammen noch aus dem 16. Jahrhundert. Der das Museum umgebende Garten ist im Stil des 17. Jh.s angelegt.

Museumsbestand

Heute besitzt das Rijksmuseum rund 7 Mio. Kunstwerke, darunter 5000 Gemälde in mehr als 250 Sälen, eine Bibliothek mit einem Bestand von rund 100 000 Bänden und etwa 30 000 Auktionskataloge. Es bietet außer seinem einzigartigen Bestand an Hauptstücken der alten Malerei einen erschöpfenden Überblick über die Kunst- und Kulturentwicklung der Niederlande und ist besonders reich an Werken des alten holländischen Kunstgewerbes, der mittelalterlichen holländischen Plastik und der modernen niederländischen Malerei.

Kupferstichkabinett

Das Kupferstichkabinett ist spezialisiert auf Zeichnungen und Grafiken aus den Niederlanden des 16. und 17. Jh.s und Frankreich des 18. Jh.s. In der Bibliothek kann man sich alle Blätter aus der Sammlung, etwa auch die Radierungen Rembrandts, vorlegen lassen.

Niederländische Geschichte

Diese Abteilung zeigt Gemälde, Schiffsmodelle, Fahnen, Kostüme, Urkunden, Kuriositäten und mehr aus der politischen und militärischen Geschichte der Niederlande (insgesamt ca. 3000 Exponate). Die Ausstellung erschöpft sich nicht in einer chronologischen Aufzählung, sondern vermittelt auf anschauliche Weise Wissenswertes zu den historischen Höhepunkten des Landes. Die Übersicht erstreckt sich vom späten Mittelalter bis in die heutige Zeit.

Skulpturen und Kunstgewerbe

Die reichhaltige Ausstellung von liturgischen Gewändern, Möbelstücken, Wandteppichen, Schmuck, Töpferwaren, Kostümen, Puppenhäusern, Delfter Fayencen, Spitzen, Schnupftabakdosen und

Das Rijksmuseum ist eines der bedeutendsten Museen der Welt. Die meisten Besucher kommen, um Rembrandts "Nachtwache" im Original zu sehen.

Kunstgewerbe (Fortsetzung)

vielem mehr gibt ein aufschlussreiches Bild vom Leben verschiedener Epochen vom Mittelalter bis zum Beginn des 20. Jh.s.

Asiatische Kunst

Hier werden dem Besucher chinesisches Porzellan und Kunstgegenstände aus Indien, Südostasien und dem Fernen Osten gezeigt. Für Grafik aus Japan wird man allerdings ans Kupferstichkabinett verwiesen.

Gemäldesammlung

Die Gemäldeabteilung umfasst eine erlesene Sammlung niederländischer Meister des 15. – 19. Jh.s (insbesondere aus dem 17. Jh., der Blütezeit der niederländischen Malerei). Die nichtniederländischen Maler sind länderweise geordnet; große Namen dieser Kollektion sind u.a. Fra Angelico, Crivelli, Bellini und Mantegna, Veronese, Tintoretto und Bassano, Goya, Velázquez, Murillo, Cano und Cerezo.
Ohne die übrigen Meisterwerke im Rijksmuseum herabwürdigen zu wollen, sollen im Folgenden die Hauptwerke der niederländischen Malerei vom 15. bis zum 17. Jh. in chronologischer Reihenfolge vorgestellt werden. Da die Gemälde häufig umgehängt werden, wurde auf eine Raumzuordnung verzichtet.

Malerei der Spätgotik (15. Jh.)

Die Anfänge der altniederländischen Malkunst liegen in der Miniaturmalerei des ausgehenden 14. Jh.s, die von französischen Vorbildern beeinflusst war. Ihr Detailrealismus verbindet sich im Verlauf

Rijksmuseum

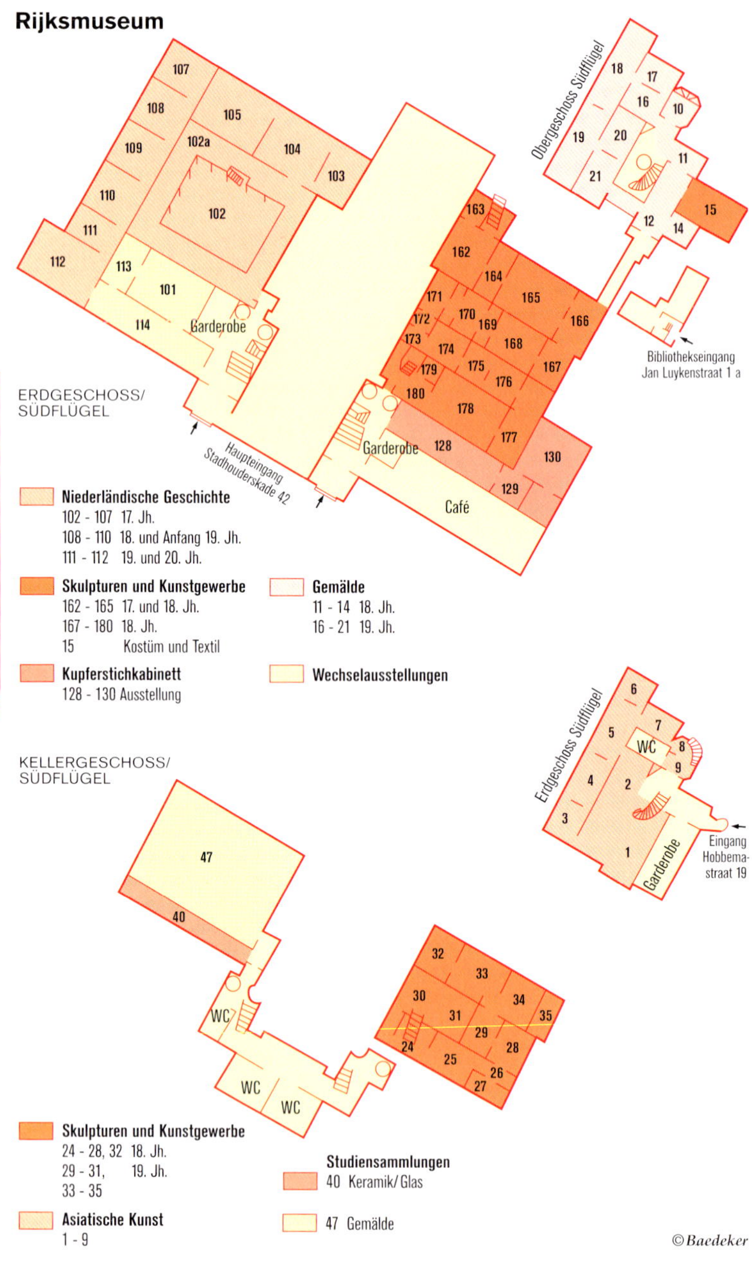

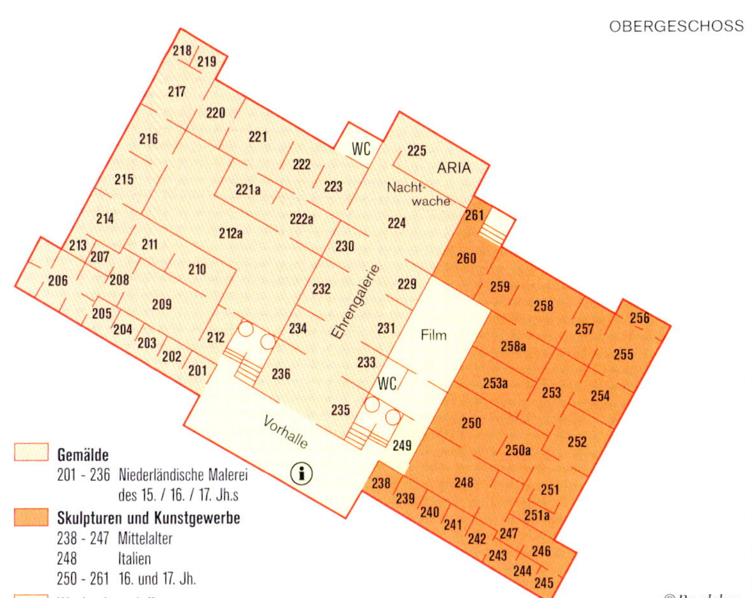

Malerei der Spätgotik (Fortsetzung)

des 15. Jh.s mit dem Bemühen um die individuelle und körperliche Erfassung der menschlichen Figur und die illusionistische Wiedergabe des Raumes und der Landschaft, zu denen sich dekorative und genrehafte Elemente gesellen. Damit einher geht eine Abkehr von der auf das Jenseits gerichteten mittelalterlich-religiösen Weltsicht zu Gunsten einer stärkeren Wahrnehmung der zeitgenössischen Lebenswelt. Vor allem in den südniederländischen Provinzen, in Gent, Brügge und Antwerpen feierte die Malerei Triumphe mit den Werken der Gebrüder van Eyck, Rogier van der Weyden, Hugo van der Goes, Hans Memling und anderer, während die Nordprovinzen künstlerisch im Abseits lagen. Erst gegen Ende des 15. Jh.s traten auch dort einige namhafte Maler in Erscheinung.

Geertgen tot Sint Jans

Geertgen tot Sint Jans (1460/1465 – 1488/1493) war der früh verstorbene Hauptvertreter der spätgotischen Haarlemer Malschule. Sein Tafelbild “Die Heilige Sippe” zeigt sitzend in einer gotischen Säulenbasilika links die hl. Anna, eingerahmt von Joseph und Joachim sowie Maria mit dem Jesuskind und rechts die hl. Elisabeth mit dem kleinen Johannes auf ihrem Schoß, umgeben von Kleophas Frau Maria und Maria Salome, deren Kinder auf dem gefließten Kirchenboden spielen. Den Altar im Bildhintergrund schmückt eine Skulptur mit dem Opfer Abrahams, auch der Lettner und die Säulenkapitelle tragen figürlichen Schmuck mit Themen der Heilsgeschichte. Darstellungen der Heiligen Sippe waren vor allem bei den Annenbruderschaften im 15. und 16. Jh. beliebt.
Ungewöhnlich und weit vorausweisend auf das Interieur- und Architekturbild des 17. Jh.s ist Geertgens Wahl eines Kircheninneren

Malerei der Spätgotik (Fortsetzung)

als Schauplatz und die Einbeziehung stilllebenartiger Elemente wie der Brotkorb zu Füßen der hl. Anna sowie die feine Wiedergabe stofflicher Details in nuancenreicher Farbigkeit. Außerdem zeigt sich Geertgen als Kenner der erst seit 60 Jahren wieder bekannten Zentralperspektive, die ihm einen symmetrisch-harmonischen Bildaufbau mit großer Tiefenwirkung ermöglicht. Darin werden die Figuren aber nicht streng hierarchisch geordnet oder aneinander gereiht, sondern in Kleingruppen zusammengefügt und locker im Raum verteilt, so dass das ganze Geschehen einen sehr diesseitigen, familiären Eindruck macht.

Meister der Virgo inter Virgines

Vom "Meister der Virgo inter Virgines" (tätig zwischen 1470 und 1500) stammt das Altarbild "Muttergottes mit Kind und vier Heiligen". Nach dieser Tafel wird der unbekannte Maler als "Meister der Jungfrau unter Jungfrauen" bezeichnet, da der schlanke Frauentypus mit hohem Haaransatz, stark gewölbter Stirn und melancholisch herabhängenden, wimperlosen Augenlidern auf allen ihm zugeschriebenen Werken erscheint.

Meister von Alkmaar

Ein weiteres bedeutendes Werk spätgotisch-niederländischer Malerei in der Nachfolge Geertgens sind die in leuchtenden Farben gehaltenen und vor eindrucksvollen Architekturprospekten sich abspielenden "Sieben Werke der Barmherzigkeit" (1504) des Meisters von Alkmaar, der das Speisen der Hungrigen, das Tränken der Durstigen, das Bekleiden der Nackten, das Begraben der Toten, das Beherbergen der Obdachlosen, das Pflegen der Kranken und das Besuchen der Gefangenen detailreich schildert.

Malerei der Renaissance und des Manierismus (16. Jh.)
Jan Mostaert

Als Frühwerk der niederländischen Renaissancemalerei gilt die "Anbetung der Könige" (1515 – 1520) von Jan Mostaert (1475 – 1555/1556). Die Könige und Maria werden individuell-porträthaft erfasst und sind – dem Modebewusstsein der Renaissance entsprechend – in Pelzgewändern und Brokatkleidern herausgeputzt. Im Hintergrund sind eine Burgruine und Bauernhäuser zu erkennen. Die extremen Raumfluchten zwischen großfigurigem Vordergrund und sehr kleinteiligem Hintergrund werden gemildert durch einen Torbogen im Mittelgrund, in dessen Rahmung, als Bild im Bilde, sich eine Volksszene um den Tross der Könige mit Pferden, Reitknechten und Bauern abspielt. Maria mit dem Jesuskind ist in die Bildmitte gerückt. Ihre zentrale Position wird kompositorisch durch den Torpfeiler verstärkt, an dem Grisaillefiguren und -malereien angebracht sind, die auf die Wurzel-Jesse-Symbolik verweisen.

Jacob Cornelisz van Oostsanen

Jacob Cornelisz van Oostsanen (vor 1470 – 1533) ist ein Vertreter der Amsterdamer Renaissancemalerei mit seinem Triptychon der "Anbetung der Könige" (1517), die er in opulenten Farben höfisch-zeremonial in Szene setzt. Auf den Flügeltafeln treten Stifterfiguren mit ihren zahlreichen Kindern auf, die von ihren Schutzpatronen der Gottesmutter empfohlen werden. Eine bizarr-groteske, an Hieronymus Bosch erinnernde Figurenwelt und flackernde Farben kennzeichnen Jacob Cornelisz ungewöhnliche Darstellung des "Saul bei der Hexe von Endor" (1526), die dem Buch Samuel entnommen ist und beschreibt, wie der israelitische König Saul, den Gott nicht mehr erhört, Rat sucht, um die Bedrohung durch die Philister abzuwenden.

Mit seinem für das Wohnhaus eines wohlhabenden Bürgers geschaffenen Triptychon der "Anbetung des Goldenen Kalbes" (um 1530) zeigt sich Lucas van Leyden (1494 – 1533) als Meister des frühen manieristischen Stils mit kurvenreicher Linienführung, unruhigen Umrisszeichnungen und flackernden Farben. Er schafft ein monumentales Bild mit auf die Flügeltafeln übergreifender naturalistischer Landschaft, in die vor allem auf der Mitteltafel eine bewegte Volksszene eingebunden ist, während das religiöse Hauptereignis, nämlich Moses' Empfang der Gesetzestafeln auf dem Berg Sinai, fast völlig unbeachtet im Bildhintergrund seinen Lauf nimmt. Während Moses angesichts der Gottlosigkeit seines Volkes sogar die Gesetzestafeln zertrümmern will, entfaltet sich im Vordergrund ein fröhliches Ess- und Trinkgelage, das die moralische Aussage des Bildes, nicht gegen das erste Gebot zu verstoßen, stark übertönt.

Lucas van Leyden

Jan van Scorel (1494 – 1562) war einer der wenigen Niederländer, der während seiner Pilgerreise nach Rom die Meisterwerke der italienischen Hochrenaissance aus eigener Anschauung kennen lernte und ihren Stil in seine Heimat vermittelte, was bei seiner halbporträthaft gemalten "Hl. Maria Magdalena" (um 1528) in der sehr plastischen und zugleich monumentalen Figurenkonzeption deutlich wird. Zentral positioniert zwischen einer Felsengruppe links und einem Baummotiv rechts, wodurch die Gleichwertigkeit von Porträt und Landschaft hervorgehoben wird, erscheint die schöne Büßerin als kokette Verführerin in kostbaren Gewändern. Ihre Sinnlichkeit wird durch eine weiche tonale Farbgebung und die gezielt eingesetzten Helldunkelkontraste noch verstärkt.

Jan van Scorel

Baedeker TIPP **Individuelle Führung**

Am Museumseingang erhält man gegen eine Gebühr Kopfhörer und Kassettenband und kann dann den Besichtigungsrundgang durch das Rijksmuseum individuell gestalten, ohne auf detaillierte Informationen zu einzelnen Werken verzichten zu müssen. Die Audio Tour bietet Infos – auch in deutscher Sprache – zu den 600 bedeutendsten Kunstschätzen des Museums.

Psychologisch einfühlsame Porträts schuf Maerten van Heemskerck (1498 – 1574), darunter das "Bildnis der Anna Codde" (um 1530). Durch exzellente Lichtführung erreicht er ein hohes Maß an figürlicher Plastizität und Raumillusion zugleich. Die verträumt am Spinnrad sitzende junge Frau besticht durch ihre Lieblichkeit und durch ihre lebendige Unmittelbarkeit.

Maerten van Heemskerck

Pieter Aertsen (1509 – 1575) zeigt mit dem "Eiertanz" (1557) eine derb-lustige, bäuerliche Alltagsszene, in der mehrere Zuschauer gespannt einen jungen Mann beobachten, wie er versucht, zu Dudelsackklängen auf Strümpfen eng um ein Ei herumzutanzen, ohne dabei auszurutschen und es zu zertreten. Im Vordergrund karikiert ein anderer durch seine gespreizte Haltung den Zeitgeschmack.

Pieter Aertsen

Die zunehmende Profanierung religiöser Themen im 16. Jh. zeigt sich in Joachim Beuckelaers (ca. 1530 – 1573) Gemälde "Christus im Hause von Maria und Martha", das in erster Linie ein großartiges Küchenstück ist. Beuckelaer, ein überwiegend in Antwerpen tätiger

Joachim Beuckelaer

Malerei der Renaissance und des Manierismus (Fortsetzung)

Neffe von Pieter Aertsen, schuf eine überraschende Komposition, bei der die weit und klein im Hintergrund spielende Hauptszene mit Christus dennoch zum zentralen Blickfang wird, da sie durch eine Triumphbogenarchitektur und extreme Raumfluchten über das vordergründige Gewirr von Fleisch, Geflügel und Obst hinweg hervorgehoben ist. Zur Ausgewogenheit der Komposition trägt die fast gleichwertige Gegenüberstellung einer Personengruppe auf der linken Bildseite mit einem Stilllebenarrangement auf der rechten bei. Die üppige Vordergrundgestaltung und die kleine Hintergrundszene machen den Gegensatz deutlich zwischen Vergänglichkeit (Essenszubereitung) und Ewigkeit (Erscheinung des Gottessohnes), zwischen Weltlichkeit (Bedürfnisbefriedigung) und Religiosität (Abendmahl, Glaube).

Cornelisz. van Haarlem

Cornelisz. van Haarlem (1562 – 1638) lieferte mit seinen Bildern einen bedeutenden Beitrag zum europäischen Manierismus. Sein kraftvoll-monumentaler Stil wird in Gemälden wie “Bathseba im Bad” und “Der Sündenfall” (1592) deutlich, wo teils sinnlich-erotische, teils nackt-muskulöse Figuren agieren.

Anthonis Mor van Dashorst (Antonio Moro)

Der aus Utrecht gebürtige Anthonis Mor van Dashorst (1520 – 1576), bekannter als Antonio Moro, genoss als Porträtmaler europaweites Ansehen und hielt sich daher viel im Ausland auf. Sein “Bildnis des Sir Thomas Gresham” (um 1570), Finanzbeauftragter des englischen Hofs in den Niederlanden, der mit prüfendem Blick den Betrachter fixiert, zeichnet sich trotz aller Lebensnähe eher durch eine kühle, vornehm-distanzierte Haltung aus.

Jan Brueghel d. Ä.

Die ganze florale Artenvielfalt scheint der überwiegend in Antwerpen wirkende Jan Brueghel d.Ä. (1568 – 1625) in seinen Blumenstillleben vor Augen führen zu wollen. Seine mit viel Geschmack unter Berücksichtigung von Farb- und Formkompositionen zusammengestellten Vasensträuße zeigen eine verblüffende Detailfülle, die an Miniaturmalereien erinnert. Trotz des sinnbetörenden Farbenrausches verweisen die verwelkten oder herabgefallenen Blüten und Blätter auch auf die Vergänglichkeit.

Malerei des Barock (17. Jh.) · Das goldene Zeitalter

Infolge der 1581 erklärten Unabhängigkeit der kalvinistischen Nordprovinzen als Niederlande unterscheidet man fortan zwischen niederländischer und flämischer Malerei, da die katholischen Südprovinzen mit der bedeutenden Kunstregion Flandern unter spanischer Herrschaft verblieben. Gegen 1600 bewirkten die religiösen, politischen und wirtschaftlich-sozialen Veränderungen in den Niederlanden auch eine Neuorientierung in der bildenden Kunst. An die Stelle kirchlicher und fürstlicher Auftragskunst traten nun der Zeitgeschmack und das Kaufverhalten einer bürgerlich-säkularisierten Gesellschaft, die das Emporkommen von Spezialisten und Fachmalern förderte und somit zur Ausformung verschiedener, vorher nicht selbstständiger Bildgattungen beitrug. Die Porträtkunst, seit jeher eine Domäne der Niederländer, erfuhr durch das Gruppenporträt, zum Beispiel als Schützen- oder Regentenstück, eine große Bereicherung. Landschaftsbilder, auch das Marinestück und das Tierstück, waren begehrte Aushängeschilder bürgerlicher Wohnkultur. Dazu zählten auch das Stillleben und das Genrebild, das unterhaltsame Gesellschaftsstück sowie das Interieur- und Architekturbild. Nirgendwo sonst in Europa haben gerade diese Gattungen eine solche Vielfalt und Meisterschaft erreicht wie in den Niederlanden im 17. Jh., dem goldenen Zeitalter, das nicht nur Rembrandt, Frans Hals und Jan Vermeer hervorgebracht hat.

Das goldene Zeitalter (Fortsetzung)

Werner van den Valckert

Den Auftakt zu den zahlreichen Gruppenporträts des 17. Jh.s bilden die beiden Darstellungen der "Regenten und Regentinnen des Aussätzigenhauses" von Werner van den Valckert (um 1585 – 1627/1628). Bürgerliches Selbstbewusstsein und soziale Verantwortung sprechen aus den Männern und Frauen, die weitgehend in autonomen Einzelbildnissen in der zeittypischen dunklen strengen Tracht wiedergegeben sind.

Frans Hals "Der fröhliche Trinker"

Frans Hals

Erst Frans Hals (1581/1585 – 1666) gelingt es, das Gemeinschaftsgefühl in seinen Gruppenbildern auf lebendige Weise zum Ausdruck zu bringen. In seinem Schützenstück "Die Kompanie des Hauptmanns Reynier Reael und seines Leutnants Cornelis Michielsz. Blaeuw" (1637) zahlt zwar immer noch jedes Mitglied der Amsterdamer Bürgerwehr selbst für sein Porträt und möchte entsprechend der Bedeutung seines Ranges und seiner Würde abgebildet werden, doch geschieht dies nun nicht mehr durch additive Reihung, sondern durch ein leicht ironisiertes Posenspiel der selbstbewussten Offiziere in prachtvollen Kostümen, unterstützt von einer differenzierten Mienen- und Gebärdensprache. Hals taucht seine Gruppeninszenierung außerdem in ein funkelndes Kolorit und setzt farblich-rhythmische Akzente; man beachte z.B. die geschickte Verteilung der Blaufarbe im Bild bei der Gestaltung der schimmernden Seidenschärpen. Zwar wiederholen sich einzelne Posen, aber dies

Das goldene Zeitalter (Fortsetzung)

dient letztlich auch der Ausgewogenheit und Geschlossenheit der Komposition. Mit wie viel Aufwand solche Gruppenporträts verbunden waren, zeigt die Tatsache, dass Pieter Codde dieses Gruppenbild in Amsterdam vollendete, da die Mitglieder der Schützengilde nicht zu Porträtsitzungen von Amsterdam ins Atelier nach Haarlem kommen wollten und Frans Hals nicht geneigt war, nach Amsterdam zu reisen.

Lebensfreude und Übermut drückt “Der fröhliche Trinker” (1628/1630; Abb. S. 119) aus, der sich mit einladender Geste an den Betrachter wendet. Das lachende Gesicht, der schräge Hut, das balancierte Weinglas sind spontan erfasst und mit flüchtigem Farbauftrag und skizzenhafter Malweise auf die Leinwand gebannt worden. Diese Momentaufnahme, von Manet und den Impressionisten im 19. Jh. bewundert, sprüht vor Lebendigkeit, ist aber wohl kein Auftragsporträt, sondern vielleicht die Darstellung eines der vier Temperamente.

Judith Leyster

Judith Leyster (1609 – 1660), eine Schülerin von Hals und Ehefrau des Malers Jan Molenaer, wurde 1633 als erste Frau in die Haarlemer Malergilde aufgenommen. Sie malte Genrebilder, Porträts und Vogelbilder. Ihr “Lautenspieler” (1629) ist mit schwungvollen, kräftigen Pinselstrichen und meisterlicher Lichtbehandlung in Szene gesetzt.

Pieter Claesz

Auf dem Gebiet der Stilllebenmalerei besaß Pieter Claesz (1597/1598 – 1661) großes Können. Sein “Stillleben” ist aus ineinander greifenden Ellipsenformen der Zinnteller, des Salzfasses und des halb gefüllten großen Kelchglases aufgebaut. Dazu kommen Fisch, Brot und ein paar Früchte, die zum Greifen nah gemalt sind.

Die berückende Schönheit der Stillleben wird jedoch immer wieder infrage gestellt durch ihren Gebrauchscharakter, die Gläser sind halb leergetrunken, das Brot angeknabbert, das Obst zum Teil geschält, so dass die Mahnung an die Vergänglichkeit alles Irdischen auf diese Weise veranschaulicht wird.

Hendrick Averkamp

Hendrick Averkamp (1585 – 1634) entdeckte mit seiner “Winterlandschaft mit Eisvergnügen” (um 1618) vor allem die heimatliche Landschaft in ihrem winterlichen Reiz mit den zugefrorenen Flüssen und Kanälen des Polderlandes. Anregungen erhielt er wohl von den figurenreichen Bildern Pieter Brueghels d.Ä., und so finden sich auch bei ihm unzählige Menschen ein zu einem fröhlichen Treiben auf dem Eis. Gekonnt hat Averkamp die Atmosphäre eines trüben und kalten Wintertages farblich eingefangen. Während die Natur mit den kahlen Ästen der Bäume und den auffliegenden Vögeln einen Hauch von Melancholie verbreitet, sind die Menschen in verschiedene Aktivitäten und Vergnügungen vertieft. Man hält ein Schwätzchen, läuft Schlittschuh, spielt Eisgolf, Aale werden in einem Eisloch gefangen, Ried wird geschnitten und Wasser für die Schänke geholt. Sinnbildhaftes ist ebenfalls zu entdecken, so ist der Winter ganz allgemein als Metapher des Todes zu verstehen, der Tierkadaver in der unteren linken Bildecke verstärkt diese Vorstellung. Der zentral ins Bild gesetzte, auf die Nase gefallene Schlittschuhläufer illustriert durchaus Sprichwörtliches: vom Hochmut, der vor dem Fall kommt über die Redewendung, jemanden aufs Glatteis führen bis zur Hinfälligkeit des Lebens überhaupt. Die Vogelfalle links im Bildvordergrund erinnert laut Bibel daran, dass der Teufel den Menschen Fallen stellt und sie ins Verderben lockt.

Das goldene Zeitalter (Fts.)

Pieter Lastman

Mit Pieter Lastman (1583 – 1633), dem Lehrer Rembrandts, kommt die gefällige akademische Malart zum Zuge. Der vielseitige Maler, nachhaltig von einem längeren Italienaufenthalt geprägt, schuf mit "Der Streit zwischen Orest und Pylades" eine eher theatralische Inszenierung mit antikisierenden Elementen und mediterraner Stimmung.

Jan van Goyen

Jan van Goyen (1596 – 1656) hat sich immer wieder mit den zahlreichen Wasserläufen Hollands bildnerisch auseinander gesetzt. Seine "Ansicht des Dordtse Kil vor Dodrecht" ist als Diagonalkomposition angelegt, die auf der linken Seite beginnt mit der Verschmelzung von Himmel und Wasser im atmosphärischen Dunst und dann nach rechts ansteigt über eine Gruppe von Segelbooten zum höchsten Punkt mit dem mächtig aufragenden Kirchturm und den hohen Eichen davor, deren üppiges Laubwerk zu den bauschigen Wolkenformationen des Himmels überleitet. Van Goyens Landschaften sind in der Regel locker und schwungvoll gemalt und geben häufig Fernblicke mit ländlichem, meist müßigem Volk wieder.

Pieter Saenredam

Ein hervorragender Vertreter des Architekturbildes ist Pieter Saenredam (1597 – 1665). "Das Innere der Kirche St. Odulphus in Assendelft" (1649) ist als leicht nach rechts verschobene zentralperspektivische Konstruktion angelegt, um dem Raumgefüge, vor allem den Säulen und Bögen, noch mehr Nachdruck und Klarheit zu verleihen. So entsteht ein lichtdurchflutetes, nach kalvinistischen Vorstellungen aber schmuckloses Kircheninterieur mit der Wirkung eines Bühnenraums trotz aller topografischen Präzision. Im Fußboden des Vordergrundes ist die Grabplatte des Vaters des Malers eingelassen, etwas dahinter ist das Hochgrab der Familie Assendelft sichtbar. Diese Memento-mori-Motive verleihen dem Architekturstück sogar sinnbildliche Dimensionen.

Landschaftsmalerei

Ihre höchste Blüte erlebte die niederländische Landschaftsmalerei in der zweiten Hälfte des 17. Jh.s. Dabei stand die Heimatlandschaft wie in den Jahrzehnten zuvor im Vordergrund mit ihrem tiefen Horizont, den Wolkenzusammenballungen und den sich häufig verändernden Lichtverhältnissen. Solche Darstellungen waren im Volk beliebt, denn sie boten Identifikationsmöglichkeiten und stillten patriotische Gefühle während des langen Ringens um die staatliche Unabhängigkeit, die erst 1648 völkerrechtlich anerkannt wurde. Vielfach zeichnen Stille und Bewegungslosigkeit die Landschaftsbilder aus, die in erster Linie nach der Natur gemalt sind, aber auch sinnbildhafte Bezüge erkennen lassen, beispielsweise in den ziehenden Wolken, im fließenden Wasser, im wechselnden Licht, die auf Vergänglichkeit ebenso anspielen wie auf metaphysische Kräfte, die auf die Natur und den Menschen einwirken.

Jacob Isaaksz. van Ruisdael

Der größte niederländische Landschaftsmaler ist Jacob Isaaksz. van Ruisdael (1628/1629 – 1682). Er malte seinen "Blick auf Haarlem" (um 1670) von den erhöhten Dünen des Nachbarortes Overveen aus. Das Auge gleitet über die Bleichplätze des Haarlemer Leinen- und Damastgewerbes, wo winzige Figuren ihrer Arbeit nachgehen, über

Auch bei seinem Werk "Die fröhliche Familie" zeigt sich Jan Steen als scharfsinniger Schilderer von Familienszenen mit hintergründigem Humor.

Das goldene Zeitalter (Fortsetzung)

Gehöfte und Windmühlen, bis es sich in der Silhouette der mächtigen St. Bavokirche verfängt. Licht- und Schattenzonen überziehen abwechselnd die Felder und verleihen der Landschaft große Tiefendimension. Trotz des extrem schmalen Geländeausschnittes und des riesigen Wolkenhimmels erzielt Ruisdael eine eindrucksvolle, spannungsreiche Verbindung von Flächengestaltung und Tiefenentwicklung im Bild.

Jan Steen

Auf dem Gebiet des Genrebildes demonstriert der Autodidakt Jan Steen (1626 – 1679) am vortrefflichsten seine außergewöhnliche Begabung. "Das St. Nikolausfest" (um 1660) zeigt eine Familienszene am Nikolaustag, wo Freude und Enttäuschung der Kinder über die Gaben, die ihr gutes bzw. schlechtes Benehmen belohnen, dicht beieinander liegen. Nur einen Birkenreisig als Rute fand der weinende Junge im Schuh, den seine Großmutter aber als Trost hinter einen Vorhang lockt, wo offenbar noch etwas für ihn versteckt ist, während das kleine Mädchen triumphierend seine Gaben an sich drückt. Im Vordergrund befindet sich ein Stillleben aus allerlei Leckereien, Nüssen, Pfeffer- und Lebkuchen und Früchten als besondere Gaben am Nikolaustag. Das ursprünglich katholische Fest war von der Reformierten Kirche Hollands nicht gern gesehen, da damit Völlerei verbunden war. Selbst ein zeitweiliges Verbot des Festes konnte die Niederländer nicht von dieser Tradition abbringen. Steen als Katholik kritisiert mit der üppigen Ausmalung des Festes die reformierte Glaubensstrenge.
Das leichtlebige Flair von Jan Steens Gesellschaftsstücken wie "Die fröhliche Familie" (um 1670) täuscht oft über den Ernst der Aussage

hinweg, aber der Spruch über dem Kamin weist auf den Sinn des Bildes hin: "Wie die Alten sungen, so pfeifen auch die Jungen." Da Kinder ihre Eltern häufig nachahmen, sollten Letztere sich vorbildlich verhalten. Die Bilder Steens aber führen in Haushalte, wo das nicht der Fall ist, wo die Kinder eher Rohheit und Sauferei lernen durch verkommene und trunksüchtige Erwachsene. Vieles von dem, was die Kinder auf Steens Bild treiben, ist als Spiel mit dem Wort pfeifen (niederländisch: pypen) aufzulösen: sie rauchen aus Pfeifen, sie pfeifen eine Melodie und trinken aus einer langen, als "pyp" bezeichneten Schnabelkanne. Die Bildaussage ist also eher moralisierend: Kinder übernehmen schlechte Sitten wie Rauchen und Trinken, wenn ihre Eltern sie ihnen vorleben.

Das goldene Zeitalter (Fortsetzung)

Adriaen van Ostade

Adriaen van Ostade (1610 – 1685), Schüler von Frans Hals, lieferte mit seinem "Interieur eines Bauernhauses mit Schlittschuhen" (1650) ein anschauliches Beispiel für die bäuerliche Lebenswelt. In weiches diffuses Licht getaucht, sitzen ärmlich gekleidete Bauersleut am häuslichen Herd zusammen, um sich zu wärmen.
Die "Fischhändlerin" (1672) war vermutlich selbst Auftraggeberin ihres Porträts, denn auch weniger wohlhabende Leute konnten sich Gemälde leisten, zumal die Kunstwerke zunehmend als Handelsware betrachtet wurden und den Gesetzen des freien Marktes unterlagen. Von ihrer Arbeit, dem Putzen des Fisches, an ihrem Stand aufblickend, fixiert sie den Betrachter, während sich im Hintergrund das Markttreiben abspielt.

Nicolaes Maes

Nicolaes Maes (1634 – 1693) malte einfühlsam Genrebilder wie die "Alte Frau im Gebet" (um 1655) als erschütternde und doch würdevoll-stille Momentaufnahme eines Tischgebets in präziser Ausführung aller Details. Das Mädchen am Fenster, "Die Träumende" (um 1655) genannt, beeindruckt durch ihren versonnenen Blick und ihr melancholisches Antlitz, das unter einem Fensterbogen erscheint, der dekorativ-flächig umrahmt ist von den fruchttragenden Zweigen eines Aprikosenbaums an der Hauswand. Eine stimmungsvolle Farbgebung prägt das Bild, dessen räumliche Tiefe durch den Fensterladen und das offene Innenfenster erschlossen wird.

Gabriel Metsu

Gabriel Metsu (1629 – 1667) lässt in seinem Bild "Das kranke Kind" (um 1665) den Betrachter unmittelbar am persönlichen Kummer teilhaben. Mit Sorge beugt sich die Mutter über das blässliche kleine Mädchen auf ihrem Schoß. Die Komposition setzt sich aus zwei diagonalen Figurenanordnungen zusammen, wobei die Farbe das Krankheitsthema aufnimmt, denn dem kräftigen Rot-Grün-Gelb-Farbakkord im Vordergrund folgt im Zurücksinken des schwächlichen Kindes ein fast monochromer beigebrauner Farbhintergrund. Die Haltung von Mutter und Kind erweckt außerdem Assoziationen mit dem traditionellen Muttergottesmotiv.

Paulus Potter

Paulus Potter (1625 – 1654) war der bedeutendste Vertreter der niederländischen Tiermalerei, ja der Schöpfer dieser Bildgattung überhaupt. Seine "Zwei Pferde auf der Weide" (1649) machen deutlich, dass er Tiere nicht nur als Staffage einer Landschaft ansah, sondern eine fast porträthafte Tiergestaltung verfolgte. Dabei ist er aber kein Freilichtmaler, sondern komponiert seine Bilder frei im Atelier aus verschiedenen Einzelstudien nach der Natur.

Willem van de Velde d. J.

Da die Niederländer im 17. Jh. eine bedeutende Kriegsmarine und die größte Handelsflotte der Welt besaßen, waren Motive aus der Seefahrt, zum Beispiel Seeschlachten, sehr beliebt zur Stärkung des patriotischen Bewusstseins. Willem van de Velde d. J. (1633 – 1707) brachte das Marinestück zu wahrer Meisterschaft. Bei seinem "Kanonenschuss" (um 1660), der eigentlich ein Salutschuss ist, erscheint die Ruhe des Meeres mit glatter Wasseroberfläche als starker Gegensatz zur militärischen Aktion mit ordentlich Pulverdampf.

Gerard Terborch

Als bedeutender Sittenschilderer erweist sich Gerard Terborch (1617 bis 1681). Seine "Galante Unterhaltung, 'Die väterliche Ermahnung'" (um 1654) genannt, ist aber ironisch gemeint, denn der junge Offizier auf der rechten Seite zeigt der jungen Dame verführerisch ein blinkendes Geldstück.

Rijksmuseum

Johannes Vermeer

Das Œuvre von Johannes Vermeer (1632 – 1675) umfasst nur etwa dreißig Ölgemälde, da er ein sehr langsamer Maler war, kein Wunder bei seiner ungeheuren Detailgenauigkeit. In seinen Bildern verschmelzen Form, Farbe und Licht zu einer einzigartigen Wirkkraft, die seinen gemalten Interieurs und Personenschilderungen stilllebenhafte Ruhe und seelische Tiefe verleihen. Vermeers Darstellung der "Küchenmagd" (um 1658) in einer eher schäbigen Kammer ist deshalb eine solch faszinierende Alltagsszene, weil der Maler ein beziehungsreiches Ineinandergreifen von plastischen und farbigen Formen zwischen dem Stillleben auf dem Küchentisch und der Milchgießerin entwickelt. Rundformen, kontrastierend und variantenreich eingesetzt, entfalten sich vom Brotkorb über den Brotlaib, den Tontopf und die Öffnung des Milchkrugs bis zu den runden Gewandformen am Oberkörper der Frau und zu ihrem vollen, von einem schlichten Tuch gerahmten Gesicht, getragen von subtilen, nuancenreichen Farbabstufungen und weichen Helldunkelübergängen. Von der Rückseite seines eigenen Hauses aus malte Vermeer die Häuser in Delft, "Die kleine Straße" (um 1658) genannt, und zeigt sich dabei nicht nur als ein Meister wirklichkeitsgetreuer Darstellung, sondern als ein Künstler, der auf frappierende Weise raumerschließende und flächenbetonende Kompositionsmittel miteinander verbindet. So fügt sich das Bild aus rechtwinkligen Ordnungsprinzipien und Schräglinien zusammen, die sowohl räumlich-perspektivische als auch flächig-dekorative Wirkungen erzielen.

Johannes Vermeer "Küchenmagd"

Pieter de Hooch

Pieter de Hooch (1629 – 1684) zeigt in seinem Bild "Am Wäscheschrank" (1663) eine häusliche Szene beim Einräumen der Wäsche.

Die Innenraumgestaltung ist in warmen Farbtönen gehalten und gewinnt dadurch an Behaglichkeit. Andererseits sind für de Hooch Raumdurchblicke wichtige Kompositionsprinzipien in Verbindung mit geschickter Lichtregie, so dass sich das Interieur als eine Abfolge mehrerer verschachtelter Räume mit Einblicken, Ausblicken und Durchblicken auftut.

Das goldene Zeitalter (Fortsetzung)

Das Architekturbild erfährt durch Emanuel de Witte (1616/1618 bis 1692) eine große Bereicherung. "Das Innere einer gotischen Kirche" ist eine strenge zentralperspektivische Komposition, wobei das Licht zur Hervorhebung und Gliederung der Raumzonen verwendet wird. Als Memento mori, als Mahnung an die Vergänglichkeit, ist wohl das offene Grab mit dem Totengräber zu verstehen, während die Wappentafeln und Fahnen auf den Nachruhm der Verstorbenen hinweisen.
Auch das "Innere der portugiesischen Synagoge in Amsterdam" (1680), die heute noch unversehrt existiert, wird durch ein reizvolles Spiel von Licht und Schatten gestaltet. In allen seinen Gemälden legt de Witte großen Wert auf die exakte Architekturwiedergabe.

Emanuel de Witte

Zu den herausragenden Landschaftsmalern der zweiten Hälfte des 17. Jh.s zählt Philips Koninck (1619 – 1688). Er malte von einem erhöhten Standpunkt aus einen großartigen Fernblick über eine "Flachlandschaft mit Hütten an einem Weg" (um 1655).

Philips Koninck

Rembrandt van Rijn (1606 – 1669) ist mit Meisterwerken aus allen Schaffensperioden im Rijksmuseum vertreten. Zu seinem Frühwerk aus der Leidener Zeit gehört "Tobias beschuldigt Anna des Diebstahls eines Böckchens" (1626), eine psychologisch einfühlsam geschilderte menschliche Situation, in welcher der alte, erblindete Tobias in Gesicht und Haltung seine Fassungslosigkeit zum Ausdruck bringt, während Schrecken und Kränkung auf dem Gesicht der zu Unrecht beschuldigten Anna liegen, die mit dem Lohn ihrer Arbeit als Spinnerin das Zicklein rechtmäßig erworben hat. Hervorragend ist die präzise und feine Darstellung der Personen bis ins letzte Detail, einschließlich des verschlissenen Mantels des Tobias sowie die ausgezeichnete Lichtführung, die zur Verlebendigung der Szene beiträgt. Das für Rembrandt so charakteristische kräftige Helldunkel zeichnet auch sein eindrucksvolles "Selbstbildnis" (1628) und das Gemälde "Jeremia trauert über die Zerstörung Jerusalems" (1630) aus.

Rembrandt van Rijn und seine Schüler
Rembrandts Frühwerk

Zu den ersten großen Aufträgen Rembrandts während seiner Amsterdamer Schaffensperiode gehört "Der Schützenaufmarsch der Kompanie des Hauptmanns Frans Banning Cocq und seines Leutnants Willem van Ruytenburch" (1642), im Volksmund bekannt als "Die Nachtwache", da das Bild im 19. Jh. stark nachgedunkelt war. Es handelt sich aber keineswegs um ein Nachtstück. Der Aufmarsch findet in einer schattigen Seitenstraße bei Tage statt, allerdings liegt ihm kein reales Ereignis zu Grunde. Es ist ein Erinnerungsbild der Bürger-Soldaten an gemeinsame Aktivitäten, jeder bezahlte übrigens für sein Porträt, und war zur Aufhängung im großen Versammlungssaal der Büchsenschützen bestimmt. Vielleicht ließ sich Rembrandt bei der Bildgestaltung von den prachtvollen Aufzügen

"Die Nachtwache"

Rembrandt van Rijn und seine Schüler (Fortsetzung)

aus Anlass des Besuchs der Königin von Frankreich 1638 in Amsterdam inspirieren. Auf jeden Fall brach er mit der malerischen Tradition der Schützenstücke, denn anders als alle Maler vor ihm stellt Rembrandt seine Personengruppe nicht in posenhafter Haltung dar, sondern in voller Bewegung. Die Schützen machten ursprünglich den Eindruck, als marschierten sie auf den Betrachter zu. Leider wurde bei der Neuaufhängung 1715 im Amsterdamer Rathaus das Bild auf der linken Seite um etwa 1 m und auf der rechten Seite um etwa 30 cm beschnitten, um es zwischen zwei Türen einzupassen, so dass die Mittelgruppe mit Hauptmann und Leutnant heute sehr viel statischer als in der ursprünglichen Komposition wirkt. Rembrandts Inszenierung des Schützenaufmarsches ist ein spannungsreiches, faszinierendes Bewegungsschauspiel in leuchtenden Farben und vielfältigsten Handlungsformen. Durch besondere Beleuchtung hervorgehoben ist ein kleines Mädchen, das ein Huhn am Gürtel trägt, bei dem die Klauen stark herausgearbeitet sind. Es ist sozusagen das Maskottchen der Kloveniersgilde, denn Kloven bedeutet Gewehrkolben und hat Ähnlichkeit mit dem Wort Klauw (Klaue). Entsprechend bildeten Klaue und Gewehr das Emblem der Büchsenschützenvereinigung.

"Die Nachtwache" (Ausschnitt)

"Anatomie des Dr. Deyman"

Von der ursprünglich 275 mal 200 cm großen "Anatomie des Dr. Deyman" (1656) ist nach einem Brand von 1723 im Gilderaum der Chirurgen, wo das Bild hing und schwer beschädigt wurde, nur noch ein Ausschnitt von 100 mal 134 cm erhalten. Nach der "Anatomie des Dr. Tulp" (1632, Den Haag, Mauritshuis) ist das zweite Anatomiestück Rembrandts dem Nachfolger Tulps, Dr. Joan Deyman als Praelector des Anatomischen Theaters in Amsterdam gewidmet. Es zeigt den berühmten Mediziner mit der Hirnschale in Händen bei der öffentlichen Durchführung einer Gehirnsektion am 29. Januar 1656 an einem tags zuvor erhängten Verbrecher. Der ursprüngliche Figurenaufbau dieses Gruppenbildnisses war eher traditionell – wohl auf Wunsch der Auftraggeber – mit dem Anatomen Dr. Deyman in der Bildmitte. Eindrucksvoll ist dagegen die verkürzte Wiedergabe des Leichnams, die auf eine berühmte italienische Darstellung des toten Christus in der "Beweinung von Mantegna" (Ende 15. Jh.) bzw. von Orazio Borgianni (um 1615) zurückgeht.

"Staalmeesters"

Ein großartiges Gruppenporträt – das letzte Rembrandts – bilden "Die Vorsteher der Tuchfärberzunft", "Staalmeesters" (1662) genannt, die auf ein Jahr gewählt wurden, um Qualität und Farben der Tuche zu prüfen. Das Gemälde war einst im Staalhof, der Gildehalle der Färberzunft, hoch an der Wand angebracht, worauf die starke Untersicht der Komposition Bezug nimmt. Die fünf Vorsteher – der Mann ohne Hut ist ein Bediensteter – sind höchst lebendig in ihren individuellen Körperbewegungen erfasst, im Umschauen, Aufblicken, Aufstehen, Vorbeugen und Zurücklehnen einschließlich ihrer unterschiedlichen Handbewegungen. Aber alle diese Aktionen greifen ineinander und führen zu einer beeindruckenden Geschlossenheit der ganzen Gruppe.

Rembrandt van Rijn und seine Schüler (Fortsetzung)

Das "Selbstbildnis als Apostel Paulus" (1661) zeigt ein ausdrucksvolles Altersporträt Rembrandts, der mit etwa 100 Selbstdarstellungen dem Betrachter Einblicke in sein bewegtes Leben ermöglicht.

"Selbstbildnis als Apostel Paulus"

Das Doppelporträt eines seine Frau liebkosenden Mannes ist seit dem 19. Jh. als "Judenbraut" (um 1665) bekannt und stellt vermutlich den jüdischen Dichter Don Miguel de Barrios und seine Gattin Abigael de Pina dar mit Anspielungen auf die biblische Welt, vornehmlich auf Isaak und Rebekka. Auffallend im Spätwerk Rembrandts ist der pastose Farbauftrag, der teilweise reliefartige Qualität besitzt, so dass die warmen Brauntöne, die rötlichen und goldgelben Valeurs noch intensiver und glänzender erscheinen.

"Judenbraut"

Ferdinand Bol (1616 – 1680) schuf als Schüler Rembrandts "Die vier Vorsteher des Amsterdamer Aussätzigenhauses" (1649). Die Lichtführung und die Eindringlichkeit der Gebärdensprache werden als die Komposition vereinheitlichende Elemente hervorragend eingesetzt. Die besonderen Hervorhebungen von Gesicht und Händen erinnern zudem an Rembrandt'sche Gruppenporträts.

Ferdinand Bol

Gerrit Dou (1613 – 1675) zeichnet sich vor allem durch seine Nachtstücke aus. "Die Abendschule" (vor 1665) ist in effektvoller Helldunkeltechnik gemalt. Im Schein der Kerzen erstrahlen nicht nur die wissbegierigen Kindergesichter, sondern auch der gesamte Tiefenraum wird wirkungs- und stimmungsvoll erschlossen über nur vier Kerzenflammen als Lichtquellen. Dabei kommt dem Licht zusätzlich als "Licht des Verstehens", als Erleuchtung, eine symbolische Bedeutung zu. "Der Einsiedler", die Darstellung eines betenden Greises, besticht durch die virtuose Detailwiedergabe und exzellente Lichtführung.

Gerrit Dou

Unter den Rembrandtschülern rückt Govert Flinck (1618 – 1680) mit "Isaak segnet Jakob" (1638) noch am ehesten in die Nähe des Meisters. Von großer Unmittelbarkeit und hoher Charakterisierungskunst ist die Darstellung des alten und blinden Jakob, der mit tastenden Händen nach dem Haarschopf seines Sohnes sucht.

Govert Flinck

Das 17. Jh. klingt aus mit den hintergründigen Sittenschilderungen von Frans van Mieris (1635 – 1681) und den Historienbildern, u.a. "Gastmahl der Kleopatra" von Gerard Lairesse (1641 – 1711) sowie den Tierbildern von Melchior d'Hondecoeter (1636 – 1695), z.B. "Pelikan und anderes Geflügel bei einem Wasserbassin" (um 1680). In den folgenden Epochen gleicht sich die niederländische Malerei den europäischen Hauptströmungen an und kommt erst Ende des 19. Jh.s mit Vincent van Gogh und zu Beginn des 20. Jh.s mit der De-Stijl-Bewegung zu neuem Ruhm.

Ausgehendes 17. Jahrhundert

Scheepvaartmuseum (Schifffahrtsmuseum) J 5

Lage
Kattenburgerplein 1

Bus
22, 32

Öffnungszeiten
Di. – So.
10[00] – 17[00]
(im Sommer auch Mo.)

Das Niederländische Schifffahrtsmuseum besitzt eine der größten Sammlungen dieser Art auf der Welt und liefert eine umfassende Übersicht über die Geschichte der niederländischen Seefahrt von den Anfängen bis in die Gegenwart. Allein 500 maßstabgetreue Schiffsmodelle und eine Vielzahl an Seekarten, Navigationsinstrumenten, Gemälden, Waffen und Fotos faszinieren den Besucher, angeordnet sind sie nach chronologischen Gesichtspunkten.
Untergebracht ist das Schifffahrtsmuseum in einem Gebäude, das 1655 nach Plänen des Stadtarchitekten Daniel Stalpaert als Zeughaus für die Admiralität errichtet worden ist. Infolge eines Brandes von 1791 wurde es erneuert. Die Admiralität räumte das Gebäude 1973. Nach umfassender Restaurierung dient es seit 1981 als Museum, zu dem auch eine Bibliothek, ein Buch- und Souvenirladen sowie ein Café gehören.

"Amsterdam"

Im Preis für den Besuch des Schifffahrtsmuseums ist die Besichtigung des Seglers "Amsterdam", der am Museumssteg vor Anker liegt, eingeschlossen. Es handelt sich um den Nachbau eines Schiffes der Vereinigten Ostindischen Kompanie. Das Originalschiff strandete bei seiner Jungfernfahrt 1749 vor der Südküste Englands – und liegt bis heute dort auf Grund. Im Rahmen eines Beschäftigungsprogramms für Arbeitslose wurde in den achtziger Jahren das Schiff nachgebaut. Hier wird der Besucher nun unmittelbar in die Zeit des 18. Jh.s zurückversetzt. In historische Kostüme gekleidete Personen vermitteln einen Eindruck davon, wie man auf diesem ca. 48 m langen und fast 12 m breiten Dreimaster lebte.

Hier dreht sich alles um die Seefahrt: Schifffahrtsmuseum.

Gegenüber dem Schifffahrtsmuseum (östlich der Zufahrt zum IJtunnel) liegen ca. 20 Schiffe vor Anker, die allesamt vor 1940 gebaut worden waren und in der Binnenschifffahrt ihren Dienst versahen. Von außen kann man sich die "Schiffsoldtimer" jederzeit anschauen.

Museumshafen

Schiphol (Flughafen Schiphol)

südwestl. A 10

Der Flughafen Schiphol liegt 10 km südwestlich von Amsterdam inmitten des trockengelegten Haarlemmermeerpolders, ca. 4 m unter dem Meeresspiegel. Auf Karten von 1610 ist dieser Ort mit dem Namen "Shipp Holl" angegeben, was darauf schließen lässt, dass hier etliche Schiffe im Haarlemmermeer versunken sein müssen.
Im Jahr 1917 starteten und landeten in Schiphol zum ersten Mal militärische Flugzeuge. 1920 flog die KLM (Koninklijke Luchtvaart Maatschappij) London an und verband damit Schiphol mit dem internationalen Flugverkehr. Am 10. Mai 1940 wurde Schiphol durch Bombardierungen zerstört, doch bald nach Kriegsende wieder aufgebaut und erweitert. Mit jährlich etwa 35 Mio. Passagieren rangiert Schiphol an vierter Stelle der europäischen Flughäfen. Um dem steigenden Fluggastaufkommen gerecht zu werden – jährlich sind 8 – 9% mehr Passagiere zu verzeichnen –, soll bis zum Jahr 2003 die fünfte Startbahn fertig gestellt werden. Bei Umweltschützern stößt der weitere Flughafenausbau wegen der erheblichen Lärmbelästigungen und hohen Abgasemissionen im dicht besiedelten Ballungsgebiet auf verständliche Proteste.
Ein hochmodernes Büro- und Konferenzzentrum steht im Flughafen Schiphol ebenso zur Verfügung wie ein Freizeitcenter, in dem man sich u.a. via Simulator auf 24 Golfplätzen tummeln kann. Auf dem Dach des 370 m langen und 18 m breiten Mittelstegs, an dem die Flugzeuge abgestellt werden, befinden sich großzügige Aussichtsanlagen.

Lage
10 km südwestlich

Eisenbahn
ab Centraal Station (alle 20 Min.)

Im Nationaal Luchtvaartmuseum Aviodome geben mehr als 20 Flugzeuge einen Einblick in die Geschichte der zivilen Luftfahrt (Öffnungszeiten von April bis September: tgl. 10^{00} – 17^{00}; von Oktober bis März: Di. – Fr. 10^{00} – 17^{00}, Sa., So. 12^{00} – 17^{00} Uhr).

Aviodome

Im Terminal I findet man das Besucherzentrum. Videopräsentationen, interaktive CDs und Computer vermitteln Informationen über den Flughafen.

Schipholscoop

Im Aviodome und in der Schiphol World Hall erhält man Tickets für die Schiphol World Tour. Wer an der rund einstündigen Bustour durch das Flughafengelände teilnehmen möchte, muss seinen Pass vorlegen.

Schiphol World Tour

Schreierstoren (Schreierturm)

H 4

An der Kreuzung von Prins Henrikkade und Geldersekade, in der Nähe des Hauptbahnhofs (Centraal Spoorweg Station) steht der Schreierturm, ein Überbleibsel der mittelalterlichen Stadtmauer (1480 errichtet). Bis 1960 diente er als Sitz des Hafenmeisters, der

Lage
Ecke Prins Henrikkade/Geldersкade

Schreierstoren (Fortsetzung)

Circle Tram
Centraal Station

Straßenbahn
1, 2, 4, 5, 9, 13, 16, 17, 24, 25

Metro
Centraal Station

dann in das Hafengebäude umzog. Daraufhin stand der Turm lange Zeit leer, heute beherbergt er ein Café.
Die tatsächliche Bedeutung des Namens ist umstritten: Ein Giebelstein mit der Jahresangabe 1569 zeigt eine weinende Frau. Daraus schloss man, dass hier die Frauen der Seeleute den Abschied ihrer ausfahrenden Männer beklagten. Eine zweite Version leitet den Namen von der Tatsache ab, dass der Turm rittlings (schrijlings) auf dem Kamperhoofd, einer Mauer, sitzt.
Am Turm wurde 1927 eine bronzene Gedenktafel zur Erinnerung an Henry Hudson angebracht, der von hier aus am 4. April 1609 mit seinem Schiff "De halve Maan" (Halbmond) zu einer Reise aufbrach, die mit der Gründung Neu Amsterdams (New York) endete.

Singel — G/H 4/5

Lage
Zentrum

Der Singel (nicht zu verwechseln mit der Singelgracht) war ursprünglich ein Festungskanal. An der Innenseite, an der die Häuser mit den ungeraden Nummern stehen, verlief die Stadtmauer. Jenseits davon lagen die Gemüsegärten und Wiesen der Stadt (einer der ehemaligen Durchgänge zu den Gärten ist die Torensluis). Da die Stadtmauer ihre Schutzfunktion durch die Ausbreitung der Stadt verloren hatte, wurde sie um 1600 abgerissen. An ihrer Stelle errichtete man Wohnhäuser.

Haus Nr. 7

Bei einem Spaziergang entlang dieser Gracht bieten sich liebenswerte Details: Das Haus Nr. 7 ist nicht breiter als eine Eingangstür und damit das schmalste Haus Amsterdams.

Ronde Lutherse Kerk (Nr. 11)

Die 1668 – 1671 errichtete Runde Lutherkirche brannte 1822 bis auf ihre Grundmauern ab und wurde danach in ihrer ursprünglichen Form wieder neu aufgebaut. Wie es für den protestantischen Kirchenbau charakteristisch ist, präsentiert sich das weiße Innere äußerst nüchtern. Die staffelartig angeordneten Sitze der Galerien lassen eher an ein Theater, denn an eine Kirche denken.
Schon seit 1935 werden in der Ronde Lutherse Kerk keine Gottesdienste mehr abgehalten, heute finden hier Konzerte und mitunter auch Kongresse statt (Sonesta Koepelzaal).

Szenerie am Singel

Katzenboot (bei Nr. 44)

Zu einer Touristenattraktion hat sich das vor dem Haus Nr. 44 festgemachte Katzenboot entwickelt. Zahllose heimatlose Katzen haben hier Kost und Logis gefunden. Besucher sind durchaus willkommen, sofern sie bereit sind, durch eine Spende zum Unterhalt der Tiere beizutragen.

Veerhuis de Zwaan (Nr. 83 – 85)

Pilaster mit ionischen Kapitellen lockern die Fassade des 1652 erbauten Veerhuis de Zwaan auf. Seinen Namen verdankt das Haus einem früheren Besitzer.

Vergulde Dolphijn (Nr. 140 – 142)

Architektonisch interessant ist vor allem das Haus Nr. 140 – 142, das nach Entwürfen des Architekten Hendrik de Keyser 1600 entstand. Hier wohnte Banning Cocq einige Zeit, die Hauptgestalt in Rembrandts "Nachtwache" (siehe S. 125).

Torensluis, Multatuli-Denkmal

Ehemals stand auf der breitesten Brücke über den Singel (an der Kreuzung mit der Oude Leliestraat) ein Turm, der im 17. Jh. als Gefängnis fungierte und der Brücke ihren Namen gab. Knapp über dem Wasserspiegel befand sich ein Verlies, das früher als Ausnüchterungszelle (für Männer und Frauen getrennt) gedient haben soll. Seit 1987 ziert ein Denkmal für den niederländischen Schriftsteller Multatuli (1820 – 1887) die Brücke, dem die Stadt auch ein eigenes informatives Museum gewidmet hat (▶ Praktische Informationen, Museen).

Baedeker TIPP

Gute Adresse für drinnen und draußen

Nur wenige hundert Meter vom Blumenmarkt entfernt lohnt das Café De Jaren (Nieuwe Doelenstraat 20 – 22; Küche geöffnet von 10^{00} bis 23^{00} Uhr) einen Besuch. Die Tische verteilen sich auf zwei Etagen und sind vor allem während der Mittagszeit schnell belegt. Im Sommer sitzt man noch besser draußen an der Amstel.

Bloemenmarkt

Bald nachdem man die zur Universität gehörenden Bauten am Singel passiert hat, erreicht man den zum Teil auf Hausbooten untergebrachten Blumenmarkt (Mo. – Sa. 9^{00} – 17^{00} Uhr). Hier werden unzählige Arten von Schnittblumen und Topfpflanzen feilgeboten. Alle erdenklichen Utensilien zur Blumenpflege, wie Torfmull und Erde, Dünger und Blumensamen, Gießkannen und Blumentöpfe, sind ebenfalls zu haben. Und das Geschäft läuft gut, denn: Die Niederländer kaufen im europäischen Vergleich die meisten Blumensträuße – zweieinhalb pro Familie und Woche.
Nicht immer hatte der Blumenmarkt am Singel seinen Sitz: Während des 17. Jh.s wurde er im Sommer jeden Montag am St. Luciënsteeg, in der Nähe des heutigen ▶ Amsterdams Historisch Museum, abgehalten. Was das Angebot betrifft, so war es auch damals schon so groß, dass ein Zeitgenosse sich beklagte, es sei schwierig und verdrießlich, die Namen der feilgebotenen Sträucher und Pflanzen aufzuzählen.

Spui G/H 5

Lage
Südwestliche Innenstadt

Straßenbahn
1, 2, 5

Neben Rembrandtplein und Leidseplein ist der Spui einer der beliebten Treffpunkte Amsterdams. Man verabredet sich im "Café Luxembourg", debattiert im "De Zwart" über Gott und die Welt oder besucht das Bruine Café "Hoppe", die älteste Kneipe der Stadt. Seinen Namen "Schleuse" verdankt der Spui der merkwürdigen Form. Zunächst breit wie ein Platz, verengt er sich nach Osten und mündet als schmale Straße schließlich auf den Rokin.

Lieverdje

Im Zentrum des Geschehens auf dem Spui steht das "Lieverdje" (ein Amsterdamer Gassenjunge). Ursprünglich als Gipsfigur von dem Bildhauer Carel Kneulman für ein Stadtteilfest angefertigt, fand ein Fabrikant das "Knäblein" so ansprechend, dass er es in Bronze gießen ließ und der Stadt schenkte. Am 10. September 1960 wurde es am Spui enthüllt und war seitdem Brennpunkt so mancher politischen Aktion – einerseits auf Grund seiner zentralen Lage in Uninähe, zum anderen als Symbol für Aufmüpfigkeit. Zur "Provo"-Zeit (1964 – 1966), der deutschen Studentenbewegung ähnlich, fanden beim Lieverdje "Happenings" statt, und die ersten "Provo"-Manifeste wurden hier verteilt.

Universiteit van Amsterdam

Die Gebäude an der Südseite des Spui beansprucht die Universiteit van Amsterdam. Die 1877 gestiftete, also verhältnismäßig junge Amsterdamer Gemeindeuniversität war die erste Universität der Niederlande, die nach dem Zweiten Weltkrieg eine achte Fakultät, die der sozialen und politischen Wissenschaften, einführte. Sie genießt bis heute einen progressiven Ruf.
Im Maagdenhuis (Nr. 21), einst ein Waisenhaus für Mädchen, ist heute die Universitätsverwaltung untergebracht.

Begijnhof

Vom Spui aus gelangt man auch in den ▶ Begijnhof.

**Stedelijk Museum (Städtisches Museum) G 6

Lage
Paulus Potterstraat 13

Circle Tram
Van Baerlestraat

Straßenbahn
2, 3, 5, 12, 16

Öffnungszeiten
tgl. 11⁰⁰ – 17⁰⁰

Internet
www.stedelijk.nl

Das Städtische Museum (1885 gegründet) gehört auf dem Gebiet der modernen Kunst zu den bedeutendsten Museen in Europa. Seine Sammlung umfasst vornehmlich holländische und französische Gemälde des 19. und 20. Jh.s.
Hauptgebäude des Stedelijk Museum ist ein Neorenaissancebau von 1895. Die Statuen in den Nischen stellen bedeutende niederländische Künstler und Baumeister (u.a. Hendrik de Keyser und Jacob van Campen) dar. An den rot-weißen Backsteinbau wurde 1954 der moderne Südflügel angebaut. In naher Zukunft wird das Museum nochmals vergrößert. Nach Plänen des Portugiesen Alvaro Siza soll ein neuer Anbau entstehen.
Das Museum verdankt seine Gründung dem Kunstverstand und der Großzügigkeit führender Amsterdamer Bürger. Grundlage seines Fundus ist die Stiftung der Witwe Suasso-de-Bruin (Sophia-Augusta-Stiftung). Hinzu kamen die Sammlung zeitgenössischer Kunst von Chr. P. van Eeghen sowie weitere, nicht auf zeitgenössische Werke beschränkte Kollektionen. Diese wurden später in andere Museen überführt, da sich das Städtische Museum gemäß seinem Grün-

Mit mehreren Werken ist der CoBrA-Künstler Karel Appel im Städtischen Museum vertreten. Hier sein "Paar" von 1951.

Stedelijk Museum (Fortsetzung)

dungsgedanken auf moderne Kunst ab Mitte des 19. Jh.s spezialisierte. Folgende Stilrichtungen und Künstler sind hier u.a. vertreten: De Stijl (Van Doesburg, Mondriaan, Rietveld), Cobra (Karel Appel, Corneille, Jorn), Colourfield Painting (Kelly, Louis, Newman), Pop Art (Rosenquist, Warhol), Nouveau Réalisme (Armand, Spoerri, Tinguely); Maler wie Chagall, Dubuffet, De Kooning, Malewitsch und Matisse. Zur Sammlung des Museums gehören auch zahlreiche Plastiken, u.a. von Rodin, Moore, Renoir, Laurens, Visser.
Das Programm des Städtischen Museums, das auch über eine eigene Bibliothek verfügt, umfasst außerdem Avantgardefilme, Konzerte und Ausstellungen.

Stopera (Rathaus und Musiktheater) — H 5

Lage
Waterlooplein
(Amstel 1 – 3)

Circle Tram
Waterlooplein

Straßenbahn
9, 14

Metro
Waterlooplein

Einen Großteil des einstigen Waterlooplein (▶ Jodenbuurt) nimmt ein 1988 fertig gestelltes Doppelgebäude ein, das Amsterdams Oper "Het Muziektheater" und das Rathaus beherbergt und daher "Stopera" (Stadhuis/Opera) genannt wird.
Die ursprünglichen Pläne für den Monumentalbau stammen von dem Österreicher Wilhelm Holzbauer. Er hatte bereits 1968 einen Architektenwettbewerb für die Errichtung des Rathauses gewonnen, das damals noch getrennt von der Oper entstehen sollte. Erhebliche Kontroversen um beide Bauten verzögerten den Baubeginn. Erst 1979 entschloss man sich zu dem Gemeinschaftsbau, der dann in den achtziger Jahren an der Amstel verwirklicht wurde.
Das L-förmige Rathaus umfasst das Opernhaus, das sich wiederum im Halbkreis zum Fluss hin ausbuchtet. In dem Opernhaus mit seiner außergewöhnlich breiten Bühne (22 m) und einem entsprechend großen arenaartigen Zuschauerraum werden neben Aufführ-

Stopera (Fortsetzung)

rungen des Niederländischen Nationalballetts und der Nationaloper auch Gastspiele veranstaltet.
Im Erdgeschoss der Stopera befindet sich das Café Dantzig (► Praktische Informationen, S. 153); im Sommer hat man von der Terrasse, im Winter immerhin durch die großen Glasfenster einen schönen Blick auf die Häuser entlang der Amstel und dem Zwanenburgwal.

Normaal Amsterdams Peil

In der Passage zwischen Rathaus und Muziektheater kann vor dem Hintergrund eines 25 m langen Querschnitts durch die Niederlande eine Replik des Normaal Amsterdams Peil (NAP) besichtigt werden. Er gibt den mittleren Wasserstand der Nordsee an (die "echte" Messmarke befindet sich unterhalb des Straßenpflasters vor dem Königlichen Palast). Auch in Deutschland dient der Amsterdamer Normalpegel als Bezugsfläche für alle amtlichen Höhenangaben.

Stopera: Rathaus und Musiktheater mit guter Akustik in einem Gebäudekomplex

Theater Carré — J 6

Lage
Amstel 115 – 125

Straßenbahn
6, 7, 10

Circle Tram
Weesperplein

Als die Kirmes in Amsterdam abgeschafft wurde, fand Oscar Carré, Leiter des um die Jahrhundertwende ungemein populären Circus Carré, auf der Suche nach einem festen Sitz in Amsterdam einen geeigneten Platz an der Amstel. Er erhielt eine zeitliche Genehmigung zur Errichtung eines Holzzeltes. Oscar Carré ignorierte jedoch die amtlichen Auflagen und ließ auf sein Zelt ein steinernes Dach setzen. Als ihn die Gemeinde zum Abbruch aufforderte, stellte er einen neuen Antrag auf eine Dauererlaubnis. Schließlich

hatte er damit Erfolg. Im Jahre 1887 wurde das Carré, so wie man es heute kennt, eröffnet.
Nach dem Tode Oscar Carrés 1911 wurden die Räumlichkeiten in ein Theater umgewandelt, das aber lange nicht so erfolgreich war wie der Zirkus, so dass die Familie Carré das Haus verkaufen musste. Es kam in verschiedene Hände, bevor es 1927 einer Aktiengesellschaft unter der Leitung von Alex Wunnink übergeben wurde, dem es gelang, dem Haus Carré wieder einen wichtigen Platz im Amsterdamer Theaterleben zu verschaffen.
Heute treten hier die unterschiedlichsten Künstler auf: Ballett- und Operettenensembles, der russische Staatszirkus, aber auch national und international bekannte Popstars.

Theater Carré
(Fortsetzung)

Trippenhuis (Trippenhaus)

H 5

Das vornehme Patrizierhaus, an der Verbindung von Amstel und Nieuwmarkt gelegen, wurde von den Gebrüdern Trip (reichen Kanonenfabrikanten) nach einem Entwurf von Justus Vingboons als Doppelhaus gebaut und beherbergt heute die Niederländische Akademie der Wissenschaften. Die beiden "Kanonenkönige" wünschten sich, als sie nach Amsterdam zogen, ein repräsentatives Haus als Wohnsitz. 1662 konnten sie das "Trippenhaus" beziehen. Die wie Mörser geformten Schornsteine deuten an, womit die Brüder ihr Geld verdienten.
Im Jahre 1808 zog das Königliche Institut für Wissenschaft, Literatur und Schöne Künste, die heutige Niederländische Akademie der Wissenschaften, in das Trippenhaus ein.

Lage
Kloveniersburgwal 29

Metro
Nieuwmarkt

Die Überlieferung erzählt, ein Bediensteter der Familie Trip habe eines Tages ausgerufen: "Ach, hätte ich ein Haus so breit wie Ihre Eingangstür, so wäre ich glücklich!" Einer der Trip-Brüder soll das gehört und ein kleines Haus im selben Stil dem Trippenhaus gegenüber in Auftrag gegeben haben. Das kleine, 1696 errichtete Trippenhaus (Hausnummer 26) steht heute noch.

Kleines Trippenhaus

Tropenmuseum

K 6

Teil des Königlichen Tropeninstituts ist das Tropenmuseum mit seiner Ausstellung von Kunst- und Gebrauchsgegenständen aus tropischen und subtropischen Gebieten. Die alten und neuen Exponate werden in naturgetreuer Umgebung gezeigt. So hat man beispielsweise die Straße einer nordafrikanischen Stadt nachgebaut, ein indisches Dorf, ein Haus auf Java und einen afrikanischen Markt rekonstruiert. Andere Abteilungen beschäftigen sich u.a. mit Handwerk (z.B. Herstellung von Textilien), mit Technik und Wirtschaft, Religion, Musik und Theater. Dazu bietet das Tropenmuseum laufend Sonderausstellungen, regelmäßige Konzerte mit orientalischer oder asiatischer Musik sowie eine umfangreiche Bibliothek.
Das Königliche Tropeninstitut, entstanden aus dem "Koloniaal Instituut", hatte sich ursprünglich zur Aufgabe gemacht, über die niederländischen Kolonien (Surinam, Indonesien und die niederländischen Antillen) zu informieren. Heute stehen jedoch Probleme der Dritten Welt im Vordergrund.

Lage
Linnaeustraat 2

Straßenbahn
7, 9, 10, 14

Öffnungszeiten
Mo. – Fr. 10^{00} – 17^{00}, Sa., So. 12^{00} – 17^{00}

Tropenmuseum (Fts.) Kindermuseum TM Junior	Eine Unterabteilung des Tropenmuseums ist das Kindermuseum TM Junior. Es ist speziell auf Kinder zwischen sechs und zwölf Jahren ausgerichtet (geöffnet nach Voranmeldung: ☎ 5 68 83 00).

**Van Gogh Museum — G 6

Lage
Paulus Potterstraat 7

Circle Tram
Van Baerlestraat

Straßenbahn
2, 3, 5, 12, 16

Öffnungszeiten
tgl. 10⁰⁰ – 18⁰⁰

Internet
www.vangoghmuseum.nl

Die ursprünglich im ▶ Stedelijk Museum untergebrachte größte Van-Gogh-Sammlung der Welt (eine Stiftung von van Goghs Bruder Theo und seinem Neffen V. W. van Gogh) befindet sich seit 1972 in dem nach Plänen von Gerrit Rietveld erbauten Museum. Dieser von den Niederländern liebevoll spöttisch als "Bunker" bezeichnete Bau erhielt 1999 einen nach Plänen des Japaners Kisho Kurokawa verwirklichten Erweiterungsbau. Kurokawas eigenwillig elliptisch geformter Baukörper mit einem (nicht betretbaren) von Wasser überfluteten Innenhof setzt einen deutlichen Kontrapunkt zum kubischen Rietveld-Bau. Verbunden sind beide Museumsteile lediglich durch einen unterirdisch verlaufenden Gang.

Die Sammlung enthält rund 200 Gemälde, 500 Zeichnungen und 700 Briefe von van Gogh. Außerdem sind Werke derjenigen Zeitgenossen van Goghs zu sehen, die ihn beeinflusst haben oder durch ihn beeinflusst worden sind. Ausgestellt sind u.a. Arbeiten von Delacroix, Pissaro, Monet, Corot, Toulouse-Lautrec und Gauguin, aber auch von Arnold Böcklin, Alexej Jawlensky und Pablo Picasso. Die Dauerausstellung ist im Rietveld-Bau untergebracht, der neue Anbau ist Sonderausstellungen vorbehalten, die die Kunst des 19. Jh.s näher beleuchten.

Eigentlicher Publikumsmagnet des Museums ist jedoch die Sammlung der Gemälde von van Gogh (1853 – 1890; ▶ Berühmte Persönlichkeiten) im Obergeschoss. Angeordnet sind die Werke nach chronologischen Gesichtspunkten. In nur zehn Jahren schuf Vincent van Gogh mehr als 840 Gemälde. Seine eigentliche Schaffensperiode begann 1880 in den Niederlanden. In der Folge entstanden zahlreiche zeichnerische Studien von Bauern und Bäuerinnen. Van Gogh malte realistische Bilder in dunklen Tönen. Als Hauptwerk dieser Schaffensperiode gilt "Die Kartoffelesser" (1885).

Finanzielle Unterstützung erhielt Vincent van Gogh von seinem Bruder Theo, der ihn 1886 nach Paris holte. Hier begann Vincent van Gogh sich intensiv mit den Arbeiten der Impressionisten auseinander zu setzen. Er hatte nicht die nötigen finanziellen Mittel für ein Modell, so benutzte er für zeichnerische Experimente das eigene Gesicht. Über 27 Selbstbildnisse datieren aus dieser Zeit.

Im Februar 1888 übersiedelte van Gogh nach Arles, wo seine bekanntesten Werke entstanden. Die Periode zwischen 1887 und 1890 zeichnet sich durch glühende kontrastreiche Farben aus; die mit breiten Pinselstrichen gemalten Bilder zeigen deutlich impressionistische Einflüsse ("Vase mit Sonnenblumen", "Das gelbe Haus", "Der Sämann" u.a.). Nach wiederholten psychischen Zusammenbrüchen und Anfällen geistiger Verwirrtheit wurde Vincent van Gogh 1889 in die Heilanstalt von Saint-Rémy eingeliefert. Doch der Schaffensprozess ging weiter (u.a. "Van Goghs Zimmer"). Anfang 1890 begab sich van Gogh nach Auvers-sur-Oise in die Obhut des Arztes und Kunstkenners Paul Gachet (es entstanden besonders ausdrucksstarke Bilder u.a. "Weizenfeld mit Raben", "Der Garten von Daubigny" und kurz vor seinem Tod "Krähen über dem Kornfeld").

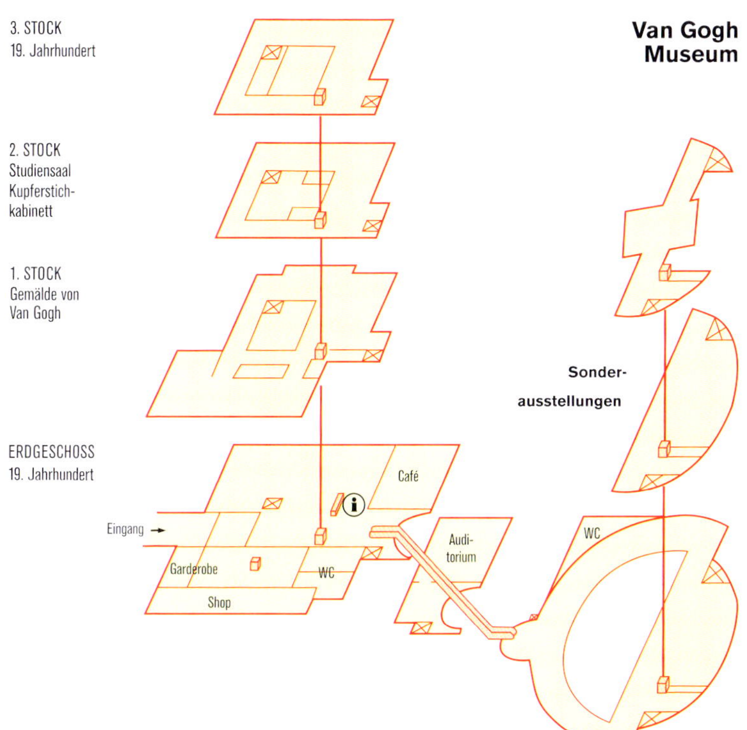

© Baedeker

Das zeichnerische und grafische Werk von van Gogh ist im zweiten Obergeschoss ausgestellt. Im ebenfalls im zweiten Stock befindlichen Studiensaal gibt es eine umfangreiche Bibliothek mit Werken über Vincent van Gogh und seine Zeit. Per Computer hat man hier Zugang zur Website des Museums.

Van Gogh Museum (Fortsetzung)

Volendam

Ausflugsziel

Lage
20 km nordöstlich

Bus
Abfahrt gegenüber Centraal Station

Das zur Gemeinde Edam gehörende Dorf Volendam liegt am IJsselmeer. Wie anderswo hat auch hier die Fischerei stark unter der Eindeichung der Zuiderzee gelitten.

Volendam bildet das katholische Gegenstück zu ▶ Marken und ist in den Niederlanden berühmt wegen seiner Trachten. So ist es nicht verwunderlich, dass der Tourismus die wichtigste Einnahmequelle geworden ist. Noch heute tragen die älteren Bewohner mit Stolz ihre Tracht: die Männer eine wollene Pumphose, die Frauen ein geblümtes Kleid, eine gestreifte Schürze, eine Korallenkette und, wenn die Jahreszeit danach ist, ein blauweiß gestreiftes Schultertuch sowie an Sonn- und Feiertagen ihr berühmtes Spitzenhäubchen, das während der Woche häufig durch ein einfacheres Nesselhäubchen ersetzt wird.

Volendam Museum

Falls man vor Ort niemand in den traditionellen Trachten sieht, so kann man sie sich zumindest im Museum anschauen. Zudem erfährt man dort alles über die Ortsgeschichte (Zeestraat 37; geöffnet von April bis Okt.: tgl. 10⁰⁰ – 17⁰⁰ Uhr).

Marken-Volendam-Express

Von März bis Oktober verkehrt täglich in halbstündigen Abständen ein Ausflugsschiff zwischen ▶ Marken und Volendam.

Vondelpark — E–G 6/7

Haupteingang Leidseplein

Straßenbahn 1, 2, 3, 5, 6, 12

Benannt ist diese grüne Lunge im Herzen Amsterdams nach Joost van den Vondel, Hollands berühmtestem Dichter (▶ Berühmte Persönlichkeiten, Vondel). Sein Standbild im Park wurde 1867 enthüllt. Der im englischen Stil 1865 angelegte Park, der Amsterdamer "Bois du Bologne", wie eine Zeitung zur Eröffnung schrieb, umfasst ca. 48 ha. Hier gibt es einen reichen Baumbestand und viele Vogelhecken, Sandkästen und Spielplätze, hübsche Teiche und Springbrunnen, Blumenrabatten und weite Rasenflächen, ein Rosarium und Teehaus (heute Restaurant/Café mit Biergarten.

Baedeker TIPP Theater unter freiem Himmel

Im Rahmen des Vondelpark-Festivals finden zwischen Ende Mai und Mitte August pro Saison rund 130 Veranstaltungen unter freiem Himmel statt. Das Programm umfasst Klassik, Jazz, Pop, Schauspiel, Kabarett und vieles mehr. Für zahlreiche Veranstaltungen wird kein Eintritt verlangt. Über das genaue Programm informierten die Zeitschrift "Uitkrant" bzw. "What's on /Day by Day" (▶ Praktische Informationen, Veranstaltungsprogramme).

Der Vondelpark war in den sechziger und siebziger Jahren ein Freiraum für Hippies. Als der Drogenhandel mit seinen negativen Begleiterscheinungen überhand nahm, entschloss sich die Gemeinde, den Vondelpark für nächtliche Schläfer zu schließen.

Filmmuseum

Am Nordwestrand des Vondelparks beherbergt ein stattlicher Bau aus dem Jahre 1880 das Filmmuseum (geöffnet zum Kartenverkauf und für Reservierungen: Mo. – Fr. 10⁰⁰ – 22⁰⁰ Uhr, Sa. und So. eine Stunde vor Vorführungsbeginn). Cineasten kommen hier bei Filmvorführungen zu bestimmten Themen auf ihre Kosten. Außerdem gibt es ein umfangreiches Informations- und Dokumentationszentrum. Übrigens gehört zu dem Filmmuseum ein sehr schönes Terrassencafé.

Walletjes — H 4/5

Lage Zentrum

Im ältesten Teil Amsterdams, zwischen dem Oudezijdsvoor- und ▶ Achterburgwal (innerhalb des Dreiecks Hauptbahnhof – Dam – Nieuwmarkt) liegen "de Walletjes", das Viertel der roten Laternen. Schon seit dem 14. Jh. ist das "älteste Gewerbe" hier offiziell erlaubt. An den romantischen Grachten und in den kleinen Seitengassen sitzen die Prostituierten in ihren "Schaufenstern" und bieten sich an. Ist die rote Laterne erloschen und sind die Gardinen zugezogen, sind die Damen beschäftigt. "De Walletjes" wirken bizarr und nach außen hin friedlich mit ihrem bunten Gemisch aus

Besonders im Sommer trifft man sich zu jeder Tageszeit im Vondelpark – nicht nur zum Spazierengehen und Radfahren!

leicht bekleideten Mädchen, Sexshops und Tante-Emma-Läden, Touristen und Einheimischen (durchaus nicht alles Kunden).

Walletjes (Fortsetzung)

*Westerkerk

G 5

Die Westerkerk, in der 1966 die glanzvolle Hochzeit der heutigen Königin Beatrix mit Claus von Amsberg stattfand, ist die populärste Kirche der Stadt. Ihr Turm, im Volksmund "Langer Jan" genannt und mit seinen 85 m der höchste der Stadt, gilt als Wahrzeichen Amsterdams.

Nachdem die Stadt zum Protestantismus übergetreten war, begann Hendrik de Keyser 1620 mit dem Bau der Kirche. Nach dem Tod Keysers wurde das Bauwerk von Jacob van Campen vollendet (1630) und der Turm hinzugefügt. Mit einem Pfingstgottesdienst wurde das Gotteshaus 1631 eingeweiht. Die Bevölkerung des umliegenden ▶ Jordaan-Stadtviertels mied sie zunächst wegen der vornehmen Grachtenbewohner, die hierher zur Andacht kamen. Sie wünschten sich eine eigene Kirche, die sie schließlich mit der Noorderkerk erhielten. In baulicher Hinsicht gilt die Westerkerk als Fortführung der ebenfalls von Hendrik de Keyser geplanten ▶ Zuiderkerk.

Mit 29 m Breite und 28 m Höhe ist die Westerkerk die größte protestantische Kirche der Niederlande. Errichtet wurde sie im Stil der holländischen Renaissance, besitzt jedoch zahlreiche Bauelemente, die an die Gotik erinnern (z.B. die hoch aufragenden vertikalen Linien). Der Turm ragt in der Mitte der Westfassade auf. Er trägt als Spitze die Kaiserkrone: zur Erinnerung an Kaiser Maximilian von

Lage
Westermarkt

Straßenbahn
13, 14, 17

Circle Tram
Westermarkt

Öffnungszeiten
Mo. – Fr.
11⁰⁰ – 15⁰⁰;
im Sommer
auch Sa.

Turmbesteigung
April – Sept.:
Mo. – Sa.
10⁰⁰ – 16⁰⁰

Äußeres (Fortsetzung)

Österreich, der in Amsterdam von einer Krankheit geheilt wurde und der Stadt 1489 seinen Schutz und das Privileg verlieh, im Stadtwappen die Kaiserkrone zu führen. Das Glockenspiel im Turm stammt von François Hemony. Die größte der Glocken wiegt 7500 kg, der Schlaghammer allein ist 200 kg schwer. Das Glockenspiel erklingt an jedem Dienstag zwischen 12^{00} und 13^{00} Uhr.

Inneres

Das Mittelschiff deckt ebenso wie die beiden Querschiffe ein hölzernes Tonnengewölbe (der weiche Untergrund des Baus ließ ein schweres Gewölbe nicht zu), die Seitenschiffe haben dagegen ein steinernes Kreuzgratgewölbe. Erst als es Ende des 17. Jh.s üblich wurde, den Gesang der Gemeinde mit einem Orgelspiel zu begleiten, erhielt die Kirche 1686 ihre Orgel, 1727 wurde sie vergrößert. Bei einer zwischen 1988 und 1991 vorgenommenen Generalüberholung versuchte man, sie wieder so herzurichten wie zu ihrer Entstehungszeit. Die Flügel der Orgel bemalte Gerard Lairesse mit biblischen Motiven und Musikinstrumenten (die zweite Orgel in der Kirche wird nur für die Aufführung von Bachkantaten genutzt).

Kühl und streng zeigt sich der Innenraum der dreischiffigen Westerkerk.

In der Westerkerk befindet sich das Grab von Rembrandt, der hier am 8. Oktober 1669 beigesetzt wurde. Wo sich die Grabstätte genau befindet, konnte bisher nicht festgestellt werden. In der Nähe der Stelle, an der Rembrandts Sohn Titus seine letzte Ruhe fand, wurde 1906 an einer Säule ein Gedenkstein für Rembrandt angebracht.

De Drie Driehoeken

Auf dem Westermarkt (Ecke Keizersgracht) wurde 1987 ein Denkmal von Karin Daan eingeweiht, das an die Verfolgungen erinnern soll, denen Homosexuelle unter der Herrschaft der Nationalsozialisten ausgesetzt waren. Das Denkmal, ein schlichtes Dreieck aus rosa Granit, erinnert daran, dass Homosexuelle während der Nazidiktatur ein rosa Dreieck als Erkennungszeichen an ihrer Kleidung tragen mussten.

Westerkerk (Fortsetzung)

Zaanstad

Ausflugsziel

Lage
15 km nördlich

Die verschiedenen Orte in der Umgebung des Flusses Zaan, etwa 10 – 15 km nördlich von Amsterdam sind zur Gemeinde Zaanstad zusammengefasst. Es ist ein dicht besiedelter und hoch industrialisierter Landstrich. Im 16. Jh. wurden die ersten Holzsägemühlen gebaut. Sie trugen zur Förderung der holzverarbeitenden Industrie und des Schiffbaus bei.

Zaandam

Hier lernte Zar Peter der Große von Rußland 1697 vier Monate lang unerkannt unter dem Namen Peter Michael das Handwerk des Zimmermanns und Schiffbauers. (Den Besuch des Zaren verarbeitete Lortzing in seiner Oper "Zar und Zimmermann".) An jene Zeit erinnert das Zar-Peter-Haus, das Holzhaus, in dem der russische Zar übernachtete (Krimp 24; geöffnet von April bis Oktober: Di. – So. 13^{00} – 17^{00} Uhr), und das 1911 von Zar Nikolaus II. der Stadt geschenkte Zar-Peter-Denkmal auf dem Dam.

Zaandijk

In Zaandijk sollte man Zaans Historisch Museum (Lagedijk 80; geöffnet: Di. – Sa. 13^{00} – 17^{00} Uhr) mit einer Ausstellung von Trachten, Spielzeug und anderen Gegenständen des 17. – 19. Jh.s besuchen.

*Zaanse Schans

Etwa 15 km nordwestlich von Amsterdam stößt man auf ein Stückchen "Bilderbuch-Holland": Die Rekonstruktion eines Zaanland-Ortes aus der Zeit um 1700 (geöffnet: tgl. 10^{00} – 17^{00} Uhr). Dieses Freilichtmuseum entstand 1948 auf Grund einer Privatinitiative. Die Stiftung Zaanse Schans bemühte sich, alte Gebäude, die der industriellen Ausdehnung im Wege standen, vor dem Abriss zu bewahren. Charakteristische Holzhäuser und Mühlen aus dem 17. und 18. Jh. wurden abgetragen und hier wieder aufgebaut. Dass dieses Freilichtmuseum dem Besucher ein so lebensnahes Bild der Vergangenheit vermittelt, liegt nicht zuletzt daran, dass fast alle der mit größter Sorgfalt restaurierten Häuser bewohnt sind.

Zu Beginn des 18. Jh.s standen in dieser Gegend ca. 500 der für das Land so typischen Mühlen. Die Hälfte von ihnen mahlte neben Mehl vor allem Senf, Öl, Kakao, Gewürze und Tabak. Die übrigen 250 waren Sägemühlen, denn im 17. Jh. hatte das Holz verarbeitende Gewerbe dieses Landstriches große Bedeutung. Von den wenigen noch erhaltenen Beispielen sind in Zaanse Schans eine Öl-, eine Farben-, eine Senf- und eine Sägemühle zu besichtigen; außerdem u.a. eine Käserei, eine alte Bäckerei und ein Kolonialwarenladen, eine Holzschuhmacherei und eine Zinngießerei.

Zandvoort

Ausflugsziel

Lage
25 km südwestlich

Zandvoort ist einer der bedeutendsten niederländischen Badeorte an der Nordsee. In den Sommermonaten zieht es bei schönem Wetter Tausende an den endlos lang erscheinenden Strand (fast 9 km

Zandvoort (Fortsetzung)

Eisenbahn ab Centraal Station

lang). An ihn grenzt ein großes Dünengebiet, die so genannten Amsterdamer Wasserleitungsdünen, eine reizvolle Landschaft mit einer Ausdehnung von 3600 ha.

Vielfältig ist natürlich das Sportangebot in Zandvoort, es reicht von Minigolf und Golf über Reiten bis zu Tennis. Bekannt ist der Badeort auch für seine (in der Zwischenzeit aus Lärmschutzgründen verkleinerte) Rennstrecke für Auto- und Motorradrennen (1948 eröffnet).

Trotz der vielen Attraktionen eines modernen Badeortes versucht Zandvoort, seinen alten Charakter zu bewahren. So bemüht man sich, bei der Erneuerung der Nordstadt die Atmosphäre des alten Fischerdorfes beizubehalten, das bis 1828 nur 700 Einwohner zählte. Das Zandvoorter Casino (Badhuisplatz 7) in der 18. Etage des "Bouwes" ist der höchste Punkt an der niederländischen Küste (es ist von 14^{00} bis 2^{00} Uhr nachts geöffnet).

Zuiderkerk — H 5

Lage Zandstraat

Metro Nieuwmarkt

Die in den Jahren 1603 – 1611 (Turm 1614 vollendet) erbaute Zuiderkerk ist die erste Kirche Amsterdams, die nach der Reformation als protestantisches Gotteshaus errichtet wurde. Die Baupläne stammen von dem berühmten Architekten Hendrik de Keyser, der, wie aus einem Gedenkstein mit Versen von Joost van den Vondel (▶ Berühmte Persönlichkeiten) hervorgeht, in dieser Kirche beigesetzt wurde. Ursprünglich besaß die dreischiffige Pseudo-Basilika mit sechs Gewölbefeldern über rechteckigem Grundriss 16 bunte Glas-

Eine Holzbrücke überspannt den Groenburgwal, im Hintergrund der Turm der Zuiderkerk.

fenster, die jedoch schon 1658 entfernt wurden, um mehr Licht einzulassen.

Öffnungszeiten Mo. – Fr. 12⁰⁰ – 17⁰⁰, Do. bis 20⁰⁰; Turmbesteigung von Juni bis Sept.: Mi. – Sa. 14⁰⁰ – 16⁰⁰

Seit 1929 wird die Zuiderkerk nicht mehr als Gotteshaus genutzt. Die Kunstschätze wurden ausgelagert und bekamen andernorts einen neuen Platz. Ihre traurigste Funktion erfüllte die Kirche 1944/1945: Sie diente vorübergehend als Leichenhalle für die vielen Opfer des "Hungerwinters" (Gedenktafel an der Seite des Zuiderkerkhofs). Von 1950 an fanden in der Zuiderkerk verschiedene Ausstellungen, vor allem des Stadtplanungsbüros, statt.

Turm

Der fast 80 m hohe Turm der Zuiderkerk (er kann bestiegen werden) zählt zu den schönsten Amsterdams. In seinem unteren Teil ist der Turm, der sich – deutlich sichtbar – über einen Meter nach Südwesten neigt, in Backstein ausgeführt. Darauf folgt ein Aufbau aus Sandstein und schließlich der bleiverkleidete Oberbau aus Holz. Das Glockenspiel in der achteckigen Spitze stammt aus der Werkstatt der Brüder Hemony. Es wurde mehrmals erneuert und besteht heute aus 47 Glocken – die größte wiegt 3300 kg – mit vier Oktaven Umfang.

Informatiecentrum

Nach umfassenden Restaurierungsarbeiten wurde das Kirchenschiff 1988 Sitz des Informatiecentrum Ruimtelijke Ordening. Hier bekommt der Besucher einen Eindruck von der städtebaulichen Entwicklung Amsterdams vom Mittelalter bis in die nahe Zukunft. In wechselnden Ausstellungen werden zudem aktuelle Stadtbaupläne vorgestellt.

Zuiderkerkhof

Rings um die Zuiderkerk lag früher ein Friedhof, zu dem zwei reich geschmückte Tore führten. Eines dieser Tore wurde wieder aufgebaut und bildet heute von der Sint Antoniesbreestraat einen Zugang zum Zuiderkerkhof.

CAMPARI
CAMPARI

Praktische Informationen

Praktische Informationen von A bis Z

Anreise

Mit dem Auto

Über die Europa-Straßen ist Amsterdam gut zu erreichen. Für Reisende aus Norddeutschland eignet sich am besten die E 30 über Osnabrück – Hengelo – Apeldorn – Amersfoort, ab Amersfoort weiter auf der E 231 bis nach Amsterdam.
Für Reisende aus Süddeutschland, Österreich und der Schweiz gibt es zwei Möglichkeiten, man kann auf der E 35 über Oberhausen – Emmerich – Arnhem und Utrecht nach Amsterdam fahren oder nach dem Grenzübertritt bei Aachen auf der E 314, dann auf der E 25 Eindhoven – 's-Hertogenbosch – Utrecht und von dort auf der E 35 bis nach Amsterdam.

Mit dem Bus

Amsterdam ist ein beliebtes Ziel für Busreisen. Je nach Entfernung vom Heimatort bieten Veranstalter Kurzfahrten (z.B. über das Wochenende) oder längere Arrangements an. Mit den Fernbussen der Deutschen Touring GmbH (Am Römerhof 17, D-60486 Frankfurt am Main, ☎ 0 69/7 90 30, FAX 0 69/70 60 59, Internet: www.deutsche-touring.com) bestehen von deutschen Großstädten regelmäßige Verbindungen nach Amsterdam.

Mit der Eisenbahn

Direktverbindungen nach Amsterdam bestehen von Düsseldorf (Fahrtzeit: 2 Std. 15 Min.) und Köln (Fahrtzeit: 2 Std. 30 Min.) neunmal täglich sowie mehrmals täglich ab Hannover (Fahrtzeit: 4 Std. 10 Min.) und Berlin (Fahrtzeit: 6 Std. 30 Min.; Nachtzug 10 Std. 30 Min.). Von Leipzig (Fahrtzeit: 9 Std. 30 Min.), Dresden (Fahrtzeit: 11 Std.) und München (Fahrtzeit: 11 Std.) verkehren nur Nachtzüge direkt nach Amsterdam. Die Fahrtzeit ab Zürich beträgt ca. 9 Std., der Nachtzug ab Wien braucht 12 Std. 30 Min. Die Hauptverbindungslinien führen von Norddeutschland über Hengelo, von Süddeutschland über Köln, Arnheim und Utrecht.
Der "Sparpreis Niederlande" verbilligt die Fahrkarte nach Amsterdam erheblich (Voraussetzung ist, dass die Rückfahrt frühestens am Samstag nach der Hinreise erfolgt; An- und Abreise am selben Wochenende sind jedoch möglich). Nähere Informationen über Bahnreisen und Fahrpreise in den Niederlanden im Internet (www.ns.nl) sowie durch die Broschüre "Holland mit der Bahn". Sie ist beim Niederländischen Büro für Tourismus (▶ Auskunft) erhältlich.

Mit dem Flugzeug

Der Amsterdamer Flughafen Schiphol ist mit allen wichtigen europäischen Flughäfen verbunden. Von vielen deutschen Flughäfen so-

◂ An lauen Sommerabenden pulsiert das Leben auf dem Leidseplein bis spät in die Nacht hinein.

wie von Genf, Zürich und Wien existieren Linienflugverbindungen in die niederländische Metropole, u. a. durch die niederländische Fluggesellschaft KLM Royal Dutch Airlines, Lufthansa, Swissair und Austrian Airlines.

Anreise (Fortsetzung)

Antiquitäten

Allgemeines

Für Liebhaber alter und kostbarer Dinge ist Amsterdam ein Einkaufsparadies. Es gibt rund 165 Antiquitätengeschäfte. Sie befinden sich vor allem in der Elandsgracht, auf dem Rokin und im Spiegelkwartier (Nieuwe Spiegelstraat, Spiegelgracht). Das Spiegelkwartier – in der Nähe des Rijksmuseum – gilt als eines der bestsortierten Antiquitätenzentren der Welt. Die in den Antiquitätengeschäften angebotenen Spitzenprodukte sind jedoch nicht billiger als in anderen europäischen Großstädten. Neben Möbeln, Glas, Porzellan, Schmuck, Gold- und Silberwaren sowie alten Stichen, Drucken und Büchern gibt es u.a. alte Musikinstrumente, nautische Instrumente, Waffen und Gegenstände außereuropäischer Kulturen zu kaufen. Manche Geschäfte sind zugleich Antiquariate.
Im Sommerhalbjahr werden regelmäßig auf dem Thorbeckeplein, am Spui und auf dem Nieuwmarkt Kunstmärkte abgehalten (▶ Märkte).

Geschäfte (Auswahl)

Amsterdam Antiques Gallery
Nieuwe Spiegelstraat 34
Elf Antiquitätenhändler zeigen ihre Schätze unter einem Dach: Bilder, Porzellan, Uhren, Schmuck, Silber, Möbel und Art-déco-Objekte.

Ben Bijleveld
Nieuwe Spiegelstraat 45a
Nautische Instrumente. Chronometer aus dem 19. Jh.

Die weiße Rose
Rozengracht 166
Große Auswahl an Kunstbüchern und Kunstzeitschriften.

Eduard Kramer
Nieuwe Spiegelstraat 64
Kacheln ab dem 17. Jh. bis heute. Auch alte Weingläser und Ölflaschen.

Schilling
Nieuwe Spiegelstraat 23
Alte Schmuckstücke (Gold, Silber, Juwelen).

Kunst en Antiekcentrum de Looier
Elandsgracht 109
Geöffnet: Sa. – Do. 11^{00} – 17^{00} (Do. bis 21^{00} Uhr)
Lampen, Puppen, Musikinstrumente, Schmuck, Glaswaren, Münzen und anderes. Riesenauswahl.

Auktionshäuser

Antiekbeurs 700
Van Slingelandtstraat 24
☎ 6 86 43 72

Christie's
Cornelis Schuytstraat 57
☎ 5 75 52 55

De Eland
Elandsgracht 68
☎ 6 25 07 31

Sotheby's Amsterdam
de Boelelaan 30
☎ 5 50 22 00

De Zwaan
Keizersgracht 474
☎ 6 22 04 47

Apotheken

Öffnungszeiten Apotheken sind Mo. – Sa. 9⁰⁰ – 17³⁰ Uhr geöffnet.

Notdienst Informationen über Apotheken, die außerhalb dieser Zeiten einen Notdienst versehen, erhält man unter ☎ 6 94 87 09, allerdings nur auf Niederländisch über einen Anrufbeantworter. Wie in Deutschland steht an der Tür einer geschlossenen die Adresse der nächstliegenden geöffneten Apotheke.

Ärztliche Hilfe

Notruf

☎ 112

Krankenhäuser

Academisch Medisch Centrum
Meibergdreef 9
☎ 5 66 91 11

Onze Lieve Vrouwe Gasthuis
s'-Gravesandeplein 16
☎ 5 99 91 11

Sint Lucas Ziekenhuis
Jan Tooropstraat 164
☎ 5 10 89 11

Slotervaartziekenhuis
Louwesweg 6
☎ 5 12 93 33

Stichting Kruispost
O. Z. Voorburgwal 129
☎ 6 24 90 31

V. U. Ziekenhuis Krankenhäuser
De Boelelaan 1117
☎ 4 44 44 44

Touristenarzt

Tourist Medical Service
☎ 5 92 33 55
Rund um die Uhr ärztliche Hilfe speziell für Touristen.

Krankenversicherungsschutz Nach einem Urteil des Europäischen Gerichtshofes müssen die gesetzlichen Krankenkassen auch dann die Kosten für ärztliche Leistungen erstatten, wenn sie im EU-Ausland erbracht wurden. Die gesetzlichen Krankenkassen übernehmen jedoch nur den im Heimatland üblichen Kassensatz. Wer vermeiden möchte, dass er die Arztkosten vor Ort erst einmal selbst auslegen muss, kann sich vor der Reise von der jeweiligen Kasse einen Anspruchsausweis (Vordruck E 111) ausstellen lassen. Er berechtigt zur kostenlosen Inanspruchnahme eines praktischen Arztes, dieser entscheidet in den Niederlanden allein, ob die Behandlung von einem Facharzt fortgesetzt wird. Bei notwendiger Konsultierung eines Facharztes ist eine geringe Eigenbeteiligung zu leisten, auch bei zahnärztlichen Leistungen fällt in der Regel eine Selbstbeteiligung an.
Die Kosten für einen Rücktransport übernehmen die gesetzlichen Krankenversicherungen generell nicht; vielfach empfiehlt sich daher der Abschluss einer privaten Auslandskrankenversicherung.

Auktionshäuser

▶ Antiquitäten

Internet

Amsterdam-Info
www.visitamsterdam.nl
www.noord-holland-tourist.nl

Niederlande-Info
www.visitholland.com
www.niederlande.de

Deutschland

Niederländisches Büro für Tourismus (NBT)
Postfach 270 580, D-50511 Köln
☎ (0 18 05) 34 33 22
Telefonische Beratung:
Mo. – Fr. 9 00 – 17 00 Uhr
FAX (02 21) 92 57 17 37
E-Mail: hollandinfo.de@nbt.nl

Schweiz / Österreich

Niederländisches Büro für Tourismus (NBT)
Postfach, CH-8057 Zürich
☎ (08 00) 88 05 80
Telefonische Beratung:
Mo. – Fr. 9 00 – 17 00 Uhr
E-Mail: dbutikofer@holland.ch

Amsterdam

Amsterdam Tourist Office (VVV)
Postbus 3901
NL-1001 AS Amsterdam
☎ 09 00-400 40 40
☎ 06 34 03 40 66
FAX 6 25 28 69

Besucherbüros (VVV)
Hauptbahnhof (Gleis 2)
geöffnet: Mo. – Sa. 8 00 – 20 00, So. 9 00 – 17 00

Stationsplein 10
gegenüber Hauptbahnhof
geöffnet: Mo. – Sa. 9 00 – 17 00

Leidseplein 1
geöffnet: Mo. – Mi., So. 9 00 bis 17 00, Do. – Sa. 9 00 – 19 00

Van Tuyll vam Serooskerken-weg
(Ecke Stadionplein)
geöffnet: Mo. – Sa. 9 00 – 14 00 und 14 30 – 17 30

Schiphol Plaza
Flughafen Schiphol
geöffnet: tgl. 7 00 – 22 00

Umgebung von Amsterdam

Alkmaar
Waagplein 2-3
☎ (0 72) 5 11 42 84
FAX (0 72) 5 11 75 13

Edam
Damplein 1
☎ (02 99) 31 51 25
FAX (02 99) 37 42 36

Enkhuizen
Tussen Twee Havens 1
☎ (02 28) 31 31 64
FAX (02 28) 31 55 31

Haarlem
Sationsplein 1
☎ (09 00) 6 16 16 00
FAX (0 23) 5 34 05 37

Hoorn
Veemarkt 4
☎ (09 00) 4 03 10 55
FAX (02 99) 21 50 23

Monnickendam / Marken)
De Zarken 2
☎ (02 99) 65 19 98
FAX (02 99) 65 52 68

Volendam
Zeestraat 37
☎ (02 99) 36 37 47
FAX (02 99) 36 84 84

Zandvoort
Schoolplein 1
☎ (0 23) 5 71 79 47
FAX (0 23) 5 71 70 03

Autohilfe

Automobilclub Der holländische Automobilclub ANWB (Algemene Nederlandse Wielrijdersbond) ist eine Schwestergesellschaft des deutschen ADAC.

Pannenhilfe Bei einer Autopanne kann man die "Wegenwacht" (Straßenwacht) des ANWB (landesweit) rufen. Sie hilft kostenlos, wenn der Wagenbesitzer den "internationalen Kreditbrief" seines Automobilclubs vorweisen kann. Wer nicht Mitglied bei einem der AIT (Alliance International de Tourisme) angeschlossenen Automobilclub ist, kann Hilfe in Anspruch nehmen, indem er eine zeitweilige Mitgliedschaft im ANWB für einen Monat erwirbt.

Automobilclub
ANWB
Museumplein 5
☎ 6 73 08 44

Pannenhilfe
☎ 08 00 06 76
☎ 08 00 08 88 (Straßenwacht)
☎ (0 70) 3 14 14 14 (nur für ADAC-Mitglieder)

Bahnhöfe

Hauptbahnhof Der im Zentrum Amsterdams gelegene Hauptbahnhof (▶ Sehenswürdigkeiten von A bis Z, Centraal Spoorweg Station) ist Knotenpunkt für den Nah- und Fernverkehr.

Weitere Bahnhöfe

Amstel-Station
Julianaplein

Muiderport-Station
Oosterpoortplein

Amsterdam RAI
Europaboulevard

Amsterdam-Zuid
World Trade Center

Zugauskunft

National
☎ 9 00 92 92

International
☎ 9 00 92 96

Internet
http://www.ns.nl

Behindertenhilfe

Rollstuhlfahrer, Gehbehinderte Rollstuhlfahrer und Gehbehinderte haben es in Amsterdam nicht leicht. Immer wieder sind die Brückenbögen über den Kanälen zu bezwingen; die Bürgersteige sind schmal, das oft notwendige Ausweichen auf die Fahrbahn erfordert wegen des starken Auto- und Fahrradverkehrs höchste Vorsicht. Doch was den behindertengerechten Zugang und die Ausschilderung von öffentlichen Gebäuden betrifft, sind die Niederlande weltweit führend. Immer mehr

Unternehmen in der Touristik- und Freizeitbranche gehen dazu über, ihre Gebäude und Anlagen für Behinderte zugänglich zu machen. Behindertengerecht zugängliche Gebäude erkennt man am Internationalen Zugänglichkeitssymbol (ITS). Bei den VVV-Büros (▶ Auskunft) sind Informationen über behindertengerechte Urlaubs- und Freizeitmöglichkeiten erhältlich.

Behindertenhilfe (Fortsetzung)

Der Reisedienst des Bundesverbandes Selbsthilfe Körperbehinderter (BSK-Reisedienst) organisiert Gruppenreisen, vermittelt geschulte Reisehelfer und leistet Hilfestellungen bei Individualreisen.

BSK-Reisedienst

BSK-Reisedienst
Altkrautheimer Str. 17
D-74238 Krautheim / Jagst
☎ (0 62 94) 6 83 02 bzw. 6 83 03
FAX (0 62 94) 6 81 07

Bibliotheken

Viele Museen haben eine umfassende Bibliothek über ihr Spezialgebiet. Auch viele Institutionen und Stiftungen verfügen über Bibliotheken.

Centrale Bibliothek
Prinsengracht 587
☎ 5 23 09 00
Geöffnet: Mo. 13⁰⁰ – 21⁰⁰, Di. bis Do. 10⁰⁰ – 21⁰⁰, Fr., Sa. 10⁰⁰ – 17⁰⁰, So. 13⁰⁰ – 17⁰⁰

Bibliothek des Goethe-Instituts
Herengracht 470
☎ 6 23 04 21
Geöffnet: Mo. – Do. 13⁰⁰ bis 18⁰⁰, Fr. 13⁰⁰ – 16⁰⁰

Universitätsbibliothek
Singel 425
☎ 6 25 23 01
Geöffnet: Mo. – Fr. 11⁰⁰ – 17⁰⁰

Blindenbibliothek
Molenpad 2
☎ 6 26 64 65

Gemeentearchief Amsterdam
Amsteldijk 67
☎ 5 72 02 02
www.amsterdam.nl/gemeentearchief
Geöffnet: Mo. – Sa. 10⁰⁰ – 17⁰⁰ (Juli und Aug. Sa. geschl.)
Stadtarchiv; wechselnde Ausstellungen.

Internationaal Instituut voor Sociale Geschiedenis
Cruquiusweg 31
☎ 6 68 58 66
Geöffnet: Mo. – Fr. 9⁰⁰ – 17⁰⁰, Sa. 9³⁰ – 13⁰⁰
Sozialgeschichte der westlichen Welt; hier werden u.a. die Schriften von Karl Marx und Friedrich Engels aufbewahrt.

Buchhandlungen

Der Sprachgewandtheit der Niederländer und den vielen Ausländern in der Stadt ist es zu verdanken, dass die Buchhandlungen Werke in zahlreichen Sprachen verkaufen, sehr oft auch in Deutsch.

Buchhandlungen (Fortsetzung)

Spezialliteratur

Ciné-qua-non
Staalstraat 14
Auf Filme spezialisierter Buchladen; große Auswahl an Büchern, Postern, Fotos von Filmstars.

Kinderboekwinkel
Rozengracht 34
Ausgewählte Kinderbücher, auch in Deutsch.

De Kookboekhandel
Runstraat 26
Rezepte aus aller Welt in verschiedenen Sprachen.

Lambiek
Kerkstraat 78
Gut sortierter Comicshop.

Muziekantiquariaat Landré
1e Anjeliersdwarsstraat 36
Noten und Musikbücher.

De Slegte
Kalverstraat 48
Kostbare Einzelstücke, auch Karten und Drucke.

Die weiße Rose
Rozengracht 166
Einzige Buchhandlung mit ausschließlich deutschsprachiger Literatur.

Buchmärkte

De Kan
Binnenkadijk 237
1018 ZG Amsterdam
☎ 6 27 57 94
De Kan organisiert mehrmals jährlich antiquarische Buchmärkte. Zudem gibt die Organisation eine Broschüre heraus, in der alle der knapp 300 Amsterdamer Buchläden und Antiquariate aufgelistet sind, erhältlich im Buchhandel oder bei "De Kan".

Oudemanhuispoort
Antiquarische Bücherstände
▶ Sehenswürdigkeiten von A bis Z, Achterburgwal

Cafés

Bruin Cafés, Grand Cafés, Koffiehuis

Die Cafés entsprechen den deutschen Kneipen ("Cafés" im eigentlichen Sinne heißen "Koffiehuis"). Am typischsten ist das "bruin café" (braunes Café) mit seinen vom Zigarettenrauch verfärbten Wänden und Decken (ähnlich typisch für Amsterdam sind die ▶ Probierstuben). Es gibt "Praatcafés", in denen bewusst auf das Spielen von Musik verzichtet wird, um die Gäste in ihrer Unterhaltung nicht zu stören, im Gegensatz zu den "Muzikcafés" mit Livemusik bzw. Musik aus dem Lautsprecher, außerdem die "Schachcafés" für Schachspieler. Ebenso typisch sind die "Eetcafés", in denen zwischen 18^{00} und 21^{00} Uhr einfache, preiswerte Mahlzeiten serviert werden. Seit einigen Jahren erleben die so genannten Grand Cafés wachsenden Zulauf. Interieur und Speisekarte sind eher international geprägt. Viele der Grand Cafés, die meist den ganzen Tag bis weit in die Nacht hinein geöffnet haben, besitzen prächtige Terrassen.
Meist kann man in einem Coffeeshop zwar tatsächlich auch Kaffee bekommen, vor allem aber ist dies der Ort, an dem Haschisch und Marihuana erwerblich sind (▶ Drogen).

Öffnungszeiten

Unter der Woche schließen die insgesamt rund 1500 Lokale und Kneipen in der Regel um 1^{00} Uhr, am Wochenende um 2^{00} oder 3^{00} Uhr.

Grand Cafés

American
Leidsekade 97
Gepflegte Atmosphäre und ein wunderschönes Jugendstilinterieur bietet das Café des Hotels American.

Dantzig
Zwanenburgwal 15

Café in der Stopera mit 110 verschiedenen Biersorten und einer guten Auswahl kleiner leckerer Speisen. Große Terrasse.

Dulac
Haarlemmerstraat 118
Interieur wie aus einem 1001-Nacht-Märchen.

De Jaren
Nieuwe Doelenstraat 20 – 22
▶ Baedeker Tipp, S. 131

De Kroon
Rembrandtplein 17
▶ Baedeker Tipp, S. 109

Luxembourg
Spui 22 – 24
Hier entspannt sich Thronfolger Willem Alexander gern bei einem Espresso.

Oininio
Prins Henrikkade 20 – 21
Jugendstil und viele Palmen gehen eine glückliche Verbindung ein.

l'Opera
Rembrandtplein 27 – 29
▶ Baedeker Tipp, S. 109

Bruin Cafés

De Balie
Kleine Gartmanplantsoen 10
Künstlertreff im Theater De Balie, dem früheren Gefängnis von Amsterdam.

De Engelbewaarder
Kloveniersburgwal 59
Literarisches Café, auch Lesungen und Livemusik.

Karpershoek
Martelaarsgracht 2
Amsterdamer Volkscafé (ältestes Café der Stadt: von 1629).

Papeneiland
Prinsengracht 2
Eines der ältesten "braunen Cafés" der Stadt (von 1642).

De Prins
Prinsengracht 124
Café im Stil einer guten Stube.

Rejnders
Leidseplein 6
Der "Treff" mit altem Interieur am Leidseplein.

't Doktertje
Rozeboomsteg 4
Mit 18 m² kleinstes Café Amsterdams (von 1798).

t'Smalle
Egelantiersgracht 12
▶ Baedeker Tipp, S. 82

De Twee Prinsen
Prinsenstraat 27
Ein weiteres "braunes Café" mit Tradition: es ist 125 Jahre alt.

Cafés
(Fortsetzung)

Schachcafé

2 Klaveren
De Clercqstraat 136

Internet-Cafés

The Internet Café
Martelaarsgracht 11

Free World Internet-Café
Nieuwendijk 30

De Waag
Nieuwmarkt

easyEverything
Reguliersbreestraat 22

Camping

Camping Het Amsterdamse Bos
Kleine Noorddijk 1, Aalsmeer
☎ 6 41 68 68
FAX 6 40 23 78
Geöffnet: 1.4. – 15.10
Teurer als die anderen Campingplätze. Ohne eigenes Fahrzeug schwer zu erreichen. Viele Wohnwagen.

Camping Vliegenbos
Meeuwenlaan 138
☎ 6 36 88 55
FAX 6 32 27 23
Geöffnet: 1.4. – 30.9.
Hauptsächlich für junge Leute und Junggebliebene. Ungern gesehen sind Wohnwagen auf diesem städtischen Campingplatz.

Gaasper Camping
Loosdrechtdreef 7
Gaasperdam
☎ 6 96 73 26
FAX 6 96 93 69
Geöffnet: 15.3. – 31.12.
Geräuschbelästigung durch Autobahn; separater Platzteil für Jugendliche ist vorhanden.

Diamantschleifereien

Stadt der Diamanten

Amsterdam ist die Stadt der Diamanten, ein gutes Dutzend Diamantschleifereien hat hier seinen Sitz (vgl. S. 18 und Baedeker Special, S. 20). Die größeren Schleifereien organisieren (meist kostenlos) Führungen, Demonstrationen des Schleifhandwerks und Video- und Filmvorführungen für Einzelbesucher und Gruppen. Eine (Gruppen-)Führung sollte rechtzeitig angemeldet werden.

Amsterdam Diamond Center
Rokin 1 – 5
☎ 6 24 57 87
Straßenbahn: 4, 9, 14, 16, 20, 24, 25
Geöffnet: tgl. 9^{30} – 18^{00}
(Do. bis 20^{30})

Coster Diamonds
Paulus Potterstraat 2 – 6
☎ 3 05 55 55
Straßenbahn: 2, 5, 20
Geöffnet: tgl. 9^{00} – 17^{00}

Gassan Diamonds
Nieuwe Uilenburgerstraat 173 – 175
☎ 6 22 53 33
Straßenbahn: 9, 14, 20
Geöffnet: tgl. 9^{00} – 17^{00}

Stoeltie Diamonds
Wagenstraat 13 – 17
☎ 6 23 76 01
Straßenbahn: 4, 9, 14, 16, 20, 24, 25
Geöffnet: tgl. 8^{30} – 17^{00}

Van Moppes Diamonds
Albert Cuypstraat 2 – 6
☎ 6 76 12 42
Straßenbahn: 3, 16, 20, 24, 25
Geöffnet: tgl. 8 45 – 17 45

Zazare Diamonds
Weteringschans 89
☎ 6 26 27 98
Straßenbahn: 6, 7, 10, 20
Geöffnet: tgl. 9 30 – 17 30

Diamantschleifereien (Fortsetzung)

Drogen

Drogenprobleme

Harte Drogen sind ein großes Problem in Amsterdam. Der Handel und die Einnahme von Rauschgift sind in den Niederlanden dem Gesetz nach verboten. Es gibt etwa 8000 Heroinabhängige (Junkies) in der Stadt, wobei die Deutschen den größten ausländischen Anteil stellen. Die Junkies halten sich hauptsächlich im Prostituiertenviertel zwischen dem Dam, dem Hauptbahnhof und dem Nieuwmarkt auf.
Verbunden mit dem Drogenhandel ist eine wachsende Kriminalität. Amsterdams Stadtverwaltung unternimmt jedoch die größten Anstrengungen, die Probleme der Drogenmetropole in den Griff zu bekommen. Der berüchtigte Zeedijk, lange Zentrum des Drogenhandels, ist inzwischen gesäubert – dank eines vermehrten Streifendienstes der Polizisten, die hier täglich patrouillieren. Mit diesen Aktionen möchte man auch den ausländischen Junkies klarmachen, dass sie in Amsterdam unerwünscht sind.
Mit den weichen Drogen Haschisch und Marihuana aber geht die niederländische Polizei relativ liberal um. Der Besitz von bis zu 30 g Haschisch wird toleriert. Öffentlich damit zu handeln, ist verboten.

Coffeeshops

In Amsterdam gibt es unzählige so genannte Coffeeshops, in denen Haschisch und Marihuana erwerblich sind. Die meisten Coffeeshops haben keine Lizenz zum Alkoholausschank; neben Shakes und Säften verkaufen sie oft Spezialtees und Spacecakes – Vorsicht: deren Konsum kann Horrorvisionen hervorrufen!

Drogenberatungsstellen

IADA (Institut für Alkohol- und Drogenprävention)
☎ 5 70 23 55
Beratung: Mo. – Fr. 9 00 – 17 00

GG GD (Städtischer Gesundheitsdienst)
Nieuwe Achtergracht 100
☎ 5 55 59 11
Beratung: Mo. – Fr. 9 00 – 17 00
Hilfe und Beratung bei durch Drogen hervorgerufenen gesundheitlichen Problemen.

AMOC
(Deutscher Hilfsverein)
Stadhouderskade 159
☎ 6 72 11 92
Beratung: tgl. 11 00 – 16 00; telefonische Beratung: 9 00 – 21 00

Elektrizität

Die Stromspannung beträgt in Amsterdam – wie überall in den Niederlanden – 220 Volt.

Essen und Trinken

Allgemeines

Die Essgewohnheiten der Niederländer unterscheiden sich nur wenig von denen der Deutschen. In Restaurants und Hotels wird das kontinentale Frühstück (ontbijt) serviert: Kaffee bzw. Tee, Brot, Brötchen, Marmelade, Wurst, Käse und gekochtes Ei. Das Mittagessen genießt keinen hohen Stellenwert. Normalerweise besteht es aus einer Brotmahlzeit oder einer leichten warmen Mahlzeit wie z.B. Rührei oder Frikadellen. Zu den bekanntesten Brotmahlzeiten gehört der "Uitsmijter" ("Hinausschmeißer", d.i. "Strammer Max"; ein belegtes Brot mit kaltem Fleisch und Spiegelei darüber).
Die Hauptmahlzeit wird am Abend eingenommen. Sie besteht meist aus Fleisch, Kartoffeln und Gemüse. Als Vorspeise gibt es oft eine Suppe, als Nachspeise Joghurt mit Zucker oder Pudding mit Früchten und Schlagsahne. Nach dem Essen bevorzugen die Niederländer einen Kaffee oder einen Likör.
Man geht in Amsterdam sehr gern auswärts essen. Neben Restaurants mit typisch niederländischen Gerichten (Nederlands Dis) gibt es eine Vielzahl von Restaurants mit Spezialitäten aus fast aller Herren Länder (▶ Restaurants).

Essenszeiten

In den Hotels und Restaurants wird das Frühstück bis etwa 10⁰⁰ Uhr serviert. Mittagessen gibt es zwischen 12⁰⁰ und 14⁰⁰ Uhr. In den meisten Restaurants ist die Küche abends von 17⁰⁰ bis 22⁰⁰ Uhr geöffnet. Doch hat man auch nach 22⁰⁰ Uhr noch die Möglichkeit, in den Nachtrestaurants, Kneipen und Bars einen Imbiss zu sich zu nehmen.

Küche

Die bodenständige holländische Küche ist deftig. Zu den Spezialitäten gehören einfache und kräftige Eintöpfe aus Kartoffeln und Gemüse, z.B. Endivien, Sauerkraut oder Grünkohl mit Speckwürfelchen und einer Fleischbeilage. Eine beliebte Eintopfvariation ist der "Hutspot", der zu gleichen Teilen aus Kartoffeln, Zwiebeln und Mohrrüben besteht. In den Wintermonaten ist die Erbsensuppe (erwtensoep) nationale Hausmannskost. Das ganze Jahr über gibt es Pfannkuchen (pannekoeken) – von süß bis herzhaft in allen erdenklichen Variationen.
Der Amsterdamer legt Wert auf die kleinen Mahlzeiten zwischendurch. Überall in der Stadt findet man preiswerte Imbissstuben – sie heißen Snackbar oder Cafeteria. Sie öffnen meist mittags und schließen gegen 1⁰⁰ Uhr nachts. Beliebtestes Gericht sind Pommes Frites mit Mayonnaise (patatje-met). "Fricadelen" sind Würstchen mit Ketchup oder Mayonnaise – den deutschen Frikadellen entspricht in etwa "gehaktbal". In fast allen Bäckereien gibt es die "saucijzebroodjes" zu kaufen, mit Blätterteig umhüllte Würstchen. In den Brötchenbars kann man sich Brötchen oder Baguettes mit Wurst, Käse, Fisch oder Salat belegen lassen. Ferner findet man allerorten die "Febo-Automatiek", Automaten, aus denen man sich warme Fleischhappen zieht. Populär ist nach wie vor der Hering (haring), den man im Fischladen kauft oder an einem der vielen Heringsstände gleich verzehrt (frischen Matjes gibt es nur von Ende Mai bis Ende Juni!).

Süßigkeiten

Lakritzfans kommen bei den vielen Sorten "drop" von süß bis salzig voll auf ihre Kosten; und wer altmodische Schleckereien wie Zuckerstangen, Gummibärchen und Kandis liebt, findet in den Süßwarenläden ein reichhaltiges Angebot. Eine süße Leckerei ist das "Amsterdammertje", ein Kuchenstück mit Marzipanmasse gefüllt. An den "Poffertjesständen" werden in gusseisernen Pfannen kleine pfannkuchenähnliche "Kalorienbömbchen" gebacken und mit Puderzucker und einem Stück Butter angeboten.

Essen und Trinken (Fortsetzung)

Getränke

Zum Essen trinken die Amsterdamer gern ein Bier. Außer hellem Bier (Pils; z.B. Edel-Pils aus Limburg, Hengeloer Pilsener, Trappistenbier) gibt es u.a. das "Oud Bruin" genannte süße, dunkle Bier, das in den Niederlanden als "Lager" bestellt wird; insbesondere liebt der Niederländer aber sein "Grolsch", ein leichtes, reinschmeckendes Bier von besonderer Feinheit, das in der nationalen Brauerei Grolsche gebraut wird. Daneben erfreuen sich die schweren belgischen Spezialbiere wie z.B. das Antwerpener Koninck und Palm, ferner das weizenbierähnliche "witt'bier" immer größerer Beliebtheit. Das andere typisch holländische Getränk ist der Genever (bzw. Jenever). Ein "oude jenever" ist ein Doppelwacholder, ein "jonge jenever" ein Doppelkorn. Getrunken werden die Schnäpschen (borreltjes) auch mit Eis oder als Longdrink mit Cola oder Tonic. Sehr alte Jahrgänge des Genever sind so edel wie Cognac, doch werden sie meist nur in den ▶ Probierstuben (proeflokalen) ausgeschenkt. Dort gibt es auch eine große Auswahl der in Amsterdam so beliebten süßen Liköre und Kräuterliköre.
Wer einen edlen Tropfen Wein zu sich nehmen möchte, der muss ebenfalls ein Proeflokal oder eine Weinstube aufsuchen. Die Niederlande sind nun einmal kein Weinland, und der in den normalen Lokalen erhältliche offen ausgeschenkte Wein ist für einen Weinliebhaber sicherlich keine Gaumenfreude.

Speisekarte

Einige Ess- und Getränkebezeichnungen (Niederländisch – Deutsch) findet man im Abschnitt ▶ Sprache.

Fahrradverleih

Allgemeines

Es gibt kaum eine originellere und bequemere Art, Amsterdam kennen zu lernen, als auf dem Fahrrad. Das Fahrrad ist das ideale Verkehrsmittel, die meisten Entfernungen lassen sich innerhalb einer Viertelstunde zurücklegen. Von der Gemeinde wird das Radfahren gefördert: Es gibt viele Radwege, darüber hinaus dürfen Radfahrer viele Einbahnstraßen in umgekehrter Richtung benutzen. In Buchhandlungen gibt es für etwa 8 hfl eine Fahrradkarte von Amsterdam und Umgebung (Fietskaart van Amsterdam) mit vielen Informationen (bewachte Fahrradständer, Fahrradverleih, Radwege etc.).

Mietbedingungen

Viele Fahrradvermieter bieten Fahrräder zu Stundenmieten von 7 hfl an, erheblich günstiger ist es, ein Fahrrad für mehrere Tage zu mieten. In allen Fällen muss eine Kaution hinterlegt werden. Für Gruppen gibt es Preisnachlässe. Wer ein Fahrrad mieten will, muss im Besitz eines gültigen Ausweises sein.

Besichtigung per Fahrrad

Yellow Bike hat eine dreistündige, verkehrssichere Route zusammengestellt, die zu den bedeutendsten Sehenswürdigkeiten der Grachtenstadt führt (Start der Amsterdam City Bike Tour zwischen

“Kaasland” Holland

Die Geschichte des holländischen Käses reicht weit zurück. Schon Karl der Große wusste ihn zu schätzen. Wie die Niederländer zur “Käse-Weltmacht” wurden, kann man auf dem Waagplein in Alkmaar erleben, wo auch der Henker seines Amtes walten muss.

Käseträger in Aktion – der Käsemarkt von Alkmaar ist die Touristenattraktion schlechthin.

Der Kosename “kaaskop”, also “Käsekopf”, leitet sich wohl vom Beruf des Käsemachers, des “caescopers”, ab, wie er 1426 zum ersten Mal in Büchern der Stadt Rotterdam genannt wird. Eine andere Erklärung für den Ursprung des oft auch als Schimpfwort gebrauchten Wortes sind hölzerne Formen, in die der Käse einst gepresst wurde. Im Mittelalter, so heißt es, haben die Bauern in der Provinz Nord-Holland diese hölzernen Käseformen als Waffenhelme getragen, so dass sich der Feind einer ganzen Armee von “Käseköpfen” gegenübersah.

Der Käse macht Geschichte

Die Tradition des Käsemachens in den “Niederen Landen” reicht allerdings noch viel weiter zurück. In den Marsch- und Geestgebieten unweit der Nordseeküste fand man auf Wurten, künstlich aufgeschütteten Erdhügeln, die den aus Jütland eingewanderten Friesen als Flucht- oder Wohnhügel dienten, Töpfe und Gefäße, die darauf hindeuten, dass hier schon 200 v. Chr. Käse hergestellt wurde. Der erste sichere Beleg für eine holländische Käsewirtschaft stammt aus der Zeit Karls des Großen (768 bis 814). Der Kaiser war bekannt als großer Käseliebhaber. Besonders der friesische Käse hatte es ihm angetan, weshalb er die Friesen zu seinen Hoflieferanten ernannte. Er legte aber auch großen Wert auf Sauberkeit und rief die bäuerlichen Käseerzeuger per Erlass zur Beachtung seiner Hygienevorschriften auf.
Seit dem Mittelalter blühte Hollands Handel mit Käse. In Koblenz am Rhein bezahlten niederländische Rheinschiffer um das Jahr 1100 den Zoll mit Käse. Das erste Zeugnis holländischer Käseausfuhr stammt aus dem Jahr 1184 und informiert über eine Lieferung nach Frankreich. Einige Städte in Friesland und Nord-Holland entwickelten sich bald zu Handelszentren für Käse und Butter. 1266 erhielt Haarlem als erste niederländische Stadt das Recht, einen Käsemarkt abzuhalten. Leiden folgte 1303, Oudewater 1326 und Alkmaar, der wichtigste Handelsplatz für den kugelförmigen Edamer Käse, im Jahr 1365. Die Stadt Amsterdam hatte bereits 1270 das Wiegerecht und damit verbunden eine öffentliche Käsewaage bekommen. Exportiert wurde der Käse in die Ostseeländer, nach Frankreich, Italien und vor allem in die deutschen Lande. Die Niederländer lieferten aber nicht nur Käse, sondern auch das Know-how ihrer Käsekunst in andere Länder. So kreierten im 16. Jh. aus den Niederlanden ausgewanderte Mennoni-

ten in Westpreußen den Tilsiter, und in Schleswig-Holstein gründeten eingewanderte Niederländer die ersten Milch verarbeitenden Betriebe, die so genannten Holländereien.

Größter Käseexporteur der Welt

Gegen Ende des 19. Jh.s erreichte die industrielle Revolution auch die niederländische Milchwirtschaft. Wichtig war vor allem die Erfindung der Zentrifuge, mit der sich die Milch schneller für die Butter- und Käseproduktion entrahmen ließ. Das hatte für die Käsewirtschaft gravierende Folgen: Die Herstellung verlagerte sich vom Bauernhof, wo bis dato nur in Handarbeit produziert worden war, in die Molkerei, wo effizienter gearbeitet und eine konstante Qualität erzeugt werden konnte. Heute gibt es über 70 moderne Käsewerke, die sich größtenteils auf die Produktion einer einzigen Sorte spezialisiert haben. Doch weiterhin wird Käse auch in Handarbeit hergestellt: Noch rund 600 bäuerliche Käsereien beliefern den Markt mit einem herzhaften “Bauernkäse”.
Die Niederlande sind der größte Käseexporteur der Welt. Fast die Hälfte der Käseausfuhr gelangt nach Deutschland. Unter den rund 70 verschiedenen Sorten sind der Gouda und der Edamer in all ihren jeweiligen Variationen am beliebtesten.

Holländischer Käse ist weltweit bekannt, allen voran die Sorten Edamer, Gouda, Leerdamer und Maasdamer.

Käsespektakel

Wer einmal erleben möchte, wie früher Gouda und Edamer gehandelt wurden, sollte dem nordholländischen Städtchen Alkmaar einen Besuch abstatten, wenn an jedem Freitag von April bis September in der Zeit von 10⁰⁰ bis 12⁰⁰ Uhr auf dem Waagplein der Käsemarkt stattfindet. Hier läuft der Käsehandel noch nach streng überliefertem Zeremoniell ab: Wenn sich Käsebauer und Käsehändler nach lautstarkem Feilschen um “Centjes” endlich handelseinig sind, besiegelt man das Geschäft mit einem kräftigen Handschlag. Die eigentliche Attraktion des Marktes von Alkmaar sind die Käseträger der verschiedenen Käsezünfte, die – in weiße Anzüge gekleidet und mit rot, grün, gelb oder blau lackierten Strohhüten auf dem Kopf – schwere Edamerkugeln und Goudalaibe auf hölzernen Schlitten hin- und herschleppen. Alles läuft hier mit gebotenem Ernst ab. Es gibt sogar einen Henker, und der versteht keinen Spaß. Ihm entgeht nicht, wenn ein Träger unpünktlich erscheint, flucht oder die ihm auferlegten Befehle nicht sofort ausführt. Ohne Gnade schreibt er dessen Namen ans Schandbrett und gibt ihn damit der Öffentlichkeit preis. Und wehe, es wagt einer zu trinken, zu rauchen, ins Café zu gehen oder sogar Trinkgelder anzunehmen!

Fahrradverleih (Fortsetzung)	April und Oktober: tgl. 9³⁰ und 13⁰⁰ Uhr ab Nieuwezijds Kolk 29). Die "Countryside Bike Tour" führt durch ein Naturschutzgebiet nördlich von Amsterdam und schließt die Besichtigung einer Holzschuhmacherei und einer Windmühle ein (Dauer ca. 6 Std.).

Fahrradverleiher

Holland Rent A Bike
Damrak 247
☎ 6 22 32 07

Rent A Bike
Jacobsdwarsstraat 3 – 7
☎ 6 25 50 29

Mac Bike
Mr. Visserplein 2
☎ 6 20 09 85

Stadtbesichtigung

Yellow Bike Guided Tours
Nieuwezijds Kolk 29
☎ 6 20 69 40

Fietsdag — Welch hohen Stellenwert die Fahrräder in den Niederlanden haben, zeigt der nationale "fietsdag", der jedes Jahr Anfang Mai mit Sternfahrten zu über 100 Orten stattfindet.

Fahrraddiebstahl — Oft werden Fahrräder von Drogenabhängigen gestohlen, deshalb sollte man ein für mehrere Tage gemietetes Fahrrad nachts in einem bewachten Fahrradständer unterstellen (am Hauptbahnhof z.B. gibt es zwei davon).

Hinweis — Viele Radfahrer achten nicht auf Verkehrsregeln! Deshalb begeben Sie sich vorsichtig in den Amsterdamer Radverkehr – und seien Sie, wenn Sie mit dem eigenen Wagen in Amsterdam unterwegs sind, rücksichtsvoll gegenüber den Radlern!

Feiertage

Feiertage — Neujahr, Karfreitag (viele Geschäfte sind geöffnet), Ostern, Geburtstag der Königin (30. April), Christi Himmelfahrt, Pfingsten, Weihnachten.

Gedenktage — 4. Mai (für die Opfer des Zweiten Weltkrieges, kein freier Tag),
5. Mai (Befreiungstag; die meisten Geschäfte sind geöffnet).

Flugverkehr

Flughafen — Rund 12 km südwestlich der Stadt, in der Nähe der Autobahn E 19 (Amsterdam – Den Haag), liegt Amsterdams Flughafen Schiphol (▶ Sehenswürdigkeiten von A bis Z, Schiphol). Eine direkte Eisenbahnverbindung, die Schnellzugverbindung "Schiphollijn" (zwischen 5⁰⁰ Uhr morgens und 1⁰⁰ Uhr nachts alle 15 Min.), führt vom Flughafen zum Hauptbahnhof (Centraal Station). Ferner gibt es zwei Busdienste zu jeder halben Stunde zwischen der Ankunfthalle des Flughafens Schiphol und allen bekannten Amsterdamer Hotels. Die Fahrpreise betragen 17,50 hfl (einfach) bzw. 30 hfl (Hin- und Rückfahrt). Mit dem Taxi kostet die Fahrt vom Flughafen ins Stadtzentrum rund 60 hfl.

Jeder will dabei sein: Der Geburtstag der Königin (Koninginnedag) ist der Anlass für ein riesiges Straßen- und Grachtenfest.

Auskunft Flughafen Schiphol

☎ 6 01 41 12
Internet: www.schiphol.nl

Fluggesellschaften

KLM
☎ 4 74 77 47
FAX 6 49 23 79
Internet: www.klm.com

Austrian Airlines
☎ 4 06 80 78
FAX 4 06 80 73
Internet: www.aua.com

Lufthansa
Wibautstraat 129
☎ 5 82 94 56
Flughafen: ☎ 3 16 10 95
Internet: www.lufthansa.com

Swissair
☎ 4 06 80 40
FAX 4 06 80 64
Internet: www.swissair.com

Fundbüro

Police Lost Property
Stephensonstraat 18
☎ 5 59 30 05
Geöffnet: Mo. – Fr. 11^{00} – 15^{30}

Hauptbahnhof
Schalter bei den Schließfächern
☎ 5 57 85 44

"GVB" (Bus, Straßenbahn)
Prins Hendrikkade 108 – 114
☎ 4 60 58 58
Geöffnet: Mo. – Fr. 9^{00} – 16^{00}

Galerien

Im Amsterdam gibt es ca. 140 Galerien, so dass nachstehend nur eine kleine Auswahl gegeben werden kann. Die meisten Galerien findet man in der Kanalzone um Leidsestraat und Museumsviertel. Kleinere Ausstellungen entdeckt man auch im Jordaan. Informationen über aktuelle Ausstellungen sind den Zeitschriften "Alert" und "Uitkrant" zu entnehmen.

Ferdinand van Dieten-d'Eendt
Spuistraat 270
☎ 6 26 57 77
Geöffnet: Do. - Sa. 12^{00} bis 18^{00}, 1. So. im Monat 14^{00} bis 18^{00}; zeitgenössische Kunst aus aller Welt.

Nederlands Instituut voor Mediankunst / Montevideo
Keizersgracht 264
☎ 6 23 71 01
Geöffnet: nur zu Ausstellungen; neueste Trends der Videokunst.

Stichting de Appel
Nieuwe Spiegelstraat 10
☎ 6 25 56 51
Geöffnet: Di. - So. 12^{00} - 17^{00}
Kunst aus Film, Fotografie, elektronischen Medien.

Fons Welters
Bloemstraat 140
☎ 4 23 30 46
Geöffnet: Di. - Sa. 13^{00} - 18^{00}, 1. So. im Monat 14^{00} - 17^{00}
Moderne Skulpturen.

De Witte Voet
Kerkstraat 135
☎ 6 25 84 12
Geöffnet: Mi. - Sa. 12^{00} - 17^{00}, 1. So. im Monat 14^{00} - 17^{00}
Moderne Keramik.

Geld

Währung

Währungseinheit ist der Holländische Gulden (hfl; daneben kommen auch die Abkürzungen f, dfl, NLG, Gld oder Fl vor) zu je 100 Cent. Es gibt Banknoten zu 10, 25, 50, 100, 250 und 1000 hfl sowie Münzen zu 5 (stuiver), 10 (dubbeltje) und 25 (kwartje) Cent sowie zu 1 (gulden), 2,50 (rijksdaaler) und 5 hfl.

Wechselkurse

1 hfl	=	0,89 DM	1 DM	=	1,13 hfl
1 hfl	=	6,27 öS	1 öS	=	0,16 hfl
1 hfl	=	0,72 sfr	1 sfr	=	1,38 hfl
1 hfl	=	0,45 €	1 €	=	2,20 hfl

Euro

Seit dem 1. Januar 1999 ist der Euro (€) die gemeinsame Währung in elf europäischen Staaten (darunter auch in den Niederlanden). Vorerst gilt er nur an den Börsen und im bargeldlosen Zahlungsverkehr; ab 1. Januar 2002 ist er offizielles Zahlungsmittel.

Devisenbestimmungen

Die Ein- und Ausfuhr von in- und ausländischen Zahlungsmitteln unterliegt keinerlei Beschränkungen.

Geldautomaten

An vielen Geldautomaten kann man mit ec-Karten oder Kreditkarten Bargeld abheben. Bei Verlust der Eurocheque-Karte wende man sich umgehend an den Zentralen Annahmedienst der Verlustmeldungen von Eurocheque-Karten in Frankfurt am Main (☎ aus den Niederlanden: (00 49/69) 74 09 87 oder (00 49) 18 05-02 10 21; Tag und Nacht besetzt); die Karte wird dann sofort gesperrt.

Geld (Fortsetzung)

Kreditkarten

Banken, größere Hotels, Restaurants der gehobenen Kategorie, Autovermieter sowie einige Einzelhandelsgeschäfte akzeptieren die meisten internationalen Kreditkarten.

Banken

Wer sein Geld vor Ort wechseln möchte, sollte dies lieber in einer Bank tun, da in den zahlreichen kleinen Wechselstuben die Gebühren für den Geldwechsel teilweise erheblich differieren.
Die Banken sind in der Regel Mo. – Fr. 9^{00} – 16^{00} Uhr geöffnet; einige Banken im Zentrum haben verlängerte Öffnungszeiten.

Grachtenrundfahrten

▶ Stadtbesichtigung

Hotels

Allgemeines

In Amsterdam gibt es eine große Auswahl an Hotels aller Kategorien (Bettenzahl: 29 500). Die beliebtesten Hotels befinden sich am Grachtengürtel, im Zentrum und im Museumsviertel.

Reservierung

Bei der Suche nach einem passenden Hotel ist der VVV (Fremdenverkehrsverein, ▶ Auskunft) behilflich; allerdings muss man persönlich vorsprechen. Man erhält dort gegen einen geringen Unkostenbeitrag einen Hotelführer. Über die VVV-Büros können auch Hotelreservierungen in anderen Orten vorgenommen werden. Wer an Feiertagen (wie Ostern und Pfingsten) einen Amsterdam-Besuch plant, sollte sich beizeiten um eine Hotelbuchung kümmern, entweder direkt beim Hotel, über das Nationaal Reserverings Centrum oder über das Amsterdam Reservation Center.

Nationaal Reserverings Centrum
Postbus 404
NL-2260 AK Leidschendam
☎ (00 31 / 70) 4 19 55 33
FAX (00 31 / 70) 4 19 55 19
E-Mail: info@hotelres.nl
Internet: www.hotelres.nl

Amsterdam Reservation Center
Postbus 3901
NL-1001 AS Amsterdam
☎ (00 31) 777 000 888
(vom Ausland aus)
☎ 7 00 08 88
(in den Niederlanden)
FAX (00 31) 7 000 888
E-Mail: reservations
@amsterdamtourist.nl
Internet: www.
visitamsterdam.nl

Kategorien

Die Hotels sind amtlich in fünf Kategorien eingeteilt: Die Skala reicht vom Luxushotel (5 Sterne) über komfortable Hotels (3 Sterne) bis zu einfachen Hotels (1 Stern).
Die folgende Hotelliste richtet sich nach diesem Klassifizierungssystem. Neben der Anschrift, der Telefon- und Faxnummer des Hotels ist – im Text – jeweils die Bettenzahl (B.) aufgeführt.

Kategorien (Fortsetzung)

Die in Holländischen Gulden und Euro angegebenen Übernachtungspreise (einschl. Frühstück, Bedienung und Steuer) sind Durchschnittswerte; vor allem im Winter werden mitunter erhebliche Nachlässe gewährt.

Hotelkategorien	Doppelzimmer	
*****	400 – 950 hfl	180 – 430 €
****	200 – 650 hfl	90 – 300 €
***	120 – 400 hfl	55 – 180 €
**	100 – 250 hfl	45 – 120 €
*	80 – 200 hfl	35 – 90 €

Hotels

Hotels*****

Amstel Inter-Continental
Prof. Tulpplein 1
NL-1018 GX Amsterdam
☎ (00 31 / 20) 5 20 31 76
FAX (00 31 / 20) 6 22 58 08
E-Mail: amstel@interconti.com

Das über 125 Jahre alte renovierte Hotel (86 B.) liegt direkt am Ufer der Amstel. Alle Zimmer sind sehr gut ausgestattet. Hier steigen gern Politiker und Vertreter des Hochadels, Millionäre und Stars ab. Das Haus hat ein Health Centre mit Whirlpool, Sauna, Fitnessraum etc. und ein exquisites Restaurant.

Hotel de L'Europe
Nieuwe Doelenstraat 2 – 8
NL-1012 CP Amsterdam
☎ (00 31 / 20) 5 31 17 77
FAX (00 31 / 20) 5 31 17 78
E-Mail: hotel@leurope.nl
Für viele ist das Hotel de L'Europe (183 B.) die nobelste Adresse in Amsterdam. Das 1896 errichtete Haus wurde 1995 vollständig renoviert. Die Zimmer sind sehr elegant im Empire-Stil eingerichtet. Ein Swimmingpool, Sauna, Solarium, Fitnesscenter, Massageraum, hoteleigene Limousinen und ein Anlegesteg für Privatboote gehören zu den Annehmlichkeiten des zu den "Leadings Hotels of the World" gehörenden Hauses.

Golden Tulip Barbizon Palace
Prins Hendrikkade 59 – 72
NL-1012 AD Amsterdam
☎ (00 31 / 20) 5 56 45 64
FAX (00 31 / 20) 6 24 33 53
E-Mail: Sales@gtbpalace.goldentulip.nl
Das Hotel (434 B.) liegt zentral gegenüber dem Hauptbahnhof. Die luxuriösen Zimmer – ein Teil von ihnen befindet sich im modernen Neubau, andere in Grachtenhäusern aus dem 17. Jahrhundert – sind individuell ausgestattet. Ein guter Tipp: das hoteleigene Feinschmeckerrestaurant Vermeer.

Holiday Inn Amsterdam
De Boelelaan 2
NL-1083 HJ Amsterdam
☎ (00 31 / 20) 6 46 23 00
FAX (00 31 / 20) 6 46 47 90
Das Hotel am Amstelpark (377 B.) kann mit öffentlichen Verkehrsmitteln gut erreicht werden. Zu den Pluspunkten zählen eine hervorragende Küche und ein freundlicher Service.

Wegen seiner Nähe zum Messe- und Kongresszentrum RAI wird es gerne von Geschäftsleuten aufgesucht.

Grand Hotel Krasnapolsky
Dam 9
NL-1012 JS Amsterdam
☎ (00 31 / 20) 5 54 91 11
FAX (00 31 / 20) 6 22 86 07
E-Mail: book@krasnapolsky.nl

Zu dem aus dem Jahr 1866 stammenden, gegenüber dem Königlichen Palast gelegenen Hotel der Luxusklasse (1018 B.) gehören gleich mehrere Restaurants. Am schönsten speist man im von einer riesigen Glaskuppel überspannten Wintergarten, in dem täglich ein Frühstücks- und Lunchbüfett serviert wird.

Hotel Pulitzer
Prinsengracht 315-331
NL-1016 GZ Amsterdam
☎ (00 31 / 20) 5 23 52 35
FAX (00 31 / 20) 6 27 67 53
Hotel mit besonderem Amsterdamer Flair (415 B.). Nicht weniger als 24 Grachtenhäuser bilden zusammen das Pulitzer. Hinter den historischen Fassaden verbergen sich individuell ausgestattete Zimmer – eines schöner als das andere. Man kann wählen zwischen dem Blick zum Innengarten oder auf die Prinsen- bzw. Keizersgracht.

Hilton Amsterdam Airport Schiphol
Herbergierstraat 1
NL-1118 CA Schiphol-Centrum
☎ (00 31 / 20) 7 10 40 00
FAX (00 31 / 20) 7 10 40 80
E-Mail: schiphil@cistron.nl
Das Hotel (383 B.) befindet sich auf dem Flughafengelände; mit dem Auto oder der direkten Bahnverbindung ist man in 15 Min. im Zentrum von Amsterdam. Die komfortabel ausgestatteten Zimmer sind allesamt schalldicht.

Hotels****

American Hotel
Leidsekade 97
NL-1017 PN Amsterdam
☎ (00 31 / 20) 5 56 32 00
FAX (00 31 / 20) 5 56 30 01
E-Mail: amshb@interconti.com
Das Haus am Leidseplein (293 B.) hat 188 luxuriöse, im Art-déco-Stil eingerichtete Zimmer und Suiten. Direkt vor dem Hotel befindet sich ein Bootsanleger, vom dem aus Rundfahrten durch die Grachten möglich sind. Im hauseigenen Restaurant Café American treffen sich seit vielen Jahren Künstler, Schriftsteller, Politiker und natürlich Touristen.

Hotel Amsterdam
Damrak 93-94
NL-1012 LP Amsterdam
☎ (00 31 / 20) 5 55 06 66
FAX (00 31 / 20) 6 20 47 16
E-Mail: info@hotelamsterdam.nl
Gleich um die Ecke des zentral, im Geschäfts- und Ausgehviertel Amsterdams gelegenen Hotels (145 B.) befindet sich der Königliche Palast. Das hauseigene Restaurant serviert vorwiegend typisch holländische Küche.

AMS Hotel Beethoven
Beethovenstraat 43
NL-1077 HN Amsterdam
☎ (00 31 / 20) 6 64 48 16
FAX (00 31 / 20) 6 62 12 40

E-Mail: info@ams.nl
Zur Klientel dieses Komforthotels (110 B.) in einer der vornehmsten Einkaufsstraßen Amsterdams nahe dem World Trade Center (WTC) und Kongresszentrum RAI gehören viele Geschäftsleute.

Hotel Estheréa
Singel 303–309
NL–1012 WJ Amsterdam
☎ (00 31 / 20) 6 24 51 46
FAX (00 31 / 20) 6 23 90 01
E-Mail: estherea@xs4all.nl
Das Haus (150 B.), das seit über 50 Jahren in Familienbesitz ist, findet man in einer der schönsten und ruhigsten Grachten mitten im Stadtzentrum, hinter einem Giebel aus dem 17. Jahrhundert. Alle Zimmer wurden erst vor kurzem renoviert.

Golden Tulip Doelen
Nieuwe Doelenstraat 24
NL-1012 CP Amsterdam
☎ (00 31 / 20) 5 54 06 62
FAX (00 31 / 20) 6 27 14 09
E-Mail: sales@gtdoelen.goldentulip.nl

Stilvolles Haus an der Amstel mit 160 Betten. Im hauseigenen Restaurant "Balmoral" lässt es sich gut speisen, danach kann der Abend im schottischen Pub seine Fortsetzung finden.

Hotel Mercure Amsterdam aan de Amstel
Joan Muyskenweg 10
NL–1096 CJ Amsterdam
☎ (00 31 / 20) 6 65 81 81
FAX (00 31 / 20) 6 94 87 35
Es liegt, wie der Name schon sagt, an der Amstel, und zwar am Autobahnring der A 10 (Ausfahrt S 110). Die 178 Zimmer, inklusive die beiden Suiten und 16 Klubzimmer (insgesamt 356 B.), sind stilvoll eingerichtet. Besonderheiten: Für Kinder bis zum 16. Lebensjahr sind Übernachtungen und Frühstück kostenlos; für Nichtraucher sind drei Etagen reserviert.

Hotel Sofitel Amsterdam
Nieuwezijds Voorburgwal 67
NL–1012 RE Amsterdam
☎ (00 31 / 20) 6 27 59 00
FAX (00 31 / 20) 6 23 89 32
E-Mail: H1159@accor-hotels.com
Das Hotel (218 B.) ist in einem monumentalen Gebäudekomplex mit Häusern aus dem 17. Jh. untergebracht. Unter den 148 geschmackvoll eingerichteten Zimmern befinden sich ein behindertengerechtes Zimmer und einige Räume für Nichtraucher.

Hotels***

Ambassade Hotel
Herengracht 335–353
NL–1016 AZ Amsterdam
☎ (00 31 / 20) 5 55 02 22
FAX (00 31 / 20) 5 55 02 77
E-Mail: info@ambassade-hotel.nl
Die Hotelzimmer (114 B.) verteilen sich über zehn Grachtenhäuser aus dem 17. Jahrhundert. Trotz der zentrumsnahen Lage ist das Hotel sehr ruhig. Ein Restaurant gehört nicht zu dem Beherbergungsbetrieb.

Amstel Botel
Oosterdokskade 2–4
NL–1011 AE Amsterdam
☎ (00 31 / 20) 6 26 42 47
FAX (00 31 / 20) 6 39 19 52

Wie wäre es mit einem Drei-Sterne-Hotelboot? Von den 176 gut ausgestatteten Kabinen (insgesamt 360 B.) ist eine herrliche Aussicht auf das Wasser garantiert.

Canal House
Keizersgracht 148
☎ (00 31 / 20) 6 22 51 82
FAX (00 31 / 20) 6 24 13 17
E-Mail: canalhousehotel@compuserve.com

Hotel in zwei Grachtenhäusern aus dem 17. Jh. Die 35 Zimmer sind unterschiedlich groß und mit antikem Mobiliar ausgestattet. Das Frühstück wird im Salon mit Blick auf den Garten serviert.

Eden Hotel Amsterdam
Amstel 144
NL-1017 AE Amsterdam
☎ (00 31 / 20) 5 30 78 78
FAX (00 31 / 20) 6 24 29 46
E-Mail: reservations@edenhotel.nl
Das kürzlich vergrößerte Hotel (666 B.) befindet sich in unmittelbarer Nähe des Rembrandtplein. Die Zimmer sind gut ausgestattet, der Service ist sehr freundlich. Das eigene Auto muss im öffentlichen Parkhaus abgestellt werden.

Hotel Marianne
Nicolaas Maesstraat 107
NL-1071 PV Amsterdam
☎ (00 31 / 20) 6 79 79 72
FAX (00 31 / 20) 6 71 21 44
Kleines Hotel (23 B.) in einer ruhigen zentrumsnahen Straße mit zweckmäßig ausgestatteten Zimmern und einem gemütlichen Aufenthaltsraum.

Rho Hotel
Nes 11 - 23
NL-1012 KC Amsterdam
☎ (00 31 / 20) 6 20 73 71
FAX (00 31 / 20) 6 20 78 26
In unmittelbarer Nähe zum Dam und dennoch ruhig liegt dieses Dreisternehotel. Zu jedem der ansprechend und relativ großen Zimmer gehören ein Bad, Telefon, Fernseher, Safe und Minibar. Morgens wird ein gutes Frühstückbuffet geboten. Ein hoteleigener Parkplatz ist vorhanden.

Toro Hotel
Konigslaan 64
NL-1075 AG Amsterdam
☎ (00 31 / 20) 6 73 72 23
FAX (00 31 / 20) 6 75 00 31
Das in zwei stilvollen Gebäuden aus dem Jahr 1900 untergebrachte Hotel (40 B.) liegt hübsch und ruhig am Rande des Vondelparks. Jogger kommen bestimmt auf ihre Kosten!

Hotels**

Amsterdam Wiechmann Hotel
Prinsengracht 328 - 332
NL-1016 HX Amsterdam
☎ (00 31 / 20) 6 26 33 21
FAX (00 31 / 20) 6 26 89 62
Das seit seiner Eröffnung 1947 unter familiärer Leitung stehende Haus (77 B.) ist in seiner Preisklasse (!) vielleicht das schönste Grachtenhaus-Hotel Amsterdams. Die 40 Zimmer sind teils modern, teils antik eingerichtet.

AMS Hotel Trianon
J. W. Brouwersstraat 3
NL-1071 LH Amsterdam
☎ (00 31 / 20) 6 73 20 73
FAX (00 31 / 20) 6 73 88 68
E-Mail: info@ams.nl
Auch in diesem Hotel, direkt neben dem Concertgebouw gelegen, kann man auf Ruhe hoffen. Die Zimmer (100 B.) sind ordentlich ausgestattet.

Hotels*

Atlanta Hotel
Rembrandtplein 8–10
NL-1017 CV Amsterdam
☎ (00 31 / 20) 6 25 35 85
FAX (00 31 / 20) 6 24 91 41
E-Mail: atlantah@wordaccess.nl
Zu finden ist das Hotel (65 B.) im Zentrum von Amsterdam, mit Blick auf den Rembrandtplein. Auffallend: das freundliche Ambiente des unter familiärer Leitung stehenden Hauses.

Hotel Muzeumzicht
Jan Luykenstraat 22
NL-1071 CN Amsterdam
☎ (00 31 / 20) 6 71 29 54
FAX (00 31 / 20) 6 71 35 97 bzw. auf Anfrage
Kleines, preiswertes Hotel (27 B.) im Museumsviertel.

King Hotel
Leidsekade 86
NL-1017 PN Amsterdam
☎ (00 31 / 20) 6 24 96 03
FAX (00 31 / 20) 6 20 72 77
Eingerichtet ist das Hotel (65 B.) in einem Grachtenhaus aus dem 17. Jahrhundert. Das Preis-Leistungs-Verhältnis ist angemessen.

Prinsenhof
Prinsengracht 810
NL-1017 JL Amsterdam
☎ (00 31 / 20) 6 23 17 72
FAX (00 31 / 20) 6 38 33 68
E-Mail: prinshof@xs4all.nl
Das stilechte Giebelhaus mit den schmalen und steilen Treppen hat nur zehn kleine, einfach ausgestattete, aber gemütliche Zimmer. Das schönste Zimmer, Nr. 9, liegt unterm Dach. Das Gepäck wird mit einer Winde bis zur obersten Etage hochgezogen. Für Behinderte und Kinder ungeeignet.

Seven Bridges
Reguliersgracht 31
NL-1017 LK Amsterdam
☎ (00 31 / 20) 6 23 13 29
Das kleine und sehr ruhige Hotel (22 B.) ist benannt nach den sieben Brücken, die sich über die Reguliersgracht spannen. Das reichhaltige Frühstück wird in den charmanten, individuell eingerichteten Zimmern serviert.

Jugendhotels

Arena
's-Gravesandestraat 51
NL-1092 AA Amsterdam
☎ (00 31 / 20) 6 94 74 44
FAX (00 31 / 20) 6 63 26 49
E-Mail: alien@hotelarena.nl
Das Hotel (464 B.) ist in einem denkmalgeschützten Gebäude untergebracht. Alle Zwei- und Vierpersonenzimmer sind mit Dusche und WC ausgestattet. Für kleine Gruppen stehen Sechs- bis Achtbettzimmer zur Verfügung.

Hans Brinker
Kerkstraat 136
NL-1017 CR Amsterdam
☎ (00 31 / 20) 6 22 06 87
FAX (00 31 / 20) 6 38 20 60
Preisgünstige Einzel- und Doppelzimmer (500 B.).

The Flying Pig Hostels
Nieuwendijk 100
NL-1012 MR Amsterdam
Vossiusstraat 46
NL-1071 AJ Amsterdam

☎ (00 31 / 20) 4 21 05 83
FAX (00 31 / 20) 4 21 08 02
E-Mail: headoffice@flyingpig.nl
Das Hostel "Flying Pig" gibt's zweimal in Amsterdam: Down Town (195 B.) am Nieuwendijk und am Vondelpark (130 B.). Es stehen Ein-, Zwei-, Vier-, Sechs- und Achtpersonenzimmer jeweils mit eigener Dusche und WC zur Verfügung.

I. S. C. (International Student Centre) Keizersgracht
Keizersgracht 15 – 17
NL-1015 CC Amsterdam
☎ (00 31 / 20) 6 25 13 64
FAX (00 31 / 20) 6 20 73 47
Ein- bis Vierbettzimmer (76 B.) stehen zur Auswahl, alle Zimmer mit Dusche. Für Gruppen werden Sonderpreise angeboten, Gleiches gilt bei einem längeren Aufenthalt.

Hotels (Fortsetzung)

Information

▶ Auskunft

Jugendherbergen

Jugendherbergsverband

Niederländischer Jugendherbergsverband NJHC
Prof. Tulpstraat 2
NL-1018 HA Amsterdam
☎ (00 31 / 20) 6 39 29 29
FAX (00 31 / 20) 6 39 01 99

Unterkünfte

City Hostel Vondelpark
Zandpad 5
NL-1054 GA Amsterdam
☎ (00 31 / 20) 5 89 89 93
FAX (00 31 / 20) 5 89 89 55
Im Herzen von Amsterdam gelegene Unterkunft (475 B.) mit Schlafzimmern für 1, 2, 4, 6 und 8 Personen sowie zwei Restaurants.

Stadsdoelen NJHC
Kloveniersburgwal 97
NL-1011 KB Amsterdam
☎ (00 31 / 20) 6 24 68 32
FAX (00 31 / 20) 6 39 10 35
Ebenfalls im Stadtzentrum gelegene Herberge (186 B.) mit einem Restaurant.

Kinder

Besichtigungen

Eltern können mit ihren Kindern – je nach Alter, Temperament und Wissbegier – verschiedene Dinge unternehmen: den Amsterdamer Zoo Artis besuchen; in ein Museum gehen wie das Aviodome (Luft- und Raumfahrtmuseum), das Schifffahrtsmuseum, das Wachsfigurenkabinett oder das Tropenmuseum mit seiner Abteilung für Kinder zwischen sechs und zwölf Jahren; eine Diamantschleiferei besuchen; eine Bootsrundfahrt durch die Grachten von Amsterdam machen; auf die Türme von Westerkerk oder Zuiderkerk bzw. auf den Turm der Beurs van Berlage hinaufklettern. Ältere Kinder bzw. Jugendliche werden Gefallen an den Ausstellungen, Versuchen und Computerspielen im Wissenschafts- und Technologiezentrum newMetropolis finden.

Kinder
(Fortsetzung)

Theater

Jugendtheater "De Krakeling"
Nieuwe Passeerdersstraat 1
☎ 6 24 51 23

Amstelveens Poppentheater
Wolfert van Borsselenweg 85a
☎ 6 45 04 39

Diridas
Hobbemakade 68
☎ 6 62 15 88
Samstag- und Sonntagnachmittag Puppentheater für Kinder ab 5 Jahren.

Pantjin
Dam
☎ 6 27 91 88
Im Sommer regelmäßige Vorstellungen vor dem Königlichen Palast.

Kinos

Kinder Filmtheater
Roetersstraat 170
☎ 6 22 82 06

Rialto
Ceintuurbaan 338
☎ 6 62 34 88

Auch The Movies und Tuschinski (▶ Kinos) haben am Mittwochnachmittag und an den Wochenenden Kinderprogramme.

Sonstiges

Kinderkookkafé
Oudezijds Achterburgwal 193
☎ 6 25 32 57
Kinder bereiten hier am Wochenende selbst Speisen zu und setzen sie Erwachsenen vor. Reservierung erforderlich.

Elleboog
Passeerdersgracht 32
☎ 6 26 93 70
An zwei Wochenenden im Monat haben Kinder zwischen 6 und 16 Jahren die Möglichkeit, sich als Zirkusartisten zu üben. Reservierung erforderlich.

Katzenboot
Singel 40
"De Poezenboot" ist ein Hausboot der Stiftung "Katzenboot" voller heimatloser Katzen (▶ Sehenswürdigkeiten von A bis Z, Singel).

Kino

Allgemeines

Die meisten der 40 Kinos findet man in der Nähe des Leidsepleins. Alle ausländischen Filme laufen in Originalsprache mit niederländischen Untertiteln.
Das Kinoprogramm steht in den Tageszeitungen "De Volkskrant", "Het Parool" und "Telegraaf" und in der Zeitschrift "Uitkrant". Donnerstags ist Programmwechsel. Die Filmvorstellungen laufen normalerweise um 14^{00}, 19^{00} und 21^{30} Uhr. Am Wochenende werden auch Nachtvorstellungen gegeben. Die Eintrittspreise liegen bei etwa 12 hfl/5 €.

City
Kleine Gartmanplantsoen 13
(nahe Leidseplein)
☎ 6 23 32 60
Mit sieben Sälen das größte Kino der Stadt.

Desmet
Plantage Middenlaan 4 a
☎ 6 27 34 34
Stilvolles Haus; anspruchsvolle neuere Filme für ein kleines Publikum.

Kino (Fortsetzung)

Kriterion
Roeterstraat 170
☎ 6 23 17 08
Vor allem amerikanische Kult- und französische Erotikfilme.

The Movies
Haarlemmerdijk 161
☎ 6 24 57 90
Art-déco-Kino; anspruchsvollstes Kinoprogramm der Stadt. Angegliedert ist ein nettes Kino-Café.

Theater Tuschinski
Reguliersbreestraat 26
☎ 6 26 26 33
▶ Baedeker Tipp, S. 97

Konsulate

Generalkonsulat der Bundesrepublik Deutschland
de Lairessestraat 172
☎ 6 73 62 45
FAX 6 76 69 51

Generalkonsulat der Republik Österreich
Weteringschans 106
☎ 6 26 80 33
FAX 4 20 18 31

Generalkonsulat der Schweizerischen Eidgenossenschaft
Johannes Vermeerstraat 16
☎ 6 64 42 31
FAX 6 75 55 15

Kriminalität

Hohe Kriminalitätsrate

Amsterdam hat eine der höchsten Kriminalitätsraten des Landes. Die weitaus häufigsten Delikte sind Diebstahl, Einbruch und Drogenhandel. Vergehen wie Mord und Totschlag bilden die Ausnahme. Für Diebe und Einbrecher sind Touristen oft ein willkommenes Opfer. Insbesondere Autos mit ausländischem Kfz-Kennzeichen werden gern aufgebrochen. Deshalb sollte man keine Wertgegenstände (dazu zählen auch Autoradios) und Gepäckstücke im Wagen zurücklassen, weder unter den Sitzen noch im Kofferraum. Ratsam ist es, das Auto auf einem bewachten Parkplatz oder in einem bewachten Parkhaus abzustellen (▶ Parken).
In Amsterdam wimmelt es auch von Taschendieben. Aus diesem Grund ist besondere Vorsicht in Zügen, Bahnhöfen, Banken und auf Märkten geboten. Im Hotel sollte man die Wertsachen in den Safe geben. Am besten lässt man teuren Schmuck, teure Fotoapparate und teure Videokameras zu Hause. Die statistisch betrachtet unsichersten Plätze sind das zwischen Dam und Nieuwmarkt gelegene Viertel Zeedijk (Rotlichtviertel), der Bloemenmarkt, die Gegend um das Anne-Frank-Haus und die Einkaufsstraßen Dam und Damrak. Auch die Tramlinien 1, 2 und 5 gelten als kritisch. Während der Dunkelheit sollte man, zumindest wenn man allein unterwegs ist, dunkle Straßen und Gassen (auch im Stadtzentrum) meiden.
Im Falle eines Diebstahls wende man sich an eine Dienststelle der Amsterdamer ▶ Polizei. Es besteht allerdings wenig Aussicht, den gestohlenen Gegenstand zurückzuerhalten (die Meldung des Diebstahls ist jedoch allein schon aus versicherungstechnischen Gründen notwendig).

Literaturempfehlungen

Sachbücher

Geert Mak, "Amsterdam – Biographie einer Stadt"
Siedler Verlag 1997
Die Geschichte auch des "unsichtbaren" Amsterdams aus den Augen eines der bekanntesten Journalisten und Sachbuchautoren der Niederlande.

Simon Schama, "Rembrandts Augen"
Siedler Verlag 2000
Auf rund 800 Seiten beschäftigt sich der Kunsthistoriker Schama mit Lebensgeschichte und Werken Rembrandts. Die Geschichte des Goldenen Jahrhunderts wird dabei lebendig.

Romane, Erzählungen

Simon Carmiggelt, "Heiteres aus Amsterdam"
Ullstein 1990

Manfred S. Fischer (Hrsg.), "Multatuli. Erzählungen, Parabeln und Ideen", Ullstein 1988
Sammlung von Erzählungen über die Art der Amsterdamer.

Anne Frank, "Tagebuch", Fischer Verlag 1991
▶ Baedeker Special, S. 60

Jaf Geeraerts, "Die Coltmorde", Aufbau Verlag 1990
Polizeithriller.

A. F. Th. van der Heijden, "Der Anwalt der Hähne"
Suhrkamp Verlag 1995
Der Anwalt Quispel verteidigt Mitglieder der Hausbesetzerszene und gerät dabei in eine verhängnisvolle Situation.

Volker Jakob / Annet van der Voort, "Anne Frank war nicht allein"
J. H. W. Dietz Verlag 1988
Lebensgeschichten deutscher Juden in den Niederlanden.

Harry Mulisch, "Das Attentat", Rowohlt Verlag 1989
Deutsche Besatzungszeit während des Zweiten Weltkrieges.

Bildband

Christian Sarramon, "Lebenskunst in Amsterdam"
Gerstenberg Verlag 1999
Herrlicher Bildband mit besinnlich-informativen Texten u. a. von Cees Nooteboom.

Märkte

Antiquitäten und Kunst

Thorbeckeplein
Marktzeit: So. 11⁰⁰ – 18⁰⁰
(April bis Oktober)
Zeitgenössische Kunst

Spui
Marktzeit: So. 10⁰⁰ – 18⁰⁰
(April bis Dezember)

Nieuwmarkt
Marktzeit: So. 10⁰⁰ – 18⁰⁰
(April bis Oktober)

Blumen

Bloemenmarkt
am Singel
Marktzeit: Mo. – Fr. 9^{30} – 17^{30}, Sa. 9^{30} – 17^{00}
▶ Sehenswürdigkeiten von A bis Z, Singel

Amstelveld
Ecke Prinsengracht / Reguliersgracht

Marktzeit: Montagvormittag (Mai bis Oktober)
Pflanzen und Kräuter für Garten und Balkon, Zimmerpflanzen.

Briefmarken / Bücher

Postzegelmarkt
Nieuwezijds Voorburgwal (gegenüber Nr. 280)
Marktzeit: Mi., Sa. 13^{00} – 16^{00}
Briefmarken zum Tauschen und Kaufen, auch Münzen.

Bücher
▶ Buchhandlungen

Flohmärkte

Vlooienmarkt
Waterlooplein
Marktzeit: Mo. – Sa. 10^{00} – 17^{00}
▶ Sehenswürdigkeiten von A bis Z, Jodenbuurt

Rommelmarkt
Looiersgracht 38
Marktzeit: tgl. 11^{00} – 17^{00}
Überdachter Markt im Jordaan. Täglich wechselnde Angebote: Briefmarken, Postkarten, Platten, Bücher, Kleidung und Wäsche, Antiquitäten und vieles mehr.

Lebensmittel und Textilien

Albert Cuypmarkt
Albert Cuypstraat
(zwischen Ferdinand Bolstraat und van Woustraat)
Marktzeit: Mo. – Sa. 9^{00} – 17^{00}
Mit seinen ca. 400 Ständen bietet der Albert Cuypmarkt fast alles, was in Küche oder Haushalt benötigt wird (▶ Sehenswürdigkeiten von A bis Z, De Pijp).

Dappermarkt
Dapperstraat im Stadtteil Amsterdam-Oost (hinter dem Tropenmuseum)
Marktzeit: Mo. – Sa. 9^{00} – 17^{00}

Ten-Katemarkt
bei der Kinkerstraat
Marktzeit: Mo. – Sa. 9^{00} – 17^{00}

Noordermarkt (Boerenmarkt)
Noorderstraat
(an der Noorderkerk)
Marktzeit: Sa. 9^{00} – 16^{00} (im Winter nur bis 15^{00})
Kleiner überschaubarer Markt mit Delikatessen sowie ökologisch angebautem Obst und Gemüse.

Freimarkt

Am 30. April (Königintag) und am 5. Mai (Befreiungstag) darf jeder ohne behördliche Erlaubnis verkaufen, was er will. Das Stadtzentrum ist dann voller Verkaufsstände.

Mietwagen

Avis
Nassaukade 380, ☎ 6 83 60 61
Reservierung in Deutschland:
☎ (01 80) 5 55 77

Budget
Overtoom 121, ☎ 6 12 60 66
Reservierung in Deutschland:
☎ (01 80) 5 21 41 41

Hertz
Engelse Steeg 4, ☎ 6 23 61 23
Reservierung in Deutschland:
☎ (01 80) 5 33 35 35

Museen

Eintrittspreise, Museumskarte

Die Eintrittspreise für die 42 Museen von Amsterdam liegen zwischen 5 hfl und 20 hfl (2,50 € und 10 €) für Erwachsene. Hat man ein größeres Besichtigungsprogramm vor, so empfiehlt sich der Kauf einer "Museumskarte", die beim VVV-Auskunftsbüro (▶ Auskunft) oder in den Museen selbst erhältlich ist (Passbild erforderlich). Mit dieser Karte hat man bei vielen Amsterdamer und niederländischen Museen freien Eintritt.

Amsterdam Pass

Ebenfalls kostenlosen bzw. verbilligten Eintritt erhält man in vielen Museen der Stadt mit dem Amsterdam Pass, der 31 Gutscheine enthält. Man kann ihn bei den VVV-Auskunftsstellen (▶ Auskunft) und am Flughafen Schiphol zum Preis von 41,50 hfl (18.85 €) erwerben. Er berechtigt u.a. zum kostenlosen Eintritt in das Rijksmuseum oder Van Gogh Museum, in Amsterdams Historisch Museum und Stedelijk Museum. Außerdem erhält man Preisnachlass für verschiedene Sehenswürdigkeiten, Ausflüge (kostenlose Rundfahrt durch die Grachten bei bestimmten Reedereien), öffentliche Verkehrsmittel und Restaurants.

Museumsboot

Viele der Amsterdamer Museen liegen direkt an Grachten oder aber doch in der Nähe dieser Wasserstraßen. Mit dem "Museumsboot", das an sechs Stationen hält (u.a. Anlegestelle beim Hauptbahnhof und beim Rijksmuseum), erreicht man ca. 20 Museen und viele Sehenswürdigkeiten. Das Boot verkehrt tgl. zwischen 10^{00} und 18^{00} Uhr alle 30 – 45 Minuten. Es gibt Einzelfahrscheine und Tagesfahrkarten, die zu beliebig vielen Fahrten an einem bestimmten Wochentag berechtigen und zudem den Eintrittspreis in manchen Museen ermäßigen.

Geschichte / Kulturgeschichte

Amsterdams Historisch Museum
▶ Sehenswürdigkeiten von A bis Z, Amsterdams Historisch Museum

Anne Frank Huis
▶ Sehenswürdigkeiten von A bis Z, Anne Frank Huis

Beurs van Berlage Museum
▶ Sehenswürdigkeiten von A bis Z, Beurs van Berlage

Bijbels Museum (Bibelmuseum)
▶ Sehenswürdigkeiten von A bis Z, Herengracht

Brilmuseum
Gasthuismolensteeg 7

Straßenbahn: 13, 14, 17, 20
Geöffnet: Mi., Do., Fr. 12^{00} bis 17^{30}, Sa. 12^{00} – 17^{00}
700 Jahre Kulturgeschichte der Brille.

Hollandsche Schouwburg
▶ Sehenswürdigkeiten von A bis Z, Hollandsche Schouwburg

Informatie-Centrum Ruimtelijke Ordening
(Informationszentrum des Raumordnungsamtes)
▶ Sehenswürdigkeiten von A bis Z, Zuiderkerk

Joods Historisch Museum
▶ Sehenswürdigkeiten von A bis Z, Joods Historisch Museum

Scheepvaart Museum
▶ Sehenswürdigkeiten von A bis Z, Scheepvaart Museum

Tropenmuseum
▶ Sehenswürdigkeiten von A bis Z, Tropenmuseum

Universiteitsmuseum De Agnietenkapel
Oudezijds Voorburgwal 231
Straßenbahn: 4, 9, 16, 20, 25
Geöffnet: Mo.–Fr. 9^{00} – 17^{00}
Plakate, Bücher, Dokumente, Gemälde u.a. aus der Geschichte der Universität seit 1632. Die Agnetien-Kapelle, in der sie untergebracht ist, gehört seit 1470 zu den Universitätsgebäuden.

Verzetsmuseum Amsterdam
(Widerstandsmuseum)
Plantage Kerklaan 61
Straßenbahn: 9, 14, 20
Geöffnet: Di.–Fr. 10^{00} – 17^{00}, Sa., So. 12^{00} – 17^{00}
Die Exponate geben Aufschluss über die niederländische Widerstandsbewegung während der deutschen Besetzung von 1940 bis 1945.

Kunst und Archäologie

Allard Pierson Museum
Oude Turfmarkt 127
Straßenbahn: 4, 9, 16, 20, 24, 25
Geöffnet: Di.–Fr. 10^{00} – 17^{00}, Sa., So. 13^{00} – 17^{00}
Die archäologische Sammlung der Amsterdamer Universität gehört zu den umfangreichsten Universitätsmuseen dieser Art in der Welt. Das alte Ägypten ist mit Mumien, Sarkophagen, Götter- und Tierfiguren vertreten, hinzu kommen Sammlungen aus Griechenland und Rom, Vorderasien, Mesopotamien, Zypern und aus dem Iran.

CoBrA Museum of Modern Art
Sandbergplein 1–3
Amstelveen
Straßenbahn: 5
Geöffnet: Di.–So. 11^{00} – 17^{00}
Moderne Kunst (nach 1945), einschließlich CoBrA-Sammlung.

Peter Stuyvesant Stichting
Drentestraat 21
Straßenbahn: 4
Geöffnet: Mo. – Fr. 9^{00} – 12^{00}
Für Betriebsräume bestimmte moderne Malerei und Skulpturen, u.a. von Appel, Corneille, Tajiti und Vasarely.

Rembrandthuis
▶ Sehenswürdigkeiten von A bis Z, Rembrandthuis

Rijksmuseum
▶ Sehenswürdigkeiten von A bis Z, Rijksmuseum

Stedelijk Museum
▶ Sehenswürdigkeiten von A bis Z, Stedelijk Museum

Van Gogh Museum
▶ Sehenswürdigkeiten von A bis Z, Van Gogh Museum

Literatur, Theater, Film

Filmmuseum
▶ Sehenswürdigkeiten von A bis Z, Vondelpark

Multatuli Museum
Korsjespoortsteeg 20
Straßenbahn: 1, 2, 5, 13, 17, 20
Geöffnet: Di.–Fr. 10^{00}–17^{00}, Sa., So. 12^{00}–17^{00}
Gedenkausstellung für den niederländischen Schriftsteller Multatuli (eigentlich Eduard Douwes Dekker; 1820 bis 1887), der in seinen freigeistighumanistischen Romanen (v.a. in "Max Havelaar oder die Holländer auf Java") das niederländische Kolonialsystem scharf angriff.

Persmuseum (Pressemuseum)
Cruquiusweg 31
Bus: 28
Geöffnet: Mo.–Fr. 9^{00}–17^{00}, Sa. 9^{30}–13^{00}
Zeitungen, Zeitschriften, Plakate, Karikaturen etc. seit Anfang des 17. Jh.s.

Theatermuseum
▶ Sehenswürdigkeiten von A bis Z, Herengracht

Theo Thijssen Museum
Eerste Leliedwarsstraat 16
Straßenbahn: 13, 17
Geöffnet: Do.–So. 12^{00}–17^{00}
Das Geburtshaus des Schriftstellers Theo Thijssen (1879 bis 1943) ist heute Museum. Es informiert anhand von Manuskripten, Erstauflagen, Fotos und Zeichnungen nicht nur über Thijssen selbst, sondern auch über das tägliche Leben im Jordaan zu Thijssens Zeiten.

Natur und Technik

Aviodome
▶ Sehenswürdigkeiten von A bis Z, Schiphol

Bosmuseum
▶ Sehenswürdigkeiten von A bis Z, Amsterdamse Bos

Electrische Museumtramlijn
Haarlemmermeerstation
Amstelveenseweg 264
Straßenbahn: 6, 16
Geöffnet von April bis Okt.: So. 10^{30}–17^{20}
Fahrten mit alten Straßenbahnen vom Haarlemmermeer-Bahnhof bis nach Amstelveen, eine Strecke von ca. 6 km. Besonders für Kinder ein herrliches Vergnügen!

Geologisches Museum
▶ Sehenswürdigkeiten von A bis Z, Artis

Museumhaven Amsterdam
▶ Sehenswürdigkeiten von A bis Z, Scheepvaart Museum

newMetropolis
(Zentrum für Wissenschaft und Technik)
▶ Sehenswürdigkeiten von A bis Z, newMetropolis

Planetarium
▶ Sehenswürdigkeiten von A bis Z, Artis

Werft 't Kromhout
(Werftmuseum)
Hoogte Kadijk 147
Bus: 22, 28
Geöffnet: Mo.–Fr. 10^{00}–16^{00}
Dauerausstellung von Schiffsmaschinen und -modellen sowie Werkzeugen für den Schiffbau. Im Wasser liegen einige kleinere ältere Schiffe.

Zoologisches Museum
▶ Sehenswürdigkeiten von A bis Z, Artis

Grachtenhäuser, Paläste

Geelvinck-Hinlopen Huis
▶ Sehenswürdigkeiten von A bis Z, Herengracht

Museum Amstelkring
▶ Sehenswürdigkeiten von A bis Z, Museum Amstelkring

Museum Van Loon
▶ Sehenswürdigkeiten von A bis Z, Keizersgracht

Museum Willet-Holthuysen
▶ Sehenswürdigkeiten von A bis Z, Museum Willet-Holthuysen

Sport

Ajax Museum
▶ Sehenswürdigkeiten von A bis Z, Bijlmermeer

Sonstige

Erotisch Museum
Oudezijds Achterburgwal 54
Straßenbahn: 4, 9, 16, 20, 24, 25
Geöffnet: Mo. – Do., So. 11^{00} bis 24^{00}, Fr., Sa. 11^{00} – 1^{00}
Erotische Drucke, Zeichnungen (u.a. von John Lennon), Figuren und vieles mehr.

Geels & Co Koffie- en Theemuseum
Warmoesstraat 67
Straßenbahn: 4, 9, 16, 20, 24, 25
Geöffnet: Di., Fr., Sa. 14^{00} bis 16^{30}
Das in einem schönen Grachtenhaus untergebrachte Museum zeigt alte Kaffeeröster, Teemaschinen, Kaffeemühlen u.a.; ferner gehören eine Probierstube und ein historisches Geschäft zu dem Museum.

Holland Experience
Multimediashow über die Niederlande
▶ Sehenswürdigkeiten von A bis Z, Holland Experience

Kattenkabinet (Katzenmuseum)
▶ Sehenswürdigkeiten von A bis Z, Herengracht

Kindermuseum TM Junior
▶ Sehenswürdigkeiten von A bis Z, Tropenmuseum

Madame Tussaud's Scenerama
▶ Sehenswürdigkeiten von A bis Z, Madame Tussaud's Scenerama

Martelwerktuigenmuseum
Leidsestraat 27
Straßenbahn: 1, 2, 5, 20
Geöffnet: tgl. 11^{00} – 19^{00}
Mittelalterliche Folterwerkzeuge.

Pijpenkabinet
(Pfeifenkabinett)
▶ Sehenswürdigkeiten von A bis Z, Prinsengracht

Tattoo Museum
(Museum der Tätowierungen)
Oudezijds Achterburgwal 130
Straßenbahn: 4, 9, 14, 16, 20, 24, 25
Geöffnet: Di. – So. 12^{00} – 17^{00}
Kunstwerke auf menschlicher Haut: In dem 1996 eröffneten Museum sind diverse Geräte und Hilfsmittel für Tätowierungen sowie zahlreiche Zeichnungen, Stiche und Fotos zu sehen.

Torture Museum
Damrak 20 – 22
Straßenbahn: 4, 9, 14, 16, 20, 24, 25
Geöffnet: tgl. 10^{00} – 23^{00}
Ausstellung historischer Folterwerkzeuge – echt gruselig!

Vakbondsmuseum
(Museum der Gewerkschaft)
Henri Polaklaan 9
Straßenbahn: 9, 20
Geöffnet: Di. – Fr. 11^{00} – 17^{00}, Sa., So. 13^{00} – 17^{00}
Fotos, Fahnen und viele andere historische Zeugnisse.

Woonbootmuseum
▶ Sehenswürdigkeiten von A bis Z, Prinsengracht

Nachtleben

Vergnügungszentren

Amsterdams Nachtleben konzentriert sich auf drei Zentren. Das älteste liegt im Hafenviertel, dem Nieuwendijk- und Zeedijk-Distrikt (► Sehenswürdigkeiten von A bis Z, Walletjes). Daneben sind Rembrandtplein und der benachbarte Thorbeckeplein von Nachtclubs umgeben; in Thorbeckeplein ist nahezu in jedem Haus eine Bar, ein Nachtclub oder ein Cabaret. Die hier gezeigten Floorshows bestehen meistens aus Striptease. Das dritte und jüngste Vergnügungszentrum hat sich am Leidseplein und Umgebung etabliert. Hier sind auch einige Diskotheken zu finden. Aber auch Hotelbars sind ein beliebter Treffpunkt für Nachtschwärmer.

Amsterdams "Rotlichtviertel": Walletjes

Bars mit Livemusik

Alto
Korte Leidsedwarsstraat 115
Gern besuchtes Jazzlokal mit Atmosphäre.

Bamboo Bar
Lange Leidsedwarsstraat 64
Bar für Nachtschwärmer.

Bim Huis
Oude Schans 73
Jazzcafé.

Bourbon Street Jazz & Blues
Leidsekruisstraat 6 – 8
Welche Musik hier gespielt wird, ist wohl klar. Kleine, aber stimmungsvolle Bar.

Brasil Music Bar
Leidsedwarsstraat 70
Latinomusik.

Casablanca
Zeedijk 26
Beliebtes Jazzlokal im Rotlichtviertel.

Nachtleben (Fortsetzung)

De Heeren van Amstel
Thorbeckeplein 5
Do.–Sa. nachts Jazz, am Wochenende auch Funk, Soul und Acid Jazz; französische Küche.

Hof van Holland
Rembrandtplein 5
Holländische Folklore.

Pianobar Le Maxim
Leidsekruisstraat 35
Das Piano steht jedem Hobbymusiker offen.

Diskotheken

Dansen bij Jansen
Handboogstraat 11
Studentendiskothek, oft brechend voll.

Escape
Rembrandtplein 11
Größte Disko von Amsterdam, die auch als die beste der Niederlande gilt.

Odeon
Singel 460
Disko mit drei Tanzflächen, die gern von Studenten aufgesucht wird.

Sinners in Heaven
Wagenstraat 3-7
Der richtige Ort, um zu sehen und gesehen zu werden. Das Interieur ist eine faszinierende Mischung aus Kirche, Burg und Kerker.

Soulkitchen
Amstelstraat 32
Soul, Funk und Dance-Classics für Leute ab 30.

Casino

Holland Casino Amsterdam
Max Euweplein 62
(nahe Leidseplein)
☎ 5 21 11 11
www.hollandcasino.nl
Geöffnet: tgl. 13^{30} – 3^{00}
Französisches und amerikanisches Roulett; Kartenspiele wie Black Jack, Punto Banco; Jackpotmaschinen. Außerdem: Restaurant, Partycenter, Nachtclub, Brasserie.

Öffnungszeiten

Notdienste

Notruf
☎ 112
Polizei, Feuerwehr, Ambulanz

ACE-Notrufzentrale Stuttgart
☎ (00 49 / 18 02) 34 35 36

ADAC-Notrufzentrale München
☎ (00 49 / 89) 22 22 22 (rund um die Uhr besetzt; Beratung nach Unfällen etc.)
☎ (00 49 / 89) 76 76 76 (Ambulanzrückholdienst und Telefonarzt)

DRK-Flugdienst Bonn
☎ (00 49 / 2 28) 23 00 23

Deutsche Rettungsflugwacht Stuttgart
☎ (00 49 / 7 11) 70 10 70

Öffnungszeiten

Apotheken: Mo. – Sa. 8^{00} – 17^{30}; (Notdienste ▶ Apotheken)

Banken: Mo. – Fr. 9^{00} – 16^{00}

Öffnungszeiten (Fortsetzung) Geschäfte

Einzelhandelsgeschäfte dürfen in den Niederlanden von 6^{00} bis 22^{00} Uhr geöffnet sein. In der Praxis öffnen viele Läden später und schließen erheblich früher, meist bereits um 18^{00} Uhr. Manche Geschäfte sind unter Mittag geschlossen, außerdem einen Vor- oder Nachmittag, manche auch einen ganzen Tag.

Kirchen

Viele Kirchen sind nur während der Gottesdienste geöffnet. Zu den übrigen Zeiten wende man sich an den Küster.

Postämter

Mo. – Fr. 9^{00} – 17^{00} Uhr.

Restaurants

Die Restaurants schließen gewöhnlich um 23^{00} Uhr, bis 22^{00} Uhr sollte man seine Essensbestellung aufgegeben haben.

Kneipen, Nachtlokale

Lokale und Kneipen schließen in der Regel um 1^{00} oder 2^{00} Uhr, die Nachtlokale haben teilweise bis 5^{00} Uhr geöffnet.

Parken

Hohe Parkgebühren!

Auf Bürgersteigen und im Parkverbot abgestellte Autos lässt die Amsterdamer Polizei abschleppen. Für einen Betrag von 300 hfl kann man sein abgeschlepptes Fahrzeug in der Daniel Goedkoopstraat 7–9 (☎ 5 53 03 33) abholen. Da gerade ausländische Autos oft aufgebrochen werden, sollte man den Wagen besser am Stadtrand, auf dem Hotelparkplatz oder in einem Parkhaus abstellen. Darüber hinaus ist es schwer, im Stadtzentrum – außer in den Parkhäusern – eine Parkmöglichkeit zu finden. Parken ist fast nur an einer Parkuhr erlaubt, und auch hier darf man sein Auto meist nicht länger als eine Stunde stehen lassen. Eine Stunde an der Parkuhr kostet 5,25 hfl. Ist die Parkzeit abgelaufen, blockiert die Polizei den Wagen mit einer Radkralle. Bei der betreffenden Polizeiwache (Adresse, Öffnungszeiten und Telefon stehen auf dem gelben Strafzettel unter dem Scheibenwischer) muss man dann die Parkgebühr und ein Bußgeld (mindestens 130 hfl) zahlen. Wer das Risiko eines Strafzettels nicht eingehen will, kann bei Parkeerbeheer auch Tages- oder Wochenkarten kaufen. Eine Tageskarte (Mo. – Sa. 9^{00} – 23^{00} Uhr), gültig für die ganze Stadt, kostet 35 hfl, eine Wochenkarte 175 hfl (die Dienststelle in der Bakkerstraat 13, am Rembrandtplein, ist durchgehend geöffnet).

Parkhäuser (Auswahl)

Byzantinum
Tesselschadestraat 1

Europarking
Marnixstraat 250

Muziektheater
Waterlooplein 31

Parking Plus
Prins Hendrikkade 20

Q-Park
Museumplein

Parken am Stadtrand

Beim Fußballstadion von Ajax Amsterdam (nahe der Autobahn A 2; ► Sehenswürdigkeiten von A bis Z, Bijlmermeer) stehen rund um die Uhr 2000 bewachte Parkplätze zur Verfügung. Im Tagespreis von umgerechnet ca. 12 DM sind auch die Gebühren für die Hin- und Rückfahrt zum Stadtzentrum mit der Metro eingeschlossen.

Parken (Fortsetzung)

Polizei

Polizeipräsidium

Elandsgracht 117
☎ 5 59 91 11

Polizeireviere

Bureau Ijtunnel
Ijtunnel 2
☎ 5 59 24 10

Bureau Lijnbaansgracht
Lijnbaansgracht 219
☎ 5 59 23 10

Bureau Raampoort
Marnixstraat 148
☎ 5 59 38 60

Bureau Warmoesstraat
Warmoesstraat 44
☎ 5 59 22 10

Notruf (Alarm)

Die Polizei ist Tag und Nacht über ☎ 6 22 22 22 erreichbar sowie über den allgemeinen Notruf ☎ 112.

Post

Posttarife

Postkarten und Briefe (bis 20 g), die innerhalb der Staaten der Europäischen Union verschickt werden, müssen mit 1,00 hfl frankiert werden.

Postämter

Die Amsterdamer Postämter sind von Mo. bis Fr. zwischen 9^{00} und 17^{00} Uhr geöffnet. Etwas länger hat die Hauptpost am Singel 250–256 geöffnet: Mo. – Fr. 9^{00} – 18^{00}, Sa. 9^{00} – 13^{00}.

Probierstuben

Proeflokale

Eine Amsterdamer Besonderheit sind die Probierstuben (proeflokale), wo vorrangig Branntwein und Liköre ausgeschenkt werden. In einigen dieser Lokale bekommt man keinen fertigen Schnaps serviert, sondern stattdessen eine individuelle Mischung, für die jede Probierstube ihre eigenen Rezepte hat. Das Glas wird grundsätzlich derart voll geschenkt, dass man sich beim ersten Schluck dazu hinunterbeugen muss, sonst liefe man – selbst bei ruhigster Hand – Gefahr, dass das "köstliche Nass" überschwappt.

In de Wildeman
Kolksteeg 3,
☎ 6 38 23 48
Seit 1690 existierende Probierstube mit historischem Interieur und einer außergewöhnlichen Bierauswahl (150 Sorten).

Henri Prouvin
Gravenstraat 20
☎ 6 23 93 33
Weine aus aller Welt.

De Drie Fleschjes
Gravenstraat 18
☎ 6 24 84 43

Typisch für Amsterdam: die Probierstuben.

Probierstuben (Fortsetzung)

"Die drei kleinen Flaschen" (seit 1650) bieten neben einer großen Auswahl an Likören und Genever auch den berühmten Bols Corenwyn.

De Admiraal
Herengracht 319
☎ 6 25 43 34
Romantisches Lokal, meist gut besucht.

Wynand Fockink
Pijlsteeg 31
Hinter der "Stube" (seit 1679) kann man den Likör auch in einem ruhigen Garten genießen.

Reisedokumente

Personalpapiere Reisende aus Deutschland, Österreich und der Schweiz benötigen für die Einreise einen gültigen Personalausweis bzw. Reisepass. Kinder unter 16 Jahren benötigen keinen Pass, wenn sie mit ihren Eltern reisen und in deren Pass eingetragen sind.

Fahrzeugpapiere Nationaler Führerschein und Kraftfahrzeugschein werden anerkannt und sind mitzuführen. Die Mitnahme der Grünen Versicherungskarte für Kraftverkehr ist zu empfehlen. Wer nicht über die Grüne Versicherungskarte verfügt, kann bei den GWK-Agenturen an den größeren Grenzübergängen eine befristete Versicherung (für mindestens 15 Tage) abschließen.
Ausländische Kraftfahrzeuge müssen das ovale Nationalitätskennzeichen tragen, sofern sie kein Euro-Kennzeichen haben.

Reisezeit

Amsterdam ist zwar zu allen Jahreszeiten einen Besuch wert, besonders empfiehlt sich jedoch das Frühjahr, wenn Parks und Blumenfelder in Blüte stehen. Der Herbst zeigt Stadt und Land in der Beleuchtung, die die klassischen holländischen Maler zu ihren Bildern angeregt hat.
In der kalten Jahreszeit werden unter dem Motto "Mal raus ins winterliche Amsterdam" besonders preisgünstige Hotelarrangements offeriert, Näheres erfährt man bei den Fremdenverkehrsämtern (▶ Auskunft).

Restaurants

Restaurants

Allgemeines

In den 755 Amsterdamer Restaurants werden Spezialitäten aus fast aller Herren Länder geboten, und zwar in jeder Preisklasse. Restaurants mit dem Hinweis "Neerlands Dis" führen vor allem holländische Gerichte, in Restaurants, die das Schild "Tourist-Menü" ausgehängt haben, gibt es ein aus drei Gängen bestehendes Menü zum Einheitspreis von derzeit 25.00 hfl. Kindern wird in manchen dieser Restaurants ein "Kindermenü" serviert.
Nicht überall liegen Speisekarten in deutscher Sprache aus, doch sind die Kellner beim Erklären der Gerichte entgegenkommend. Freie Platzwahl in den Restaurants ist nicht üblich, der Gast wird an seinen Tisch gebracht. Bedienung und Mehrwertsteuer sind in den Preisen enthalten, doch sind 5 – 10 Prozent Trinkgeld üblich. Die meisten Restaurants öffnen um 17^{00} oder 18^{00} Uhr und schließen zwischen 22^{00} und 23^{00} Uhr. Danach hat man die Möglichkeit, in einem so genannten Nachtrestaurant zu essen.

Preiskategorien

Nach den Mindestpreisen für ein Menü lassen sich die Amsterdamer Restaurants grob in folgende Kategorien einteilen:
Obere Preiskategorie (über 60 hfl bzw. 30 €) = K 1
Mittlere Preiskategorie (30 – 60 hfl bzw. 15 – 30 €) = K 2
Untere Preiskategorie (20 – 30 hfl bzw. 10 – 15 €) = K 3
Bei den vorgestellten Restaurants (Auswahl!) wird die entsprechende Preiskategorie jeweils angegeben.

Holländische Küche

Café Amsterdam
Watertorenplein 6
☎ 6 82 26 66
Lokal im früheren Maschinenhaus der Wasserwerke mit bodenständigen bis edlen Gerichten (K 3).

Dorrius
Nieuwezijds Voorburgwal 5
☎ 4 20 22 24
Holländische Küche auf gehobenem Niveau (K 1).

Excelsior
Nieuwe Doelenstraat 2 – 8
☎ 5 31 17 77
Sehr edles Ambiente – das Restaurant gehört zum Nobelhotel L'Europe – bei kreativer Küche (K 1).

Haesje Claes
Spuistraat 275
☎ 6 24 99 98
Rustikales Essen, rustikale Möbel. Reservierung empfehlenswert (K 2).

Hollands Glorie
Kerkstraat 222
☎ 6 24 47 64
Deftiges Essen, große Portionen (K 2).

Oud Holland
Nieuwezijds Voorburgwal 105
☎ 6 24 68 48
Traditionelle Küche, wechselnde Menüs (K 3).

Moeders
Rozengracht 251
☎ 6 26 79 57
Wie der Name schon sagt: wie bei Muttern! Traditionelle holländische Küche (K 2).

The Pancake Bakery
Prinsengracht 191
☎ 6 25 13 33
Pfannenkuchenküche vom Feinsten. Über 70 Variationen an "Pannenkoeken" gibt's in dem netten Lokal (K 3).

De Roode Leeuw
Damrak 93
☎ 6 22 85 26
Verglaste Terrasse (K 2).

't Swarte Schaep
Korte Leidsedwarsstraat 24
☎ 6 22 30 21
Traditionsreiches Lokal nahe dem Leidseplein mit gediegener Einrichtung (K 1).

Upstairs
Grimburgwal 2
☎ 6 26 56 03
Hollands kleinstes Pfannkuchenhaus (im 1. Stock) mit 51 verschiedenen Pfannkuchengerichten (K 2).

D'Vijff Vlieghen
Spuistraat 294
☎ 6 24 83 69
Erstreckt sich über fünf ineinander übergehende historische Grachtenhäuser, bei Ausländern sehr beliebt, aber auch Einheimische schätzen die hier servierte neue holländische Küche (K 1).

Fischrestaurants

Lucius
Spuistraat 247
☎ 6 24 18 31
Eines der besseren Fischrestaurants, Reservierung empfehlenswert (K 1).

Le Pecheur
Reguliersdwarsstraat 32
☎ 6 24 31 21
Stilvoll, mit Garten, auch ausländische Fischspezialitäten (K 1).

Sluizer
Utrechtsestraat 45
☎ 6 26 35 57
Gemütlich, große Auswahl; neben Fischgerichten stehen auch kleine feine Speisen auf der Karte; relativ preiswert (K 2).

Werkendam
St. Nikolausstraat 43
☎ 4 28 77 44
In einer Gasse verstecktes helles Lokal, freundliche Bedienung, gutes Preis-Leistungs-Verhältnis (K 2).

Vegetarische Küche

De Bolhoed
Prinsengracht 60–62
☎ 6 26 18 03
Große Speisekarte (K 3).

De Vliegende Schotel
Nieuwe Leliestraat 162
☎ 6 25 20 41
Sehr preisgünstig, große Auswahl an Gerichten (K 3).

De Waaghals
Frans Halsstraat 29
☎ 6 79 96 09
Kreative Küche; im Sommer kann auch in einem kleinen Garten gespeist werden (K 2).

Chinesische Küche

Sichuan Food
Reguliersdwarsstraat 35
☎ 6 26 93 27
Die hervorragende Küche wurde mit einem Michelin-Sternchen geehrt. Die Pekingente oder die Dim-sum-Happen sind unübertroffen (K 1).

China Treasure
Nieuwezijds Voorburgwal 115
☎ 6 23 40 61
Ein weiteres chinesisches Lokal der Spitzenklasse (K 1).

Hoi King
1e Jan Steenstraat 85
☎ 6 62 97 18
Gemütlich, eines der besten und preiswertesten chinesisch-thailändischen Restaurants (K 3).

Französische Küche

De Belhamel
Brouwersgracht 60
☎ 6 22 10 95

Romantisches Lokal im Jordaan. Im Sommer sind einige Tische direkt an der Gracht aufgestellt (K 1/2).

Christophe'
Leliegracht 46
☎ 6 25 08 07
Gourmettempel mit nüchtern-eleganter Einrichtung, leichte Küche (K 1).

Le Garage
Ruysdaelstraat 54–56
☎ 6 79 71 76
Hier kocht der berühmteste Fernsehkoch der Niederlande; Reservierung unbedingt notwendig (K 1).

De Groene Lanteerne
Haarlemmerstraat 43
☎ 6 24 19 52
Romantische Atmosphäre, eines der ältesten Lokale Amsterdams.

De Kersentuin
Dijsselhofplantsoen 7
☎ 6 64 21 21

Einrichtung edel, vielleicht etwas überladen, mediterrane Spezialitäten (K 1).

Griechische Küche

El Greco
Lange Leidsedwarsstraat 71
☎ 4 27 44 96
Gemütlich, mitten im Vergnügungsviertel (K 3).

Indonesische Küche

Kantjil en de Tijger
Spuistraat 291–293
☎ 6 20 09 94
Freundliche Bedienung, gut verträgliche Gerichte; eins der besten indonesischen Restaurants des Landes (K 1).

Speciaal
Nieuwe Leliestraat 142
☎ 6 24 97 06
Prinz Philip und Madonna waren in dem alteingesessenen Lokal schon zu Gast, entspannte Atmosphäre, preiswerte Gerichte (K 2).

Restaurants (Fortsetzung)

Italienische Küche

Pasta e Basta
Nieuwe Spiegelstraat 8
☎ 4 22 22 26
Pavarotti (ein signiertes Bild von ihm hängt an der Wand) fand die Pasta köstlich; Studententreffpunkt (K 2).

Toscanini
Lindengracht 75
☎ 6 23 28 13
Modern-klassische Inneneinrichtung (K 1).

Japanische Küche

Yamazoto
Ferdinand Bolstraat 333
☎ 6 78 71 11
Im Okura Hotel, japanische Haute Cuisine (K 1).

Portugiesische Küche

Tasca de Lisboa
Utrechtsestraat 114
☎ 6 26 89 22
Einfaches Restaurant mit schmackhaften portugiesischen Gerichten (K 3).

Spanische Küche

Pata Negra
Utrechtsestraat 124
☎ 4 21 26 70
Im "Schwarzfuß" (bezogen auf die Füße iberischer Schweine) gibt's natürlich Schinken und jede Menge köstlicher Tapas (K 2).

Thailändische Küche

De Kooning van Siam
Oudezijds Voorburgwal 42
☎ 6 23 72 93
Mit Sicherheit eines der besten Thai-Restaurants der Niederlande. Freundlicher Service, leckere Speisen, Spezialität ist gegrillte Ente mit Curry (K 2).

Pheun Tai
Binnen Bantammerstraat 11
☎ 4 27 45 37
Große Portionen, nicht zu süß, nicht zu scharf; auch Vegetarisches (K 2).

Nachtrestaurants

Bojo
Lange Leidsedwarsstraat 51
☎ 6 22 74 34
Preisgünstige indonesische Küche, auch zum Mitnehmen; geöffnet bis 2^{00} werktags und bis 3^{00} Uhr am Wochenende (K 3).

Margarita
Reguliersdwarsstraat 108–114
☎ 6 25 72 77
Lateinamerikanische Küche. Do.–So. bis 4^{00} Uhr nachts geöffnet.

Shopping

Allgemeines

Die bekanntesten Geschäftsstraßen sind die Kalverstraat, Leidsestraat, Nieuwedijk, Damrak und Rokin in der historischen Innenstadt mit großen Warenhäusern und exklusiven Boutiquen. In der Kalverstraat z.B. haben besonders viele Schuhgeschäfte ihren Sitz.
Elegante Geschäfte – internationale Modehäuser, ausgesuchte Schuhläden, exklusive Boutiquen – findet man auch in der P. C. Hooftstraat, Van Baerlestraat und Beethovenstraat. Hier ist die Atmosphäre etwas ruhiger und entspannter als im Stadtzentrum.
Wer dagegen gerne in Secondhandshops, Raritäten- und Trödlergeschäften stöbert, kommt im Jordaan, einem alten Volksviertel mit

eigenem Charakter, auf seine Kosten. Hier und auch in den schmalen Straßen und Gassen zwischen den Grachten befinden sich viele kleine Läden (winkels), die sich auf einen bestimmten Artikel spezialisiert haben. In der Nähe des Reichsmuseums gibt es rund um die Spiegelgracht – neben zahlreichen Galerien – eine Konzentration von Kunst- und Antiquitätengeschäften.
Eine touristische Attraktion bilden auch die rund 20 ▶ Märkte. Am bekanntesten sind der Albert Cuypmarkt, der größte und bestsortierte Markt der Niederlande, der Flohmarkt am Waterlooplein und der Blumenmarkt am Singel.

Allgemeines (Fortsetzung)

Öffnungszeiten

Einzelhandelsgeschäfte dürfen in den Niederlanden von 6[00] bis 22[00] Uhr geöffnet sein. In der Praxis öffnen viele Läden später und schließen häufig bereits um 18[00] Uhr, einige sind unter Mittag geschlossen, außerdem einen Vor- oder Nachmittag, manche auch einen ganzen Tag.
Zudem gibt es fast überall in Amsterdam Läden, die bis Mitternacht geöffnet haben (Avondwinkels). Das sind Geschäfte, in denen man Nahrungsmittel und Gebrauchsgegenstände wie Toilettenartikel – zu etwas teureren Preisen – sowie Delikatessen kaufen kann.

Antiquitäten

▶ dort

Brillen

De Brillenwinkel
Noorderkerkstraat 18

Zwischen 3400 Modellen kann man wählen – keines davon fabrikneu, aber dennoch nicht getragen. Es gibt schlichte Kassenmodelle, aber auch ausgefallene Sonderanfertigungen für verschiedene Berühmtheiten.

CDs

Fame Music
Kalverstraat 2–4
142 000 CD-Titel aus allen Musikbereichen.

Feinkost, Delikatessen

Meidi-Ya
Beethovenstraat 18
Japanische Delikatessen.

Olie Azijn Mosterd
Haarlemmerstraat 70
Öl, Essig und Senf aus vieler Herren Länder.

Slagerij Fred de Leeuw
Utrechtsestraat 92
Metzgerei mit allerlei Delikatessen, u. a. Trüffeln.

Puccini Bomboni
Staalstraat 17
Pralinen.

Holzschuhe (Klompen)

De Klompenboer
N. Z. Voorburgwal 20
Hier werden die Klompen nach Maß angefertigt.

Käse

Wout Arxhoek
Damstraat 19
300 bis 350 Sorten Käse, davon knapp über 80 aus den

Niederlanden. Auch Oliven, Nüsse, Salate und Pâtés.

Kaffee

Geels en Vo.
Warmoesstraat 67
Traditioneller Familienbetrieb (auch Teeverkauf); herrliches Interieur. Angeschlossen ist ein Kaffee- und Teemuseum (Eintritt frei).

Knöpfe

Knopenwinkel
Wolvenstraat 14
Knöpfe, nichts als Knöpfe.

Kondome

Condomerie
Warmoesstraat 141
Von vielen neugierig beäugter Laden gleich hinter der Börse: Kondome aller Größen, Farben, Stärken und Geschmacksrichtungen. Auch Spezialanfertigungen.

Mode

Amparo
P. C. Hooftstraat 108
Pullover und Ledersachen mal extravagant.

Antonia Shoes
Gasthuismolensteeg 12
Edle, ausgefallene Schuhe.

Calles 43
Haarlemmerdijk 43
Hauptsächlich Secondhandmode (aber Nobelmarken).

Female & Partners
Amstel 47
Ausgefallene erotische Wäsche für die Frau.

Mannenlingerie
Reguliersdwarsstraat 39
Bade-, Sport- und Unterwäsche für den Mann.

De Petsalon
Hazenstraat 3
Hüte jeglicher Couleur.

Möbel

The Frozen Foundation
Prinsengracht 629
Originelle, teilweise extravagante Möbel junger Designer.

Haaksman
Elandsgracht 55
Wer einen Kronleuchter sucht, ob teuer oder kitschig, ist hier richtig.

Papier

Cortina Papier
Reestraat 22
Geschenkpapier und jede Art von Schreibpapier. Regelmäßige Ausstellungen von Künstlern, die mit Papier arbeiten.

Perlen

Coppenhagen 1001 kralen
Rozengracht 54
Perlen in allen Formen, Farben und Größen und aus allen Teilen der Welt.

Schmuck

Bonebakker
Rokin 86–90
Traditionsbetrieb (seit 1792), der schon viele Königskronen geschmiedet hat.

Studio Beaufort
Grimburgwal 11
Netter Juwelierladen mit ausgefallenem Schmuck.

Grimm
Grimburgwal 9
Extravaganter Schmuck aus ungewöhnlichen Materialien (Kunststoff, Papier, Stoff), entworfen von niederländischen Künstlern, darunter Absolventen der Rietveld-Akademie.

Spielzeug

Kleine Nikolaus
Cornelis Schuystraat 19
Handgefertigtes Holz- und Stoffspielzeug.

Mechanisch Speelgood
Westerstraat 67
Ursprünglich nur Blechspielzeug. Riesenangebot an modernem und altem Spielzeug jeglicher Art.

Tabakwaren

P. C. G. Hajenius
Rokin 92
Exklusiver und sehenswerter Zigarrenladen. Die beste Adresse in Holland für Zigarren und Pfeifen.

Tee

Jacob Hooy
Kloveniersburgwal 12
Drogerie aus dem Jahr 1743. 400 Sorten Tee sowie Heilkräuter, Gewürze und Süßigkeiten.

Zahnbürsten

Witte Tanden Winkel
Runstraat 5
Da freu'n sich die Zähne: Zahnbürsten!

Warenhäuser

De Bijenkorf
Dam 1

Quantitativ und qualitativ gutes Angebot in einem mehrstöckigen, eleganten Neorenaissancegebäude vom Beginn des 20. Jh.s.

Hema
Nieuwendijk 174
Reguliersbreestraat 10
Warenhauskette mit billigen Artikeln.

Kalvertoren Shopping Center
Singel 457 – 461
Das edle Shoppingcenter zwischen Kalverstraat und Singel mit ca. 40 Geschäften und Restaurants wurde 1997 eröffnet.

Magna Plaza
Nieuwezijds Voorburgwal 182
▶ Baedeker Tipp, S. 67

Maison de Bonneterie
Rokin 140
Nobles Kaufhaus mit klassischer Hintergrundmusik.

Metz & Co.
Keizersgracht 455
1740 erbautes Kaufhaus mit Designmöbeln, Textilien, Küchen- und Essgeschirr. Nettes Dachcafé mit herrlichem Blick über Amsterdam.

Oininio
Prins Hendrikkade 20 – 21
Größter esoterischer Supermarkt Europas.

Toko Dun Yong
Stormsteeg 9
Großes chinesisches Warenhaus auf 5 Etagen: Lebensmittel, Möbel, Kunst.

Nightshops

Sterk Nightshop
Waterlooplein 241
Geöffnet: tgl. 8^{00} – 2^{00}
Großes Lebensmittelsortiment, alkoholische Getränke.

Big Bananas Nightshop
Leidsestraat 73

Shopping
(Fortsetzung)

Geöffnet: tgl. bis 1⁰⁰ Uhr
Getränke, Lebensmittel.

Albert Heijn
Singel/Koningsplein
Geöffnet: Mo. – Sa. 8⁰⁰ – 22⁰⁰, So. 11⁰⁰ – 19⁰⁰
Größerer Lebensmittelladen in zentraler Lage.

De Pinguin
Berenstraat 5
Geöffnet: tgl. bis 1⁰⁰ Uhr
Kleines Geschäft mit guter Auswahl an nichtalkoholischen und alkoholischen Getränken, Käse und einigen Lebensmitteln.

Souvenirs

Souvenirs

Typische Souvenirs aus Amsterdam bzw. den Niederlanden sind handgeschnitzte Holzschuhe (Klompen), handbemalte Delfter Kacheln, Blumenzwiebeln, Tabakwaren (wie etwa die Sumatra-Zigarren), Käse (bei sachgerechter Lagerung ein paar Wochen haltbar), ein Fläschchen Genever (▶ Essen und Trinken) und Antiquitäten jeglicher Art.

Die kitschigen Souvenirläden sollte man beim Einkauf allerdings meiden, denn dort sind die Klompen und die Kacheln in der Regel nicht handgemacht, sondern industriegefertigt, was man den Artikeln meist deutlich ansieht.

Originelles erhält man dagegen in den "winkels", kleinen versteckten Ladengeschäften um die Ecke, die der Stadt einen besonderen Charme verleihen und das Einkaufen zu einem schönen Erlebnis machen. Die Niederländer kürten übrigens das Städtchen Haarlem zu dem Ort, an dem es die nettesten "winkels" gibt (▶ Baedeker Tipp, S. 72). In Amsterdam findet man bei einem Bummel im Jordaan zahlreiche dieser kleinen Läden, die sich oft auf den Verkauf von einzelnen Gegenständen wie Kochbücher, Kunstkarten, wertvolle Uhren oder Zahnbürsten (!) spezialisiert haben.

Klompenschuhe

Daneben lässt sich auch in einem der großen Warenhäuser (▶ Shopping) und auf einem der zahlreichen ▶ Märkte gut einkaufen.

Speisen

▶ Essen und Trinken

Sport

Eislaufen

Jaap Eden IJscomplex
Radioweg 64
(beim Ajax-Stadion)
☎ 6 94 96 52
Geöffnet: Oktober bis März

Fitness und Squash

Sporting Club Leidseplein
Korte Leidsedwarsstraat 18
☎ 6 20 66 31

Golf

Amstelborgh BV Golf en Conference Center
Borchlandweg 6
☎ 6 97 50 00

Golfclub De Hoge Dijk
Abcouderstraatweg 46
☎ (02 94) 28 12 41

Joggen

Joggen kann man gut im Amsterdamse Bos und im Vondelpark.

Minigolf

Es gibt Kleingolfanlagen im Amstelpark, im Amsterdamse Bos und im Sloterpark.

Reiten

Amsterdamse Manege
(im Amsterdamse Bos)
Nieuwe Kalfjeslaan 25
☎ 6 43 13 42

Schwimmen

Florapark
Sneeuwbalstraat 5
Hallen- und Freibad

Marnixbad
Marnixplein 5
Hallenbad

Mirandabad
De Mirandalaan 9
Hallen- und Freibad (mit Wellenbad)

Sloterparkbad
Slotermeerlaan 2
Hallen- und Freibad

Segeln

Jachthaven Waterlust
im Amsterdamse Bos
Boeierspad
☎ 6 44 51 82

Tennis

Sportpark De Eendracht
Bok de Korverweg 4
☎ 6 13 56 79

Amstelpark Tenniscentrum
im Amsterdamse Bos
Koenenkade 8
☎ 3 01 07 00

Fußballstadien

Amsterdam Arena
▶ Sehenswürdigkeiten von A bis Z, Bijlmermeer

Olympisch Stadion
Stadionplein 20
Gebaut für die Olympiade 1928.

Sprache

Allgemeines

Als ausländischer Tourist kommt man zwar in Amsterdam mit Englisch oder Deutsch gut zurecht, doch sehen es die Niederländer sehr gern, wenn man zumindest den Versuch unternimmt, sich in Niederländisch zu verständigen. Viele Niederländer empfinden es als arrogant, wenn man sie von vornherein in Deutsch anspricht. Vielfach hilft schon eine Grußformel in Niederländisch.

Aussprache

ei in Leidsestraat	wie “a” in engl. day (= ei)
eu in Keukenhof	wie “ö” in lösen

Aussprache (Fortsetzung)

g in Begijnhof	wie "ch" in lachen (aber ng in Singel wie "ng" in singen)
ie in Muziektheater	wie "ie" in Bier
ieu in Nieuwmarkt	wie "ju" in Jupiter
ij in Rijksmuseum	wie "a" in engl. day (= ei)
oe in Bloemenmarkt	wie "u" in Blumen
ou in Oudewater	wie "au" in Haus
sch in Schiphol	etwa wie "s'ch" in Häuschen
sj in meisje (dt. Mädchen)	wie "sch" in Schule
ui in Trippenhuis	etwa wie "öi"
u in Universiteit	wie "ü" in üben
v in Vondelpark	fast wie "f" in fahren
z in Zuiderkerk	wie "s" in Häuser (stimmhaft)

Doppelvokale ("aa", "ee", "oo", "uu") müssen lang ausgesprochen werden. Die Betonung der niederländischen Wörter ist der deutschen weitgehend ähnlich: Die erste Silbe trägt in der Regel den Hauptton.

Kleiner Sprachführer Niederländisch

Zur Erleichterung der Aussprache sind alle niederländischen Wörter mit einer einfachen Aussprache (in eckigen Klammern) versehen.

Auf einen Blick

Ja./Nein.	Ja. [jaa] / Nee. [nee]
Vielleicht.	Misschien. [mischien]
Bitte.	(Sie) Alstublieft. [alstüblieft] (Du) Alsjeblieft. [alsjeblieft]
Vielen Dank!	Dank u wel. [dank ü wel]
Gern geschehen.	Graag gedaan. [chraach chedaan]
Entschuldigung!	Neemt u mij niet kwalijk. [neemt ü mei niet kwalück]
Wie bitte?	Wat zegt u? [wat zecht ü]
Ich verstehe Sie/dich nicht.	Ik begrijp u/je niet. [ik begreip ü/je niet]
Ich spreche nur wenig ...	Ik spreek alleen maar 'n beetje... [ik spreek alleen maar n beetje]
Können Sie mir bitte helfen?	Kunt u mij alstublieft helpen? [künt ü mei alstüblieft helpen]
Ich möchte ...	Ik wil .../Ik zou graag ... [ik wil .../Ik sau chraach ...]
Das gefällt mir (nicht).	Dat staat mij (niet) aan. [dat stat mei (niet) aan]
Wie viel kostet es?	Hoe duur is het?/Hoeveel kost het? [hu dühr is hett/hufeel kost hett]
Wie viel Uhr ist es?	Hoe laat is het? [hu laat is hett]

Kennenlernen

Guten Morgen!	Goedemorgen! [chujemorchen]
Guten Tag!	Dag! / Goedendag! [dach/chujedach]
Guten Abend!	Goedenavond! [chujenavont]
Hallo! Grüß dich!	Hallo!/Dag! [halloo/dach]
Mein Name ist ...	Mijn naam is ... [mein nahm is]
Wie ist Ihr Name, bitte?	Hoe heet u? [hu heet ü]

Deutsch	Niederländisch	
Wie geht es Ihnen / dir?	Hoe gaat het met u / jou? [hu chaht hett mett ü / jau]	Kennenlernen (Fortsetzung)
Danke. Und Ihnen / dir?	Dank u wel. En met u / jou? [dank ü wel. En mett ü / jau]	
Auf Wiedersehen!	Tot ziens! [tot siens]	
links / rechts	links / rechts [links / rechs]	Unterwegs
geradeaus	rechtdoor [rechdoor]	
nah / weit	dichtbij / ver [dichbei / ver]	
Bitte, wo ist ...?	Waar is ...? [wahr is]	
der Hauptbahnhof	het centraal station [het sentraalstaaschon]	
die U-Bahn	de ondergrondse / de metro [de onderchrontse / de meetroo]	
der Flughafen	de luchthaven / het vliegveld [de lüchthaafen / het vliechvelt]	
Wie weit ist das?	Hoe ver is dat? [hu ver is dat]	
Ich möchte ... mieten.	Ik ben van plann ... huren. [ik benn vann plann ... te hüren]	
... einen Wagen	... een wagen ['n waachen]	
... ein Fahrrad	... een fiets ['n fiets]	
Ich habe eine Panne.	Ik heb pech. [ik heb pech]	Panne
Würden Sie mir bitte einen Abschleppwagen schicken?	Wilt u mij alstublieft de sleepdienst / takeldienst sturen? [wilt ü mei alstüblieft de sleepdienst / taakldienst stüren]	
Wo ist hier in der Nähe eine Werkstatt?	Waar is hier in de buurt een garage? [wahr is hier in den bürt een graasche]	
Wo ist bitte die nächste Tankstelle?	Waar is het dichtsbijzijnde pompstation? [wahr is het dichsbeiseinde pompstaaschon]	Tankstelle
Ich möchte ... Liter ...	Ik wil graag ... liter ... [ik wil chraach ... lietr]	
... Normalbenzin.	... gewone benzine. [chewohne bensiene]	
... Super / Diesel.	... super / diesel. [süper / diesl]	
... bleifrei / verbleit.	... loodvrij / verlood. [lootfrei / verloot]	
Voll tanken, bitte.	Vol, alstublieft. [foll, alstüblieft]	
Hilfe!	Help! [helüpp]	Unfall
Achtung!	Let op! / Pas op! [lett op / pas op]	
Rufen Sie bitte schnell ...	Belt u direct ... [belt ü dierekt]	
... einen Krankenwagen.	... een ziekenwaden. [n siekewaachn]	
... die Polizei.	... de politie. [de poolietsie]	
Es war meine / Ihre Schuld.	Het was mijn / uw schuld. [het was mein / üw schült]	
Geben Sie mir bitte Ihren Namen und Ihre Anschrift.	Geeft U mij alstublieft uw naam en uw adres. [cheeft ü mei alstüblieft üw nahm en üw adress]	
Wo gibt es hier ...	Waar is hier ... [wahr is hier]	Essen / Unterhaltung
... ein gutes Restaurant?	... een goed restaurant? [ünn chut restoorant]	
Gibt es hier eine gemütliche Kneipe?	Is er hier een gezellig kroegje? [is er hier ünn chesellich kruchje]	

	Deutsch	Niederländisch
Essen / Unterhaltung (Fortsetzung)	Reservieren Sie uns bitte für heute Abend einen Tisch für 4 Personen.	Wilt u (voor ons) voor vanavond een tafel voor vier personen reserveren? [wilt ü (fohr ons) fohr fanaafont ünn taafl fohr fier persoonen reeserfeern]
	Auf Ihr Wohl!	Proost!/Op uw gezondheid! [proost/op üw chesontheit]
	Die Rechnung, bitte.	De rekening, alstublieft. [de reekeninch, alstüblieft]
Einkaufen	Wo finde ich ...?	Waar kun je ... kopen? [wahr kün je ... kopen]
	eine Apotheke	een apotheek [ünn aapooteek]
	eine Bäckerei	een bakkerij [ünn bakkerei]
	ein Kaufhaus	een warenhuis [ünn wahrenheus]
	ein Lebensmittelgeschäft	een kruidenier [ünn kreudenier]
	einen Markt	een markt [ünn marückt]
Übernachtung	Können Sie mir bitte ... empfehlen?	Kunt u mij ... aanbevelen? [künt ü mei ... aanbefeelen]
	... ein gutes Hotel	... een goed hotel [een chut hootel]
	... eine Pension	... een pension? [een penschon]
	Haben Sie noch Zimmer frei?	Heeft u nog kamers vrij? [heeft ü noch kaamrs frei]
	ein Einzelzimmer	een eenpersoonskamer [ünn eenpersoonskaamr]
	ein Doppelzimmer	een tweepersoonskamer [ünn tweepersoonskaamr]
	mit Dusche/Bad	met douche/bad [met dusch/batt]
	mit Blick auf die Gracht	met uitzicht op de gracht [met eutsicht op de chracht]
	für eine Nacht	voor een nacht [voor een nacht]
	für eine Woche	voor een week [voor een week]
	Was kostet das Zimmer mit ...	Hoeveel kost logies met ... [huveel kost looschies met]
	... Frühstück?	... ontbijt? [onntbeit]
	... Halbpension?	... halfpension? [halfpenschon]
Arzt	Können Sie mir einen guten Arzt empfehlen?	Kunt u mij een goede dokter/arts aanbevelen? [künnt ü mei ünn chuje doktr/arrts aanbeveelen]
	Ich habe hier Schmerzen.	Ik heb hier pijn. [ik hep hier pein]
Bank	Wo ist hier bitte ...	Waar is hier ... [wahr is hier]
	... eine Bank?	... een bank? [ünn bank]
	... eine Wechselstube?	... een wisselkantoor? [ünn wisselkantoor]
	Ich möchte ... DM (Schilling, Schweizer Franken) in Gulden/Francs umwechseln.	Ik wil ... Duitse mark (schilling, Zwitserse francs) in guldens omwisselen. [ik will ... D-mark (schillinch, Switserse frank) in chüldens ommwisselen]
Post	Was kostet ...	Hoeveel kost [huveel kost]
	... ein Brief ...	... een brief [ünn brief]
	... eine Postkarte ...	... een briefkaart [ünn briefkaart]
	... nach Deutschland?	... naar Duitsland? [naar Deutslant]

Zahlen

0	nul [nül]	19 negentien [neechentien]
1	één [een]	20 twintig [twintich]
2	twee [tweh]	21 één-en-twintig [een en twintich]
3	drie [drie]	30 dertig [dertich]
4	vier [vier]	40 veertich [veertig]
5	vijf [feif]	50 vijftig [feiftich]
6	zes [ses]	60 [zestig [sestich]
7	zeven [seefen]	70 zeventig [seefentich]
8	acht [acht]	80 tachtich [tachtig]
9	negen [neechen]	90 negentig [neechentich]
10	tien [tien]	100 honderd [hondert]
11	elf [ellüff]	200 tweehonderd [twehhondert]
12	twaalf [twaalüff]	1000 duizend [deusent]
13	dertien [dertien]	10 000 tienduizend [tiendeusent]
14	veertien [veertien]	
15	vijftien [feiftien]	1/2 een half [ünn half]
16	zestien [sestien]	1/4 een vierde, een kwart [ünn vierde, ünn kwart]
17	zeventien [seefentien]	
18	achttien [achtien]	

Spijskaart (Speisekarte)

ontbijt (Frühstück)

zwarte koffie [swarte koffie]	schwarzer Kaffee
koffie met melk [koffie met mellück]	Kaffee mit Milch
koffie zonder cafeïne [koffie sondr kafeïne]	koffeinfreier Kaffee
thee met melk/citroen [tee met mellück/sitrun]	Tee mit Milch/Zitrone
kruidenthee [kreudentee]	Kräutertee
chocolademelk [schokolademellück]	Schokolade
vruchtensap [früchtensap]	Fruchtsaft
zachtgekookt ei [sachtchekookt ei]	weich gekochtes Ei
roerei [rurei]	Rühreier
eieren met spek [eiere mett speck]	Eier mit Speck
brood/broodje/toast [broot/brooche/toost]	Brot/Brötchen/Toast
boter [bootr]	Butter
kaas [kahs]	Käse
worst [wworst]	Wurst
ham [hamm]	Schinken
honing [hooninch]	Honig
jam [schemm]	Marmelade

Voorgerechten (Vorspeisen)

ardenner ham met meloen [ardenner hamm met müllun]	Ardenner Schinken mit Melone
bokking [bokking]	Geräucherter Hering
garnalen [charnaalen]	Krabben
mosselen [mosselen]	Muscheln
oesters [usters]	Austern
paling [paalinch]	Aal

Soepen (Suppen)

bouillon [bujonn]	Fleischbrühe
groentesoep [chruntesup]	Gemüsesuppe

Speisekarte (Fortsetzung)	kippensoep [kippesup]	Hühnersuppe
	heldere ossenstaartsoep [heldre ossenstaartsup]	Klare Ochsenschwanzsuppe
	tomatensoep [tomaatensup]	Tomatensuppe
	uiensoep [euensup]	Zwiebelsuppe
Vleesgerechten (Fleischgerichte)	biefstuk [biefstück]	Beefsteak
	blinde vinken [blinde finken]	Kalbfleischrouladen
	kalfszwezerik [kalfssweeserik]	Kalbsbries
	lever [leefr]	Leber
	ossentong [ossetonch]	Ochsenzunge
	varkenshaasje [farkenshaasje]	Schweinelende
Gevogelte en wild (Geflügel und Wild)	eend [eent]	Ente
	gans [chans]	Gans
	kalkoen [kalkun]	Truthahn
	kip [kipp]	Huhn
	konijntje [kooneinche]	Kaninchen
Vis en schaaldieren (Fisch und Schalentiere)	forel [foorell]	Forelle
	garnalen [charnaalen]	Krabben
	haring [haarinch]	Hering
	inktvis [inktfiss]	Tintenfisch
	kabeljauw [kaabeljau]	Kabeljau
	kreeft [kreeft]	Krebs
	makreel [mackreel]	Makrele
	mosselen [mosselen]	Muscheln
	gabakken Paling [chebacken paalinch]	Gebackener Aal
	rivierkreeft [rievierkreeft]	Flusskrebs
	schelvis [s-chelfiss]	Schellfisch
	schol [s-choll]	Scholle
	stokvis [stockfiss]	Stockfisch
	tarbot [tarbott]	Steinbutt
	tonijn [toonein]	Thunfisch
	zalm [sallümm]	Lachs
	zeekreft [seekreeft]	Hummer
	zeetong [seetonch]	Seezunge
Bijgerechten (Beilagen)	aardappelen [aardapplen]	Kartoffeln
	gebakken aardappelen [chebacken aardapplen]	Bratkartoffeln
	gekookte aardappelen [gekookte aardapplen]	Salzkartoffeln
	friet [friet]	Pommes frites
	rijst [reist]	Reis
	gemengde sla [chemenchde slaa]	Gemischer Salat
Groenten (Gemüse)	asperges [aspärsches]	Spargel
	andijvie [andeivie]	Endivie
	bonen [boonen]	Bohnen
	doperwten [doppärten]	junge Erbsen
	koolraap [kohlraap]	Kohlrabi
	prei [prei]	Porree
	spruitjes [spreuches]	Rosenkohl
	witlof [vittloff]	Chicorée

Kleine gerechten (kleine Gerichte)

loempia [lumpja]	Lumpia, Frühlingsrolle
omelet [ommelät]	Omelette
pasteitje [pasteiche]	Pastete (mit Fleisch oder Gemüse)
salade [saalaade]	Bunter Salat
uitsmijter [eutsmeitr]	Strammer Max

Stamppot (Eintopfgerichte)

boerenkool met worst [burenkohl met worst]	Grünkohl mit Wurst
erwtensoep met worst [ertnsup met worst]	Erbsensuppe mit Wurst
hutspot [hüttspott]	Möhren, Kartoffeln und Lende
jachtschotel [jachtschotel]	Wildklein mit Äpfeln und Kartoffelpüree
twaalfuurtje [twalefürs-che]	kleine Lunchmahlzeit

Nagerechten (Nachspeisen)

ijs [eis]	Eis
ijskoffie [eiskoffie]	Eiskaffee
ijstaart [eistaart]	Eistorte
roomijs [rohmeis]	Sahneeis
slagroom [slachrohm]	Schlagsahne
citroenmousse [sitrunmus]	Zitronenmousse
compote [kommpott]	Kompott
flensjes [flensches]	Crêpes
fruitsalade [freutsaalaade]	Obstsalat
gember met room [chembr met rohm]	Ingwer mit Sahne
pannenkoek [pannekuk]	Pfannkuchen
poffertjes [poffertjs]	Kleinste Pfannkuchen mit Puderzucker

Alcoholische dranken (Alkoholische Getränke)

bier [bier]	Bier
bier van het vat [bier van het fatt]	Fassbier
flessenbier [flessebier]	Flaschenbier
bittertje [bittertje]	Genever mit Angostura
brandewijn [brandewein]	Weinbrand, Cognac
jenever [jenevèr]	Genever
champagne [schampanje]	Sekt
likeur [liekör]	Likör
wijn [wein]	Wein
drooge wijn [drooche wein]	trockener Wein
zoete wijn [sute wein]	lieblicher Wein
rode wijn [roode wein]	Rotwein
witte wijn [witte wein]	Weißwein
een glasje ... [een chlasje]	ein Glas ...
een (halve) fles ... [een (halfe) fles]	eine (halbe) Flasche

Frisdranken (Alkoholfreie Getränke)

cacao [kakau]	Kakao
chocolademelk [schokolademellück]	Schokolade
koffie [koffie]	Kaffee
koffie met melk [koffie met melk]	Kaffee mit Milch
koffie zonder cafeïne [koffie zondr kafeïne]	koffeinfreier Kaffee

Sprache (Fortsetzung)	thee [tee]	Tee
	theezakje [teesackje]	Teebeutel
	limonade [liemoonaade]	Limonade
	melk [mellück]	Milch
	karnemelk [karnemellück]	Buttermilch
	mineraalwater / bronwater [mieneraalwaatr / bronwaatr]	Mineralwasser
	sinaasappelsap [sienaasapplsap]	Orangensaft
	tomatensap [toomaatensap]	Tomatensaft
	appelsap [appelsap]	Apfelsaft
	vruchtensap [früchtensap]	Fruchtsaft

Sprachkurse

Sprachinstitute

Verschiedene Institute in Amsterdam bieten Kurse zum Erlernen der niederländischen Sprache an. Wer sich für einen Sprachkurs interessiert, sollte sich bei dem entsprechenden Institut rechtzeitig anmelden.

Easy Dutch Plus
☎ (06) 50 67 78 58
www.web2day.nl/business/edp/

Goethe Instituut
Herengracht 470
☎ 6 23 04 21

Volksuniversiteit Amsterdam
Rapenburgerstraat 73
☎ 6 26 16 26

Stadtbesichtigung

Grachtenrundfahrten

Kaum ein Amsterdam-Besucher wird sich eine Grachtenrundfahrt entgehen lassen. Mehr als 65 Passagierboote mit Glasdach fahren durch den Grachtenbezirk zur Amstel und zum Hafen. Ein Erlebnis ist auch eine Abendrundfahrt; besonders stimmungsvoll ist die "Candle-Light-Tour" auf einem mit Kerzen erleuchteten Boot (Wein und Käse im Preis inbegriffen).

In den Sommermonaten finden die Rundfahrten mindestens stündlich statt, während der Wintermonate sind die Abstände größer. Die Fahrten dauern zwischen einer Stunde und einem halben Tag; in vier Sprachen wird auf die Sehenswürdigkeiten entlang der Grachten hingewiesen. Die Grachtenrundfahrten können entweder beim Amsterdamer Auskunftsbüro (VVV; ▶ Auskunft) oder direkt bei den Veranstaltern gebucht werden.

Busrundfahrten

Die nachstehend aufgeführten Veranstalter organisieren Stadtrundfahrten oder Ausflüge in die Umgebung Amsterdams, u.a. in die Fischerdörfer Marken und Volendam, zum Käsemarkt in Alkmaar oder zum Besuch der Tulpenfelder im Keukenhof.

Rundflüge

Die niederländische Fluggesellschaft KLM (▶ Flugverkehr) veranstaltet von April bis Oktober jeden Samstag Rundflüge über Amsterdam.

Stadtbesichtigung (Fortsetzung)

Reedereien

Canal Bus
Weteringschans 24
☎ 6 23 98 86

Reederei Lovers B. V.
Prins Hendrikkade 25 – 27
☎ 6 22 21 81

Holland International
Dam 90
☎ 6 22 77 88

Reederei Noord-Zuid
Stadhouderskade 25
☎ 6 79 13 70

Reederei Kooij
Rokin beim Spui
☎ 6 23 38 10

Reederei Plas
Damrak
☎ 6 24 54 06

Busunternehmen

Holland International Travel Group
Dam 6 – 10
☎ 5 51 28 00

Incoming Amsterdam
Draaierweg 24
☎ 4 60 54 54

Key Tours
Dam 19
☎ 6 23 50 51

Lindbergh Travel Bureau
Damrak 26
☎ 6 22 27 66

Kutschfahrten

Karos City Tours
Hogehilwg 14
☎ 6 91 34 78
FAX 6 97 78 69

Straßenverkehr

Höchstgeschwindigkeit
Innerhalb geschlossener Ortschaften 50 km/h, außerhalb geschlossener Ortschaften 80 km/h, auf Autobahnen 120 km/h (mit Anhänger 80 km/h). In verkehrsberuhigten Zonen (wird durch das Symbol "weißes Haus auf blauem Grund" angezeigt) soll Schritttempo gefahren werden.

Vorfahrt
Rechtsverkehr hat in Amsterdam in aller Regel Vorfahrt. Das gilt auch für kleinste Seitenstraßen.

Alkoholgenuss
Die Alkoholgrenze liegt in den Niederlanden bei 0,5 Promille.

Sicherheitsgurte
Es besteht Anschnallpflicht.

Fahrräder im Verkehr
In Amsterdam gibt es mindestens ebenso viele Radfahrer wie Automobilisten. Die Niederländer behandeln Radfahrer sehr rücksichtsvoll. Gewöhnlich wird ein wesentlich größerer Sicherheitsabstand eingehalten als in Deutschland (Achtung auch an Einmündungen von Fahrradwegen: Oft haben die Radfahrer Vorfahrt!).

Taxi

Taxiruf
In den Niederlanden ist es üblich, telefonisch ein Taxi zu bestellen (☎ 6 77 77 77); lediglich in Amsterdam kann man Taxis auf der Straße anhalten.

Taxi (Fortsetzung)

Der Fahrpreis, der ähnlich hoch ist wie in Deutschland, setzt sich aus Grundgebühr und Kilometergebühr zusammen. Auch in Amsterdam gilt der übliche Tages- und Nachttarif. Trinkgeld ist im Fahrpreis eingeschlossen, doch hat der Fahrer nichts dagegen, wenn Cent-Beträge auf volle Gulden aufgerundet werden. Die Fahrt vom Flughafen Schiphol in die Amsterdamer Innenstadt kostet ca. 60 hfl.

Wassertaxis

▶ Wasserfahrzeuge

Telefon

Ferngespräche

Ferngespräche aus den Niederlanden ins Ausland können von öffentlichen Telefonzellen, Postämtern und Telecentern (in denen erst nach Beendigung des Gesprächs gezahlt wird) geführt werden. Bei Gesprächen von Telefonzellen aus muss man mindestens 25 Cent einwerfen (von den meisten Telefonzellen aus kann man nicht nur mit Münzen, sondern auch mit der "Telecard" telefonieren, die in Postämtern und an Kiosken erhältlich ist), das Freizeichen abwarten, dann die internationale Zugangsnummer 00 wählen und wiederum das Freizeichen abwarten. Sobald dieses ertönt, hintereinander die Landesvorwahl, die Ortsnetzkennzahl (ohne 0) und die Teilnehmernummer wählen. Eine Minute innerhalb Europas kostet 1,20 hfl.

Mobiltelefon

In den Niederlanden kann über verschiedene Mobiltelefonnetze telefoniert werden. Wer in Deutschland im D 1- oder D 2-Netz mobil telefoniert, kann sein Handy auch in den Niederlanden benutzen.

Ländervorwahlen

von Deutschland, Österreich und der Schweiz
nach Amsterdam: 00 31 / 20

von den Niederlanden
nach Deutschland: 00 49
nach Österreich: 00 43
in die Schweiz: 00 41

Auskunft

National
☎ 06 80 08

International
☎ 06 04 18

Theater und Konzertsäle

Theater, Tanz, Ballett, Oper

In Amsterdam gibt es etwa 40 Theater, vor allem avantgardistische und experimentelle Bühnen. Ohne Kenntnisse der niederländischen Sprache aber sind die Bühnenstücke kaum zu verstehen.

Klassikkonzerte

Amsterdam hat zwei berühmte Symphonieorchester, das Königliche Concertgebouw-Orchester, das man im Concertgebouw hören kann, und das Niederländische Philharmonische Orchester, das in der Beurs van Berlage sein festes Haus hat. Darüber hinaus treten in Amsterdam viele internationale Solisten und Orchester auf. Programmbeginn meist um 20^{15} Uhr.

Theater, Tanz, Ballett, Oper

Bellevue
Leidsekade 90
☎ 5 30 53 00
Experimentelles Theater.

De Brakke Grond
Nes 53 – 55
☎ 6 26 68 66
Moderne flämische Theaterstücke.

De Engelenbak
Nes 71
☎ 6 26 68 66
Hier dürfen jeden Dienstag Amateure ihr Können unter Beweis stellen.

Felix Meritis
Keizersgracht 324
☎ 6 23 31 11
Experimentelles Theater, Tanz und Drama.

Frascati
Nes 63
☎ 6 26 68 66
Kleines, experimentelles Theater; holländische Produktionen.

Kleine Komedie
Amstel 56 – 58
☎ 6 24 05 34
Meist englischsprachige Aufführungen, kabarettistische Vorstellungen.

Koninklijk Theater Carré
Amstel 115 – 125
☎ 6 22 52 25
Amsterdams größtes Theater für Schauspiel, Kabarett, Musical, Tanz, Revue, Bühnenshow und Zirkusvorstellungen (▶ Sehenswürdigkeiten von A bis Z, Theater Carré).

Marionettentheater
Nieuwe Jonkerstraat 8
☎ 6 20 80 27
Anspruchsvolle Puppenspiele für Erwachsene.

Muziektheater (Oper)
Amstel 3
☎ 5 51 89 11
Opern- und Ballettaufführungen. In der “Stopera” genannten Oper treten neben der Niederländischen Oper, dem Nationalballett und dem niederländischen Ballett-Orchester auch ausländische Ensembles auf (▶ Sehenswürdigkeiten von A bis Z, Stopera).

Nieuwe de la Mar
Marnixstraat 404
☎ 5 30 53 02
Kleines Theater für Lustspiele und Komödien.

Stadsschouwburg
Leidseplein 26
☎ 6 24 23 11
Gilt gemeinhin als Amsterdams schönstes Theater; in der Hauptsache Schauspiele, aber auch Opern- und Ballettaufführungen.

Westergasfabriek
Haarlemmerweg 8 – 10
☎ 6 81 30 68
Konzerte, Theater-, Musik- und Tanzaufführungen (Kulturpark) auf einem ausgedienten Industriegelände (Gasfabrik von 1885) inmitten von 15 technischen Denkmälern (u. a. Gasometer).

Konzertsäle

Beurs van Berlage
Damrak 277
☎ 6 27 04 66
Hier treten die Niederländischen Philharmoniker, das niederländische Opern-Orchester und das Kammerorchester auf. Die beiden Konzertsäle der Börse von Berlage (AGA-Saal und Wang-Saal) haben eine hervorragende Akustik (▶ Sehenswürdigkeiten von A bis Z, Beurs van Berlage).

Theater- und Konzertsäle (Fortsetzung)

Concertgebouw
Concertgebouwplein 2–6
☎ 6 71 83 45
Bedeutendstes Konzerthaus der Stadt (▶ Sehenswürdigkeiten von A bis Z, Concertgebouw).

Ijsbreker
Weesperzijde 23
☎ 6 68 18 05
Experimentelle Musik zeitgenössischer Komponisten.

Kirchenkonzerte

Engelse Kerk
Begijnhof 48
☎ 6 24 96 65

Koepelzaal
Kattengat 1
☎ 6 21 22 23

Nieuwe Kerk
Dam
☎ 6 38 69 09

Oude Kerk
Oudekerkplein 23
☎ 6 25 82 84

Waalse Kerk
Oudezijds Achterburgwal 157
☎ 6 23 20 74

Jazz, Rock, Pop

BIM-Huis
Oude Schans 73–77
☎ 6 23 13 61
Moderner und experimenteller Jazz am Donnerstag, Freitag und Samstag.

Paradiso
Weteringschans 6
☎ 6 26 45 21
Amsterdams Tempel für moderne Musik in ehemaliger Kirche mit guter Akustik. Neben Pop, Reggae, afrikanischer und lateinamerikanischer Musik auch moderne klassische Kompositionen.

Melkweg
Lijnbaansgracht 234
☎ 5 31 81 81
Multi-Media-Kulturzentrum. Theater, Video, Musikfestivals und Konzerte (Rock, Folk, Jazz) aus aller Welt.

Tiere

Hunde / Katzen

Wer seinen Hund oder seine Katze mitnehmen möchte, braucht ein amtstierärztliches Tollwutimpfzeugnis. Die Impfung, die mindestens 30 Tage vor der Einreise erfolgt sein muss, hat für Hunde ein Jahr lang, für Katzen ein halbes Jahr lang Gültigkeit. Bei Tieren, die jünger als drei Monate sind, ist eine Impfung nicht erforderlich.

Trinkgeld

Gewöhnlich wird in den Niederlanden nur für Extraleistungen ein Trinkgeld (10–15%) gegeben. Es hat sich aber in Restaurants, Cafés, Hotels und Taxis eingebürgert, Cent-Beträge auf den vollen Gulden aufzurunden. Die Toilettenfrau erhält ein oder zwei Kwartjes, also 25 bzw. 50 Cent.

Unterkunft

▶ Camping, ▶ Hotels, ▶ Jugendherbergen

Veranstaltungskalender

Informationen über Veranstaltungen in Amsterdam erteilen das Niederländische Büro für Tourismus in Köln und die VVV-Büros in Amsterdam (▶ Auskunft).

Informationen

Januar

Horecava
Hotel- und Restaurantfachmesse.

Februar

Karneval
Karnevalsumzug.

25. Februar
Gedächtnisfeier für den Februarstreik des Jahres 1941 (Protest der niederländischen Arbeiter gegen den Abtransport jüdischer Landsleute), Blumenniederlegung am Monument De Dokwerker (▶ Sehenswürdigkeiten von A bis Z, Joods Historisch Museum und ▶ Baedeker Special, S. 26).

März

Hiswa
Internationale Wassersportausstellung.

15. März – Stille omgang
Prozession durch die Innenstadt in Erinnerung an das "Hostienwunder" von 1345.

April

World Press Foto
Ausstellung in der Nieuwe oder Oude Kerk (bis Mai).

Floating Amsterdam
Musik- und Theatervorstellungen auf der Amstel vor dem Muziektheater.

Koninginnedag
Der 30. April ist der Koninginnedag – Geburtstag der Königin. Festliche Atmosphäre in der ganzen Stadt mit Musik und Trödelmärkten, wo jeder (auch Kinder) alles an den Mann zu bringen versucht. (Der 30. April ist der Geburtstag von Königin Juliana. Die jetzige Königin Beatrix hält diesen Tag bei, obwohl sie am 31. Januar Geburtstag hat.) Die Zentren der Feierlichkeiten: Dam, Leidsestraat, Rokin, Spui, Vondelpark. Die Musikbands stehen an der Prinsengracht, Spui und Rembrandtplein. In der Innenstadt ist an diesem Tag fast kein Durchkommen!

Mai

4. Mai: Dodenherdenking
Gedenktag der Toten des Zweiten Weltkrieges. Um 20^{00} Uhr wird am Nationaldenkmal am Dam im Beisein der Königin zwei Minuten der Toten gedacht.

5. Mai: Bevrijdingsdag
Am 5. Mai 1945 war die deutsche Besatzung beendet. Um 20^{00} Uhr offizielle Feierstunde im Beisein der Königin im Messezentrum RAI. In verschiedenen Stadtteilen Amsterdams finden Volksfeste statt (Zentrum der Musik- und Tanzgruppenveranstaltungen: Vondelpark).

Luilak
(Faulenzertag)
Am Faulenzertag, am Samstag vor Pfingsten, klingeln Kinder an der Tür und machen Lärm, um Faulenzer und Langschläfer zu wecken.

Juni

Kunst-RAI
Zahlreiche Kunstgalerien präsentieren sich Anfang des Monats mit ihren Werken.

Holland-Festival
Kulturelles Festival den ganzen Monat über mit Musik, Theater und Tanz aus dem In- und Ausland, u.a. in der Stadsschouwburg (Stadttheater), im Theater Carré, Muziektheater, Concertgebouw etc.

Openluchttheater
Von Juni bis August finden im Vondelpark kostenlose Openairkonzerte und Theatervorführungen (immer mittwochs bis sonntags) statt.

Sommerabendkonzerte
Von Juni bis August regelmäßig im Concertgebouw.

Grachtenlauf
Zum Grachtenlauf am zweiten Sonntag im Juni sind rund 5000 Teilnehmer zu erwarten. Sie laufen 5, 10 und 18 km entlang der Prinsen- und Vijzelgracht. Start ist um 11^{00} Uhr am Leidseplein.

World Roots Festival
Im Kulturzentrum Melkweg finden Ende des Monats bzw. Anfang Juli Musik- und Tanzveranstaltungen mit Gruppen aus Afrika, Südamerika und Asien statt.

Juli

Festivals
Es gibt Veranstaltungen im Rahmen des Ballettfestivals, des Internationalen Jazzfestivals (an verschiedenen Orten) sowie des Sommerfestivals (Aufführungen in Amsterdams kleineren, meist alternativen Theatern).

August

Prinsengrachtkonzert
Am letzten Freitag im August: ist vor dem Pulitzer-Hotel klassische Musik zu hören – ein Ereignis, das man sich nicht entgehen lassen sollte.

Pall Mall Jazzfestival
Gratiskonzerte auf verschiedenen Openairbühnen im Stadtzentrum.

September

Blumenkorso
Am 1. Samstag im September findet der Blumenkorso von Aalsmeer nach Amsterdam statt (Beginn: 9^{30} Uhr; Ankunft auf dem Dam in Amsterdam: gegen 16^{00} Uhr).

Fest im Jordaan
Mitte September kommen Tausende zum Straßenfest im Jordaan.

Tag der Baudenkmäler
Am zweiten Samstag im September sind viele historische (normalerweise für die Öffentlichkeit nicht zugängliche) Bauwerke geöffnet.

Oktober

Pictura Antiquaris
Antiquitätenmesse.

Jumping Amsterdam
Internationales Reitturnier.

November

Sinterclaas
Am 3. Samstag im November: Einzug von St. Nicolaas (Sinterclaas). St. Nicolaas trifft mit Gefolge per Schiff aus "Spanien" ein und zieht auf einem Schimmel durch die Stadt zum Dam, wo er vom Bürgermeister empfangen wird.

Veranstaltungskalender (Fortsetzung)

Dezember

Pakjesavond
Der 5. Dezember ist in den Niederlanden ein nationaler Festtag, an dem man sich (in den Abendstunden) beschenkt – vergleichbar mit unserem Weihnachtsfest.

Oudejaarsavond
Der Jahreswechsel wird mit einem großen Feuerwerk im Stadtzentrum gefeiert.

Veranstaltungsprogramme

Uitkrant

Monatlich erscheinende Zeitung mit allen kulturellen Terminen (Theater, Film, Musik, Tanz, etc.), Ausstellungen, Galerien, Museen (in niederländischer Sprache). Erhältlich beim VVV, im Uitburo (Leidseplein 26), in Kulturzentren und Museen. Gratis.

What's on/ Day by Day

Monatlich erscheinende Broschüre des Amsterdam Tourist Office (VVV) in Englisch. Enthält eine Übersicht über die täglichen Konzerte und Theatervorstellungen sowie eine Adressenliste von Bars, Museen, Restaurants und Geschäften, außerdem Informationen über die Hintergründe der bedeutendsten Kulturveranstaltungen. Erhältlich beim VVV (▶ Auskunft) und an Kiosken und in Zeitungsläden. Kostet 2.50 hfl.

Het Parool

Kulturbeilage der niederländischen Tageszeitung.

Verkehrsmittel (Öffentlicher Nahverkehr)

Omnibus, Straßenbahn, Metro

Amsterdam ist von einem dichten Netz von öffentlichen Verkehrsmitteln überzogen. 17 Straßenbahnlinien und mehr als 30 Buslinien tragen die Hauptlast des Personentransports. Die Metro (U-Bahn) umfasst vier Linien, zudem existieren noch vier Fährverbindungen. Alle öffentlichen Verkehrsmittel sind in Abfahrtszeiten und Fahrtkosten miteinander verknüpft. Betrieben werden sie von der GVB (Gemeentevervoerbedrijk Amsterdam), den städtischen Verkehrsbetrieben. Die Stadt ist in Zonen eingeteilt, für die bestimmte Tarife gelten. Die Fahrtkosten richten sich nach der Länge der Strecke, man unterscheidet eine, zwei, drei oder vier Zone(n). An den Haltestellen ist die Zonenaufteilung ausgehängt.
Busse, Straßenbahn und Metro fahren bis 24^{00} Uhr, danach sind Nachtbusse eingesetzt. Sie verkehren wenigstens alle 30 Minuten.

Es gibt Einzel- und Rückfahrscheine. Mit einem Einzelfahrschein kann man nach dem Entwerten zwei Stunden lang mit allen Linien kreuz und quer durch die Stadt fahren. Der Rückfahrschein ist zweimal zwei Stunden gültig. Daneben gibt es die "strippenkaart" (Streifenkarte), eine Mehrfachfahrkarte. Hat man sich auf

Baedeker TIPP Per Boot ins Museum

Fast alle bedeutenden Sehenswürdigkeiten in der Grachtenstadt lassen sich bequem per Boot erreichen. Ein guter Tipp ist die Fahrt mit dem Museumsboot (vgl. S. 174), das an sechs Stationen hält. Zum Zoo besteht ein spezieller Bootspendeldienst, der Artis Expres (siehe S. 62), und dann gibt es noch den Canalbus mit drei verschiedenen Linien (S. 207).

Verkehrsmittel (Fortsetzung)

dem Plan an der Haltestelle informiert, in welcher Zone das gewünschte Ziel liegt, lässt man für die Fahrt an sich plus die Anzahl der durchfahrenen die Streifen vom Schaffner oder durch einen Stempelautomaten entwerten (bei Fahrten nur in der Tarifzone "Centrum" müssen also zwei "Strippen" abgestempelt werden). Wenn genügend "Strippen" abgestempelt sind, gelten die Karten auch für mehrere Personen.

Tageskarte, Mehrtageskarten

Für Touristen ist es weitaus einfacher, sich eine Tageskarte zu kaufen. Sie berechtigt einen ganzen Tag und die folgende Nacht zu Fahrten auf allen Straßenbahn-, Bus- und Metrolinien. Bei einem längeren Aufenthalt zahlt sich der Kauf von Zwei-, Drei- oder Mehrtageskarten aus.

Nationale Strippenkarte

Da das öffentliche Transportwesen im gesamten Gebiet der Niederlande in Zonen aufgeteilt ist und bei allen Transportunternehmen pro Zone derselbe Tarif gilt, ist es bei größeren Ausflügen sinnvoll, die "Nationale Strippenkaart" zu kaufen. Mit ihr kann man alle Straßenbahn-, Bus- und Metrolinien in den Niederlanden benutzen. Die Karte, die in 15 Streifen eingeteilt ist, ist nur im Vorverkauf (bei Bahnhöfen, Transportbetrieben, Postämtern, VVV-Auskunftsbüros) zu erwerben.

Fahrscheinverkauf

Fahrkarten sind bei der GVB-Informationsstelle am Hauptbahnhof, bei der VVV (▶ Auskunft), an den U-Bahnhöfen sowie bei Straßenbahn- und Busfahrern (Tageskarten sind hier allerdings teurer!) erhältlich.

Circle Tram

Speziell für Touristen verkehrt die Circle Tram, die Straßenbahnlinie 20. Sie fährt täglich von 9^{00} bis 19^{00} Uhr etwa alle zehn Minuten und hält an den meisten Sehenswürdigkeiten der Grachtenstadt. Bei den Sehenswürdigkeiten von A bis Z ist jeweils die nächstgelegene Haltestelle der Circle Tram angegeben.

GVB-Auskunfts- und Verkaufsstelle
vor dem Hauptbahnhof
Stationsplein 14
geöffnet im Sommer:
Mo. – Fr. 7^{00} – 21^{00}, Sa., So. 8^{00} – 21^{00}
im Winter: tgl. nur bis 19^{00} Uhr geöffnet.

Telefonauskunft
☎ 0900 92 92
Mo. – Fr. 6^{00} – 24^{00},
Sa., So. 7^{00} – 24^{00}

Vorverkaufsstellen

AUB
(Amsterdams Uit Buro)
Stadsschouwburg
Ecke Marnixstraat / Leidseplein
☎ 6 21 12 11
geöffnet: tgl. 10^{00} – 18^{00}
Kartenvorverkauf für alle Amsterdamer Musik-, Theater- und Ballettaufführungen. Monatsheft mit allen Informationen ist kostenlos.

VVV
▶ Auskunft

Wasserfahrzeuge

Neben den Rundfahrtbooten (▶ Stadtbesichtigung) gibt es in Amsterdam noch andere Verkehrsmittel auf dem Wasser.

Canalbus

Der Canalbus verkehrt auf drei Linien mit insgesamt elf Haltestellen, u.a. Centraal Station, Waterlooplein, Rijksmuseum, Westermarkt. Der erste Canalbus verkehrt ca. um 10^{00} Uhr, der letzte gegen 19^{00} Uhr. Man kann eine Tageskarte oder eine Karte nur für die "Blaue Linie" erwerben. Der "All Amsterdam Transport Pass" berechtigt für einen Tag zu beliebig vielen Fahrten mit dem Canalbus, Straßenbahn, Bus und Metro.

Wassertaxi

Eine Alternative zu den herkömmlichen Taxis sind die Wassertaxis, die über ☎ 6 22 21 81 reserviert werden können. Die Boote sind mit elektronischen Taxametern ausgestattet, eine Stunde kostet 200 hfl; für diesen Preis können bis zu acht Personen befördert werden.

Museumsboot

▶ Museen

Artis Expres

Auch den Amsterdamer Zoo kann man per Schiff erreichen (▶ Sehenswürdigkeiten von A bis Z, Artis).

Fähre

Die Fähren verkehren zwischen 6^{30} und 21^{00} Uhr etwa alle 10 Minuten hinter dem Hauptbahnhof nach Nordamsterdam. Gratis.

Grachtenfiets

Mit den Grachtenfiets (canal bikes), zwei- bis viersitzigen Tretbooten, kann man individuell Amsterdams Grachtenwege erkunden. In

Auf Amsterdams Wasserstraßen herrscht reger Betrieb.

Wasser-fahrzeuge (Fortsetzung)	einer Broschüre, die man beim Mieten des Bootes zugesteckt bekommt, sind vier mögliche Routen beschrieben und die "Spielregeln" vermerkt – schließlich herrscht auf dem Wasser noch anderer Bootsverkehr! Anlegestellen (man kann das Boot an einen Anlegesteg seiner Wahl zurückbringen!): Leidseplein (zwischen Marriott- und American-Hotel), Stadhouderskade (zwischen Rijksmuseum und Heineken Brouwerij), Prinsengracht (an der Westerkerk) und Keizersgracht (Ecke Leidsestraat).

Zeit

MEZ	In den Niederlanden gilt die Mitteleuropäische Zeit (MEZ). Für die Sommermonate (Ende März bis Ende Oktober) wurde die Sommerzeit (MEZ + 1 Std.) eingeführt.

Zollbestimmungen

EU-Binnenmarkt	Innerhalb der Europäischen Union ist der Warenverkehr für private Zwecke weitgehend zollfrei. Es gelten lediglich noch gewisse obere Richtmengen: 800 Zigaretten, 400 Zigarillos, 200 Zigarren, 1 kg Rauchtabak; 10 l Spirituosen, 20 l Zwischenerzeugnisse, 90 l Wein (davon max. 60 l Schaumwein) und 110 l Bier. Bei Stichprobenkontrollen ist glaubhaft zu machen, dass die Waren tatsächlich nur für den eigenen privaten Verbrauch bestimmt sind.
Einreise in die Niederlande aus Nicht-EU-Ländern	Für Reisende aus Nicht-EU-Ländern (u. a. Schweizer Staatsbürger) liegen die Freimengengrenzen für Personen über 17 Jahren bei 200 Zigaretten oder 100 Zigarillos oder 50 Zigarren oder 250 g Rauchtabak, ferner bei 2 l Wein und 2 l Schaumwein oder 1 l Spirituosen mit mehr als 22 Vol.-% Alkoholgehalt, 500 g Kaffee oder 200 g Kaffeeauszüge, 100 g Tee oder 40 g Tee-Extrakt, 50 g Parfüm oder 0,25 l Eau de Toilette.
Wiedereinreise in die Schweiz	Es gelten folgende Freimengengrenzen: 250 g Kaffee, 100 g Tee, 200 Zigaretten oder 50 Zigarren oder 250 g Tabak, 2 l Wein oder andere Getränke bis 22% Alkoholgehalt sowie 1 l Spirituosen mit mehr als 22% Alkoholgehalt. Souvenirs sind bis zu einem Wert von 100 sfr zollfrei.

Register

Verzeichnis der Karten und grafischen Darstellungen

Bildnachweis

Archiv für Kunst und Geschichte: S. 30, 32, 34, 60, 61, 76, 80
Borowski: S. 5 (unten), 6 (oben), 7 (oben), 9, 10 (2 x unten), 15, 27, 40, 41, 59, 66, 67, 70, 90, 96, 99, 101, 103, 105, 107, 113, 126, 128, 130, 131, 132, 133, 134, 142, 153 (2 x), 164, 165, 166, 167 (oben), 173, 185 (unten), 187, 189, 190
Fotoagentur Helga Lade: S. 1
Friedrichsmeier/argus/Hollander: S. 8, 92
Friedrichsmeier/Spierenburg: S. 4 (oben), 5 (oben), 12/13, 17, 82, 84, 161
Friedrichsmeier/Wrba: S. 2 (oben), 75, 108, 144/145, 182
HB-Verlag, Hamburg: S. 4 (unten), 7 (unten), 21, 42, 63, 139, 140, 167 (unten), 178, 207
Heineken-Brauerei: S. 31
Huber (Bildagentur): S. 36
IFA-Bilderteam: S. 10/11, 111
IZB: S. 86
laif: S. 3, 55, 93, 185 (oben)
Mauritius (Fotoagentur): S. 44/45, 158
Niederl. Büro für Milcherzeugnisse: S. 159
Otto: S. 2 (unten), 10 (oben), 11 (2 x), 87, 88
Strüber: S. 119, 122, 124

Titelbild: IFA-Bilderteam (TPL) – Grachtenhäuser

Hintere Umschlagseite: Borowski – Damrak (Blick von der Börse)

Impressum

Ausstattung:
96 Abbildungen
16 Karten und grafische Darstellungen, 1 großer Stadtplan

Text:
Birgit Borowski, Achim Bourmer, Karin Reitzig, Reinhard Strüber

Bearbeitung:
Baedeker-Redaktion (Birgit Borowski)

Kartografie: Franz Huber, München
Falk-Verlag (großer Stadtplan)

Gesamtleitung: Rainer Eisenschmid, Baedeker Ostfildern

9. Auflage 2000

Urheberschaft: Karl Baedeker GmbH, Ostfildern
Nutzungsrecht: Mairs Geographischer Verlag GmbH & Co., Ostfildern

Sprachführer: In Zusammenarbeit mit Ernst Klett Verlag GmbH,
Redaktion PONS Wörterbücher

Printed in Germany
ISBN 3-87504-129-1

Gedruckt auf 100% chlorfreiem Papier

Baedeker Programm

Reiseziele in aller Welt

- Ägypten
- Algarve
- Amsterdam
- Andalusien
- Athen
- Australien
- Bali
- Baltikum
- Bangkok
- Barcelona
- Belgien
- Berlin
- Bodensee · Oberschwaben
- Brasilien
- Bretagne
- Brüssel
- Budapest
- Burgund
- Capri
- China
- Costa Brava
- Dänemark
- Deutschland
- Dominikanische Republik
- Dresden
- Elba
- Elsass · Vogesen
- Finnland
- Florenz
- Florida
- Franken
- Frankfurt am Main
- Frankreich
- Französische Atlantikküste
- Fuerteventura
- Gardasee
- Gran Canaria
- Griechenland
- Griechische Inseln
- Großbritannien
- Hamburg
- Harz
- Hawaii
- Hongkong · Macao
- Ibiza · Formentera
- Indien
- Irland
- Ischia · Capri · Procida
- Israel
- Istanbul
- Istrien · Dalmatinische Küste
- Italien
- Italienische Riviera · Ligurien
- Japan
- Jordanien
- Kalifornien
- Kanada
- Kanada · Osten
- Kanada · Westen
- Kanalinseln
- Karibik
- Kenia
- Köln
- Kopenhagen
- Korfu · Ionische Inseln
- Korsika
- Kreta
- Kuba
- Kykladen
- La Palma
- Lanzarote
- Lissabon
- Loire
- Lombardei · Mailand· Oberital. Seen
- London
- Madeira
- Madrid
- Malaysia
- Malediven
- Mallorca · Menorca
- Malta · Gozo · Comino
- Marokko
- Mecklenburg-Vorpommern
- Mexiko
- Moskau
- München
- Namibia
- Nepal
- Neuseeland
- New York
- Niederlande
- Norditalien
- Norwegen
- Oberbayern
- Österreich
- Paris
- Polen
- Portugal
- Potsdam
- Prag
- Provence · Côte d'Azur
- Rhodos
- Rügen · Hiddensee
- Sachsen
- Salzburger Land
- San Francisco
- St. Petersburg
- Sardinien
- Schleswig-Holstein
- Schottland
- Schwäbische Alb
- Schwarzwald
- Schweden
- Schweiz
- Seychellen
- Singapur